München fotografieren –

Der Wegweiser zu den schönsten Motiven

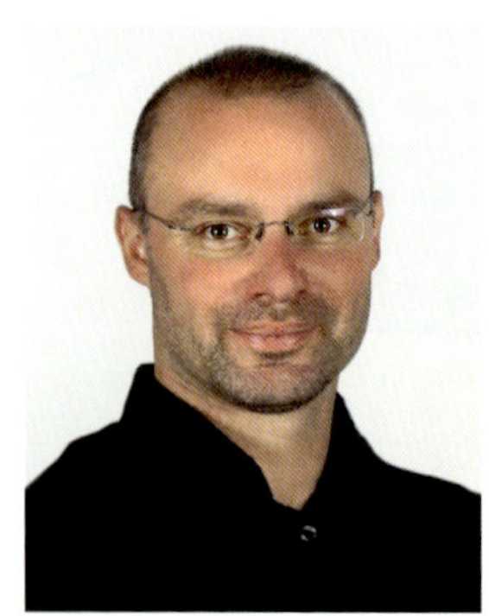

Über den Autor

Thorsten Naeser arbeitet als Pressereferent und Fotograf an der Ludwig-Maximilians-Universität München und dem Max-Planck-Institut für Quantenoptik in Garching. Neben seiner professionell betriebenen, wissenschaftlichen Fotografie gilt seine Leidenschaft der Natur- und Lost-Places-Fotografie.

Außer in seiner Heimatstadt fotografiert er auch gerne im Süden von München, dem sogenannten »Pfaffenwinkel«, mit seiner abwechslungsreichen, von Gletschern geformten Voralpenlandschaft.

Thorsten Naeser bietet an der Volkshochschule im Norden des Landkreises München regelmäßig Fotoworkshops und Exkursionen an. Weitere Informationen zu seinen VHS-Kursen und aktuellen fotografischen Arbeiten finden Sie unter *https://thorstennaeser.jimdofree.com/*.

Thorsten Naeser

MÜNCHEN FOTOGRAFIEREN –

Der Wegweiser zu den schönsten Motiven

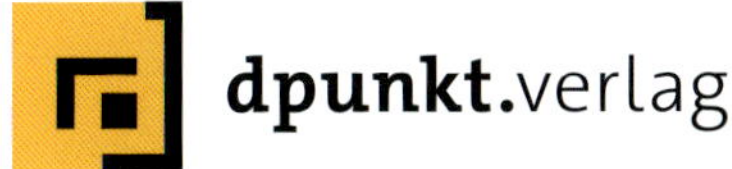

Thorsten Naeser

Lektorat: Boris Karnikowski
Copy-Editing: Petra Kienle
Satz: Frank Heidt
Herstellung: Stefanie Weidner
Umschlaggestaltung: Susanne Wierzimok
Druck und Bindung: M.P. Media-Print Informationstechnologie GmbH, 33100 Paderborn

Bibliografische Information der Deutschen Nationalbibliothek
Die Deutsche Nationalbibliothek verzeichnet diese Publikation in der Deutschen Nationalbibliografie; detaillierte bibliografische Daten sind im Internet über http://dnb.d-nb.de abrufbar.

ISBN:
Print 978-3-86490-520-9
PDF 978-3-96088-268-8
ePub 978-3-96088-269-5
mobi 978-3-96088-270-1

Wieblinger Weg 17
69123 Heidelberg

5 4 3 2 1 0

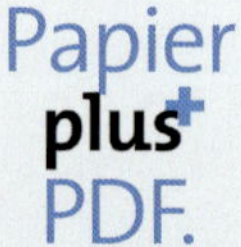

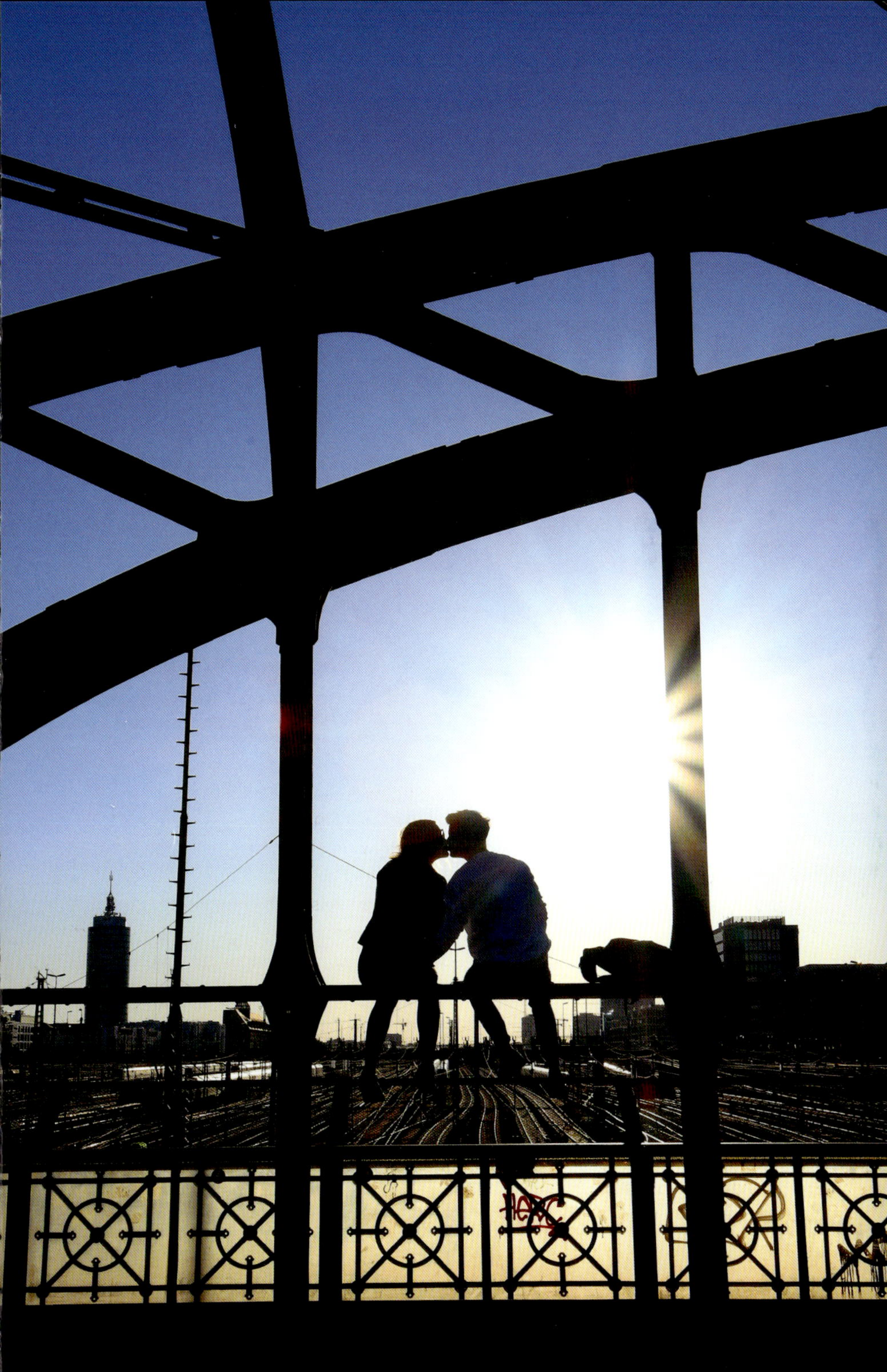

INHALTSVERZEICHNIS

Zum Fotoscout

Im letzten Jahr hat mich meine Heimat München überrascht. Meine Aufgabe war es, neue Motive und Blickwinkel in einer Stadt zu finden, in der ich seit mehr als 40 Jahren lebe. Tagtäglich fahre ich durch die sich ständig verändernde Millionenmetropole. Die Wahrnehmung für das Besondere geht dabei leider etwas verloren. Zu vertraut sind so viele Ecken und Straßen, als dass sie im Alltag genauer betrachtet würden. Das galt es für dieses Buch zu ändern. Denn für mich war klar: Ein Buch, das Fototipps für München gibt, sollte nicht nur Postkartenmotive zeigen. Ich wollte unbedingt neue Motive und Blickwinkel in einer Stadt präsentieren, die bereits auf so viele Weisen abgelichtet wurde.

Ich begab mich an Plätze und an Orte, die ich zuvor nicht gekannt hatte. Oft war ich erstaunt, was man alles mit der Kamera entdeckt, wenn man sich Zeit nimmt, wenn Lichtstimmungen sich über die Jahreszeiten ändern oder der Bauboom das Gesicht der Stadt in wenigen Jahren drastisch verändert.

Die Stadt möchte ich aus der Sicht eines Fotografen zeigen, der sich sowohl für Technik- als auch für Natur- und Architekturmotive begeistert. Denn München bietet Fotografen einen fast unerschöpflichen Fundus an Motiven. Ob zur Blauen Stunde in der Innenstadt auf der Suche nach dem mystischen München, in den königlichen Parkanlagen Nymphenburgs an romantisch-verklärten Winterabenden oder beim Thema »Mobilität«: Fotografen können in München Wochen verbringen und doch jeden Tag Neues entdecken, spannende Themen fotografieren und dabei viel über die bayerische Lebensart lernen.

Für dieses Buch habe ich meist thematisch fotografiert. Das fokussiert den Blick, erleichtert aber auch die Wahrnehmung. Dieses Vorgehen hat mir auch geholfen, Klischees und Stereotypen zu vermeiden, die bei der Aufgabenstellung »München fotografieren« schnell mit im Boot sind. Sie werden in diesem Buch also weder Lederhose, noch Dirndl, noch irgendwelche anderen Insignien »traditioneller« bayrischer Lebensart finden. Und wenn ich Sie auch zu dem einen oder anderen Standard-Fotospot führe, möchte ich Ihnen vor allem die weniger bekannten Ecken Münchens zeigen, damit Sie diese Stadt auch einmal anders (und vielleicht sogar neu) entdecken.

Weil der Platz in diesem Buch nicht ausreichte, finden Sie einige zusätzliche Touren unter *www.dpunkt.de/muenchen_fotografieren* unter »Zusatzmaterial« als PDF zum Herunterladen.

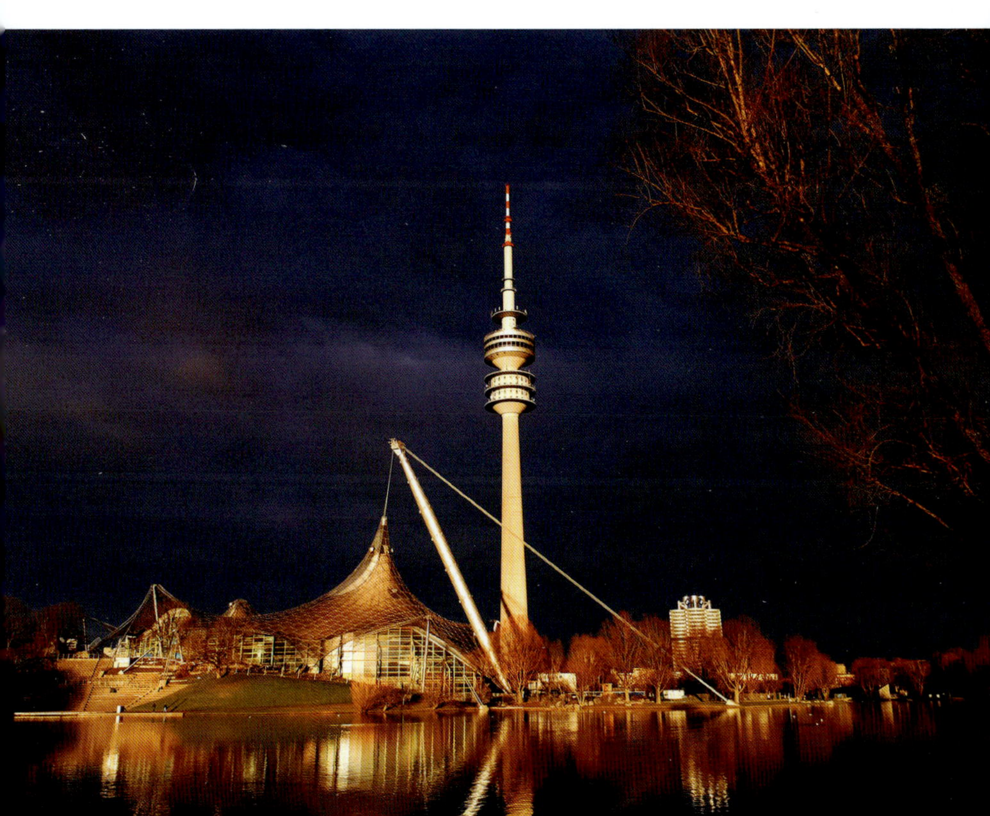

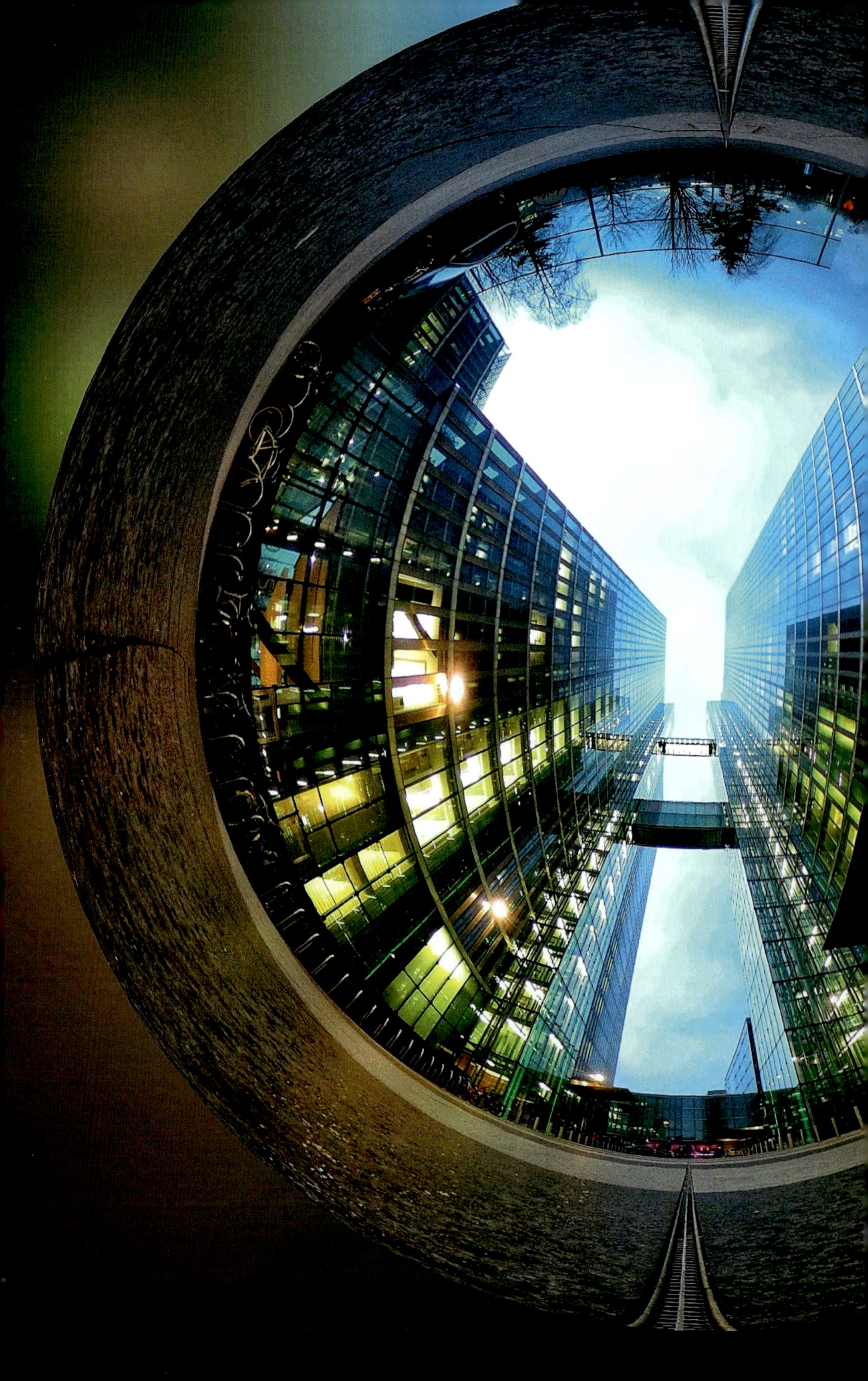

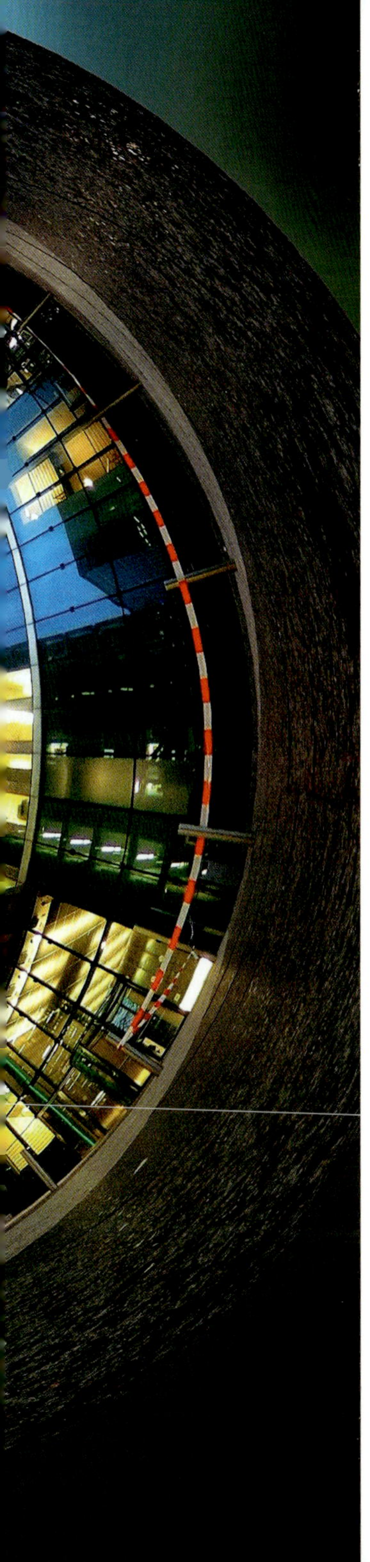

QR-CODES HELFEN IHNEN BEIM NAVIGIEREN

Damit Sie möglichst schnell zu den beschriebenen Orten gelangen, haben wir Ihnen zu jeder Location einen QR-Code an den Seitenrand gesetzt. Wenn Sie den mit Ihrer Smartphone-Kamera scannen, öffnet sich Google Maps, und Sie können sofort dorthin navigieren (probieren Sie aus, ob Ihre Smartphone-Kamera den Code direkt liest, oder ob Sie eine QR-Code-Reader-App benötigen).

In München gibt es nur wenige Orte, die heruntergekommen oder gar verlassen sind. Zu begehrt ist der Platz in der Stadt, als dass man ihn brachliegen ließe. Als Urbexer und Lost-Places-Fotograf wird man hier also nicht unbedingt glücklich. Dennoch gibt es auch Altes und Rostiges zu entdecken – meist in den Details. Man muss nur etwas genauer hinschauen als an vielen anderen Orten in Deutschland.

Wenn Sie nur wenig Zeit haben, um auf einen Fotoausflug zu gehen, empfehle ich Ihnen, einige bekanntere Orte anzusteuern oder nach Ihrem Interessengebiet zu fotografieren. Sind Sie Technikfreak, gehen Sie in die BMW Welt, das MVG Museum oder schauen Sie sich das U-Bahn-Netz an. Lieben Sie Architektur, dann besuchen Sie das Olympiagelände mit seinem einzigartigen Zeltdach. Studieren Sie Lichtstimmungen und besuchen Sie interessante Orte zu verschiedenen Tages- und Jahreszeiten. Sie werden erstaunt sein, wie sich die gleichen Motive wandeln und mit dem Lichteinfall verändern.

München ist eine grüne Stadt. Auch als Naturfotograf werden Sie auf Ihre Kosten kommen. Machen Sie sich zur Aufgabe, Natur- und Stadtfotografie zu verbinden, etwa am Ufer der Isar, im Alten Botanischen Garten oder in den vielen Parkanlagen.

In der Fotografie hat sich in den letzten Jahren technisch viel getan. Systemkameras machen konventionellen Spiegelreflexkameras starke Konkurrenz. Doch noch drastischer ist der Wandel durch die Kameras in Smartphones spürbar. In vielen Situationen reichen diese handlichen Alternativen aus, um spontan gute Bilder zu machen, sofern genug Licht vorhanden und nicht zu viel Bewegung mit im Spiel ist.

Zahlreiche Bilder in diesem Buch sind mit dem Smartphone aufgenommen und anschließend mit diversen Apps bearbeitet worden. Das liegt vor allem daran, dass ich oft mit dem Rad in der Stadt unterwegs bin und dabei nicht vorrangig auf Motivsuche bin. In den letzten Jahren hat das Smartphone fotografisch bei mir viele Sympathiepunkte gesammelt. Doch letztendlich geht nichts über die Qualität eines mit der Spiegelreflexkamera aufgenommenen Bildes. Kein anderes Kamerasystem bietet so viele Möglichkeiten, auf düstere Lichtsituationen oder schwierige

ZWEI TIPPS ZUR FORTBEWEGUNG

Ich möchte Sie ermutigen, sich für die einzelnen Touren aufs Fahrrad zu setzen, denn so habe ich selbst auch die Stadt Tag um Tag erfahren. Es gibt mehrere Leihfahrradanbieter in München – zum Beispiel auch die MVG (Münchener Verkehrsgesellschaft) selbst, die im Stadtgebiet viele Leihstationen unterhält *(https://www.mvg.de/services/mobile-services/mvg-rad.html)*.

Wenn Sie Touren zu Zielen außerhalb der Stadt unternehmen (zum Beispiel die Tour *Dachauer Moos – in der verlorenen Landschaft* ab Seite 82 oder die *Tour Flughafen München – Flugzeuge spotten* ab Seite 73), kaufen Sie sich am besten ein MVV-Tagesticket, das für U- und S-Bahn gilt.

WAS KOMMT IN DIE TASCHE?

Mit dieser Frage beginnt jede der Touren in diesem Buch, und mit der Antwort möchte ich Ihnen unnötige Schlepperei ersparen. Meistens ist ein Weitwinkel- und ein Teleobjektiv mit von der Partie, manchmal auch ein Stativ.

Dass Sie immer Ersatz-Akkus und -SD-Karten dabeihaben sollten, versteht sich von selbst – die werde ich also nicht extra erwähnen.

Perspektiven zu reagieren. Also scheuen Sie sich nicht, ein paar Kilo Kameraausrüstung mitzuschleppen, wenn Sie eine Tour planen. Die Ergebnisse werden für sich sprechen.

Doch egal, mit welcher Ausrüstung oder an welchen Plätzen Sie in München unterwegs sein werden, Sie werden sicherlich beschäftigt sein und viele produktive Stunden verbringen. Es zählt der Spaß an der Fotografie und die Gewissheit, etwas Einzigartiges zu schaffen.

Ich wünsche Ihnen zu jeder Zeit »Gutes Licht!«

Thorsten Naeser

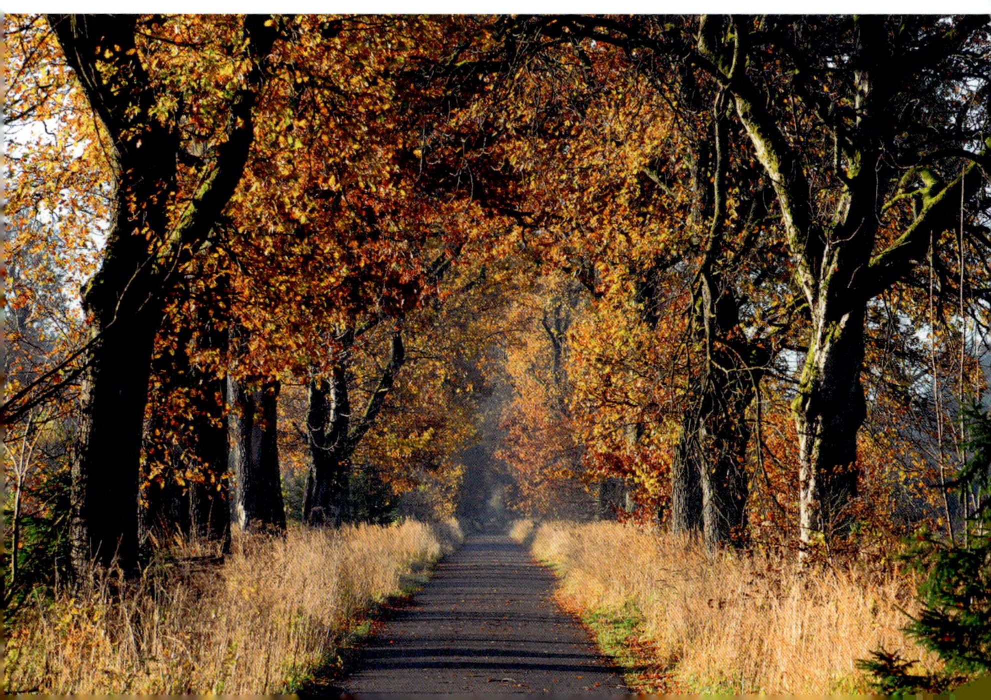

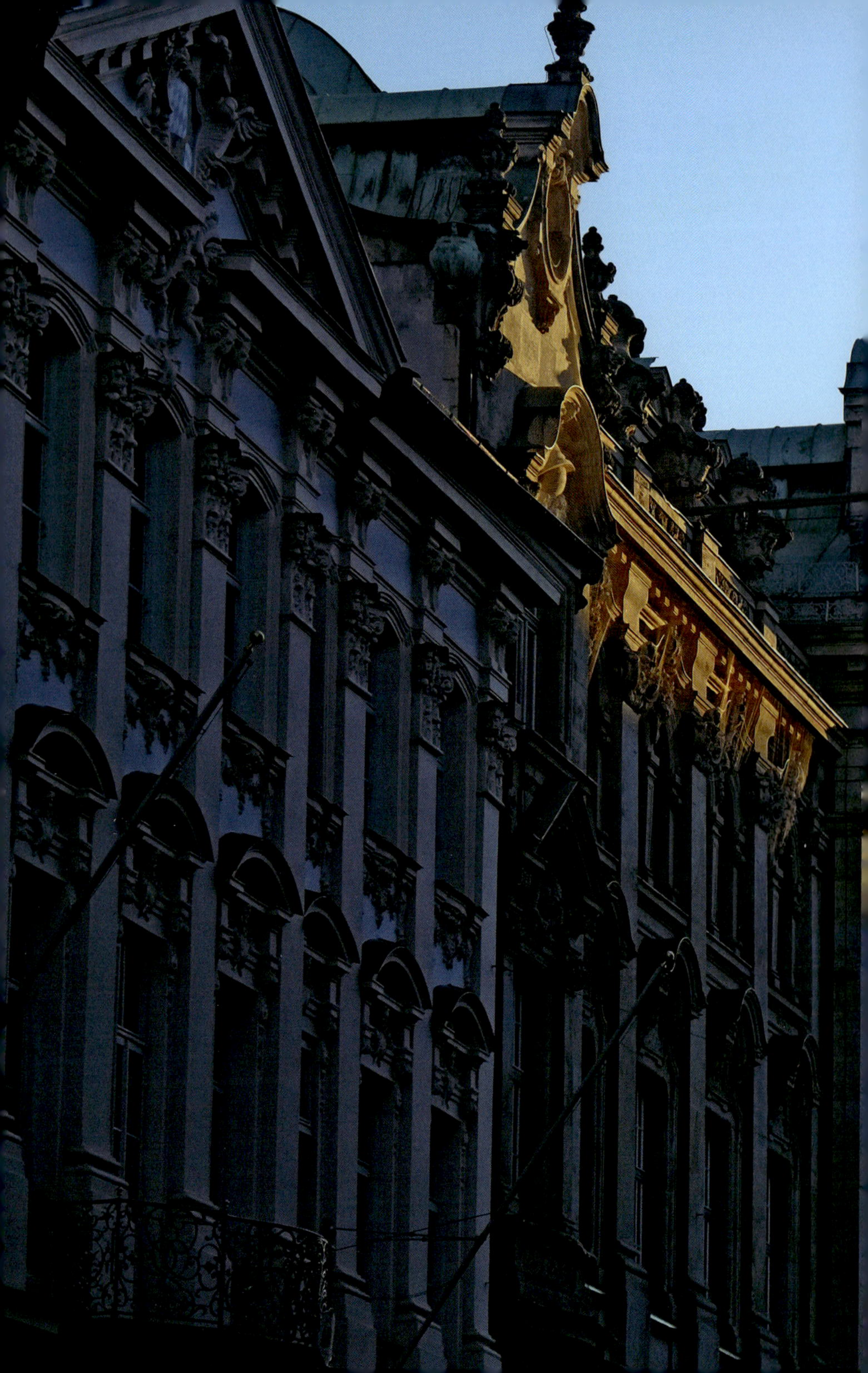

DER BLICK FÜRS DETAIL: MÜNCHENS 1000 GESICHTER

TOUR 1

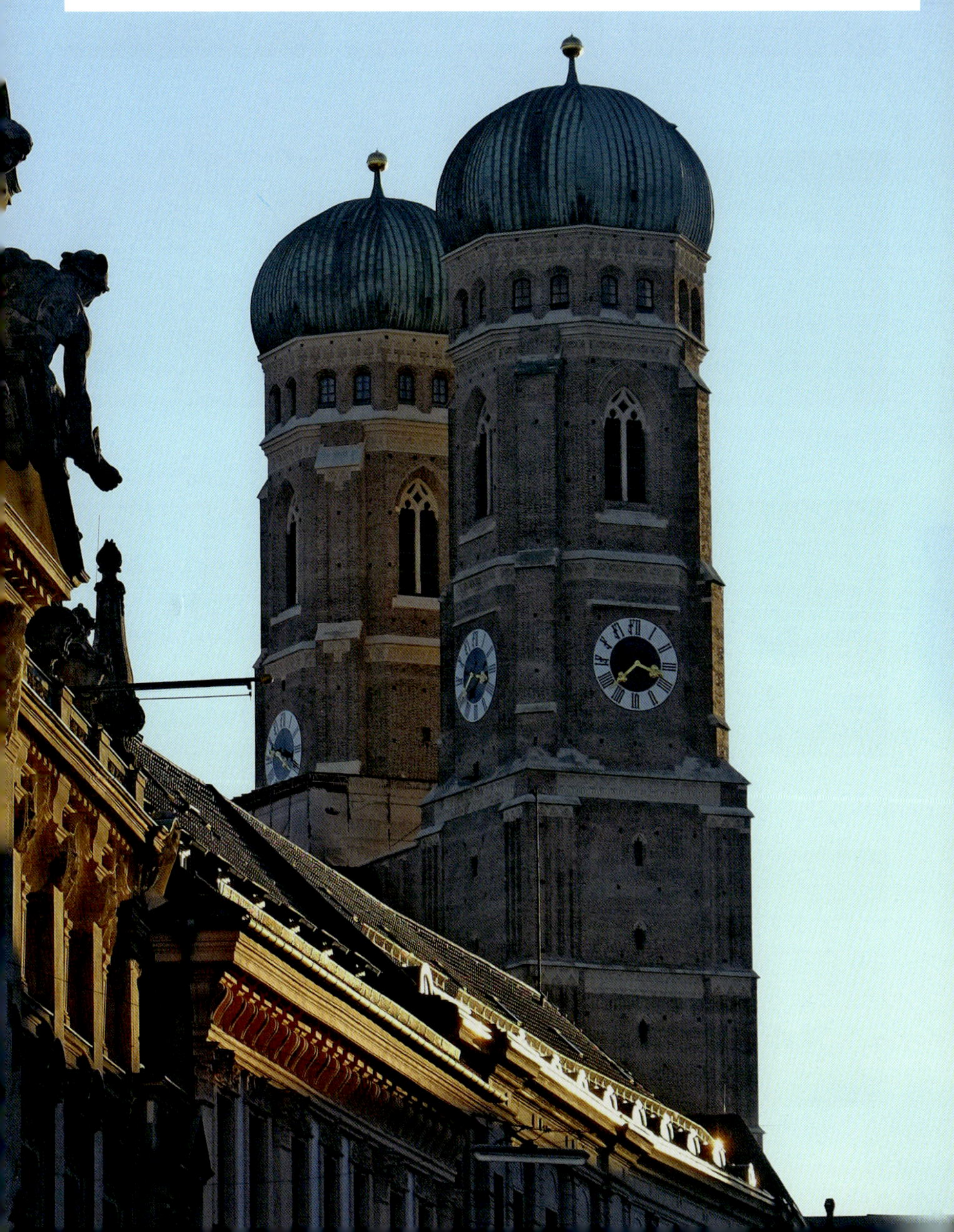

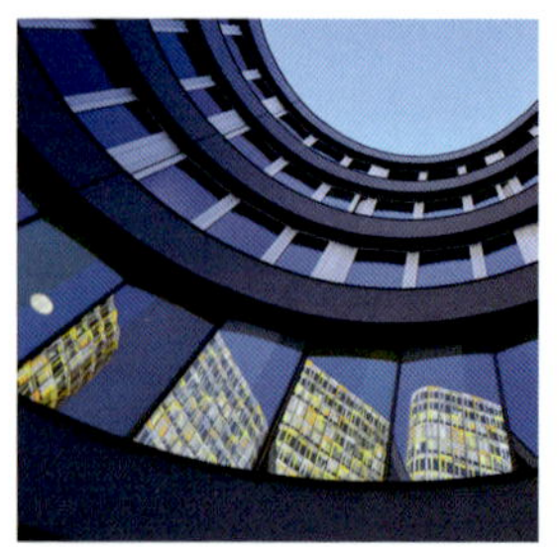
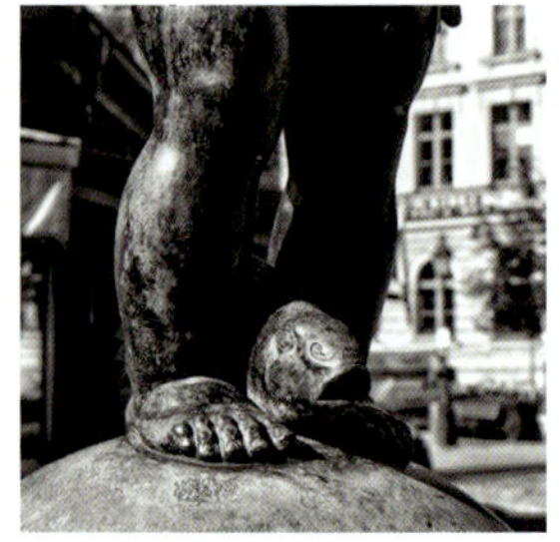
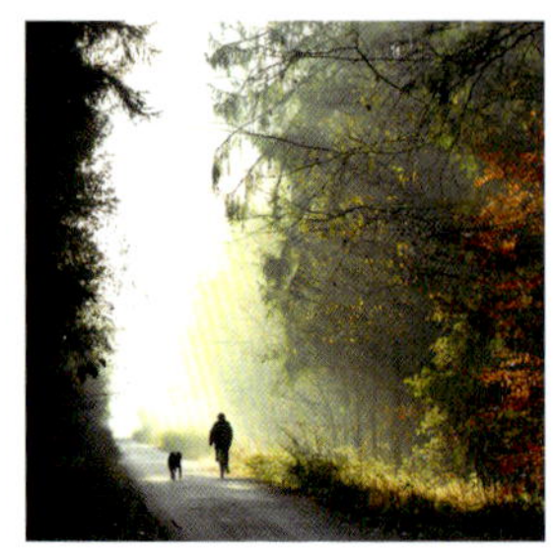
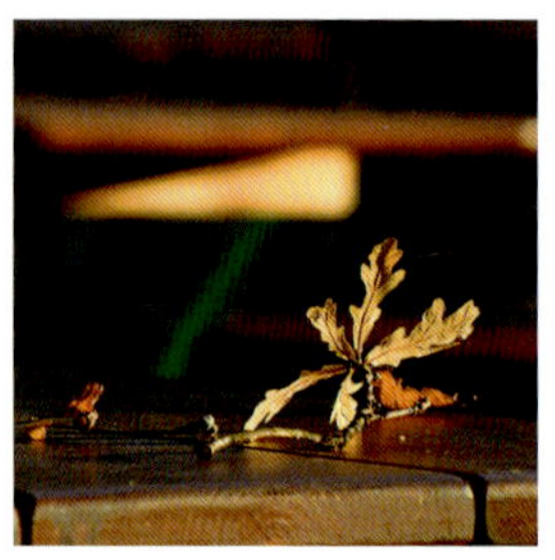
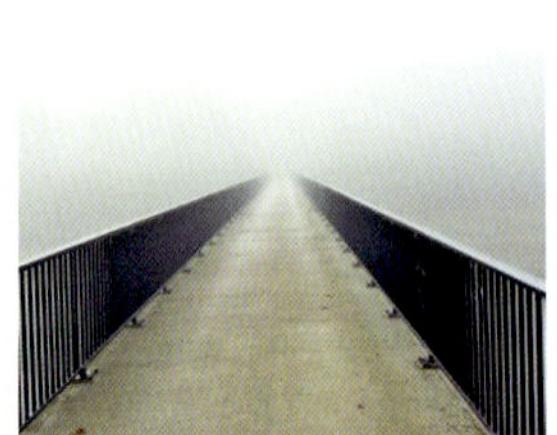
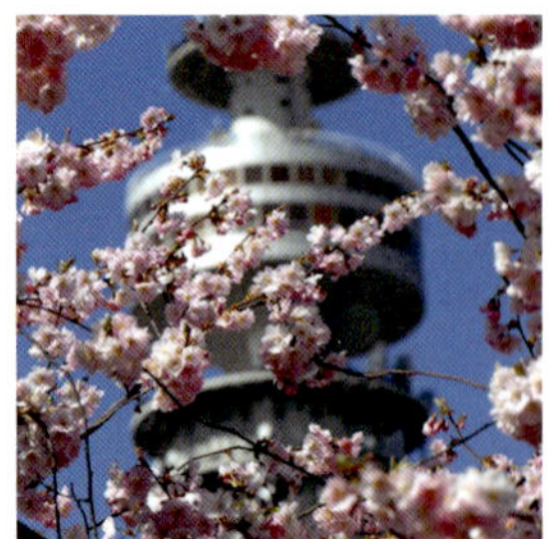
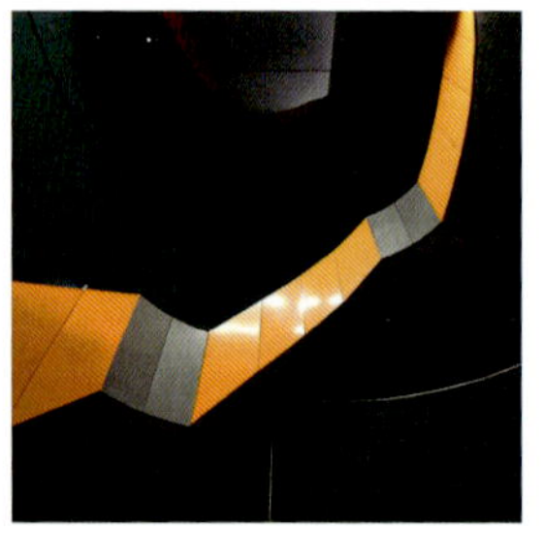
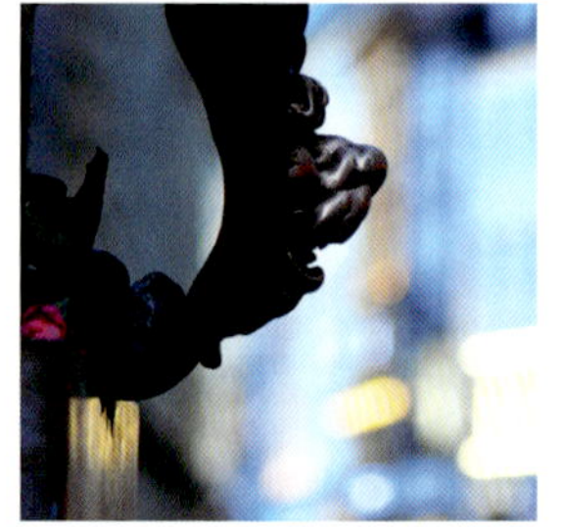
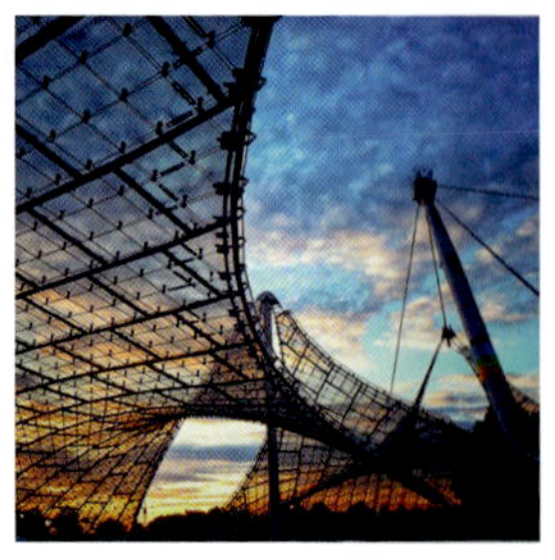
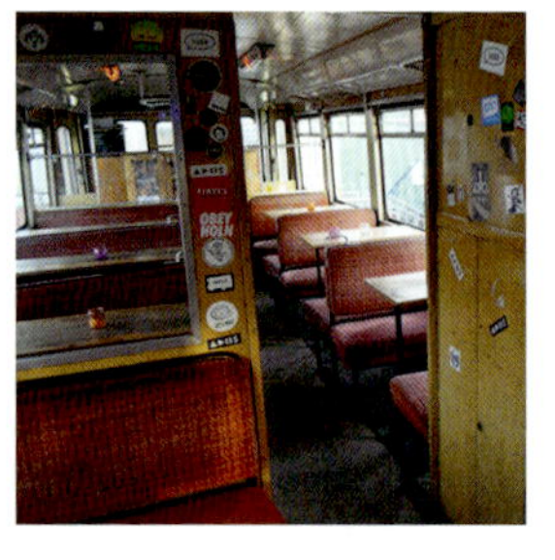
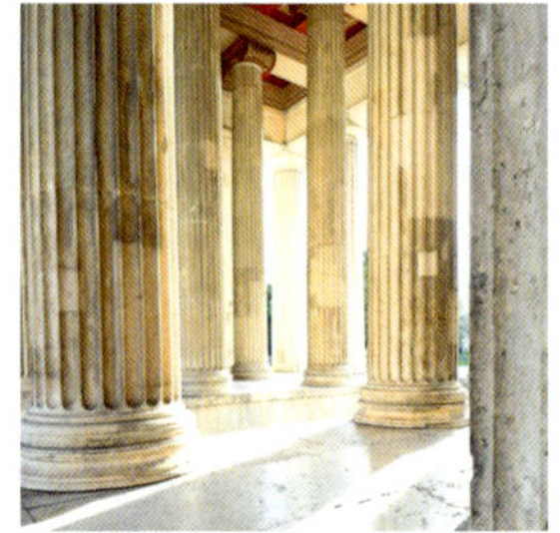
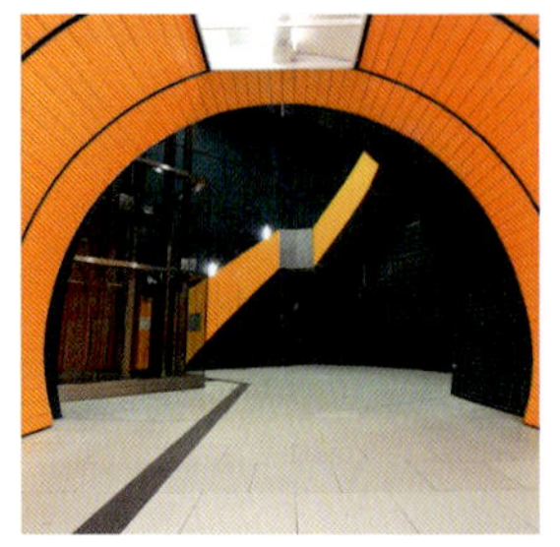

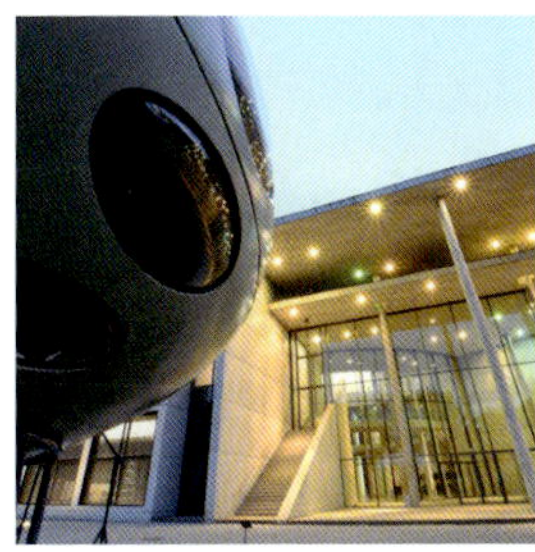
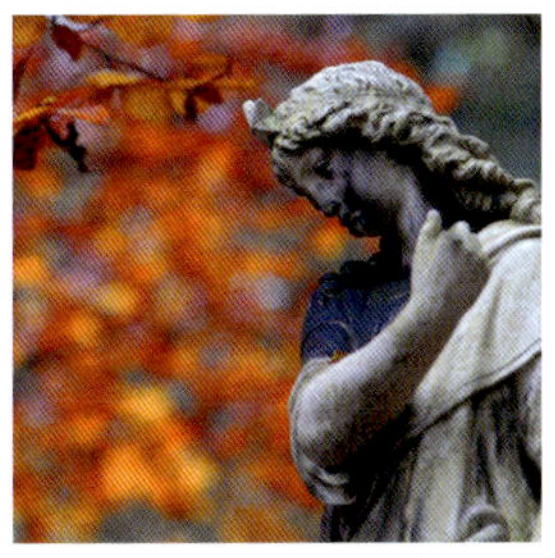
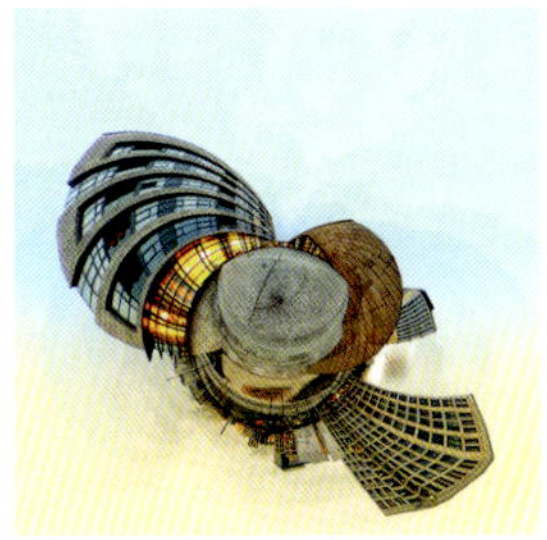
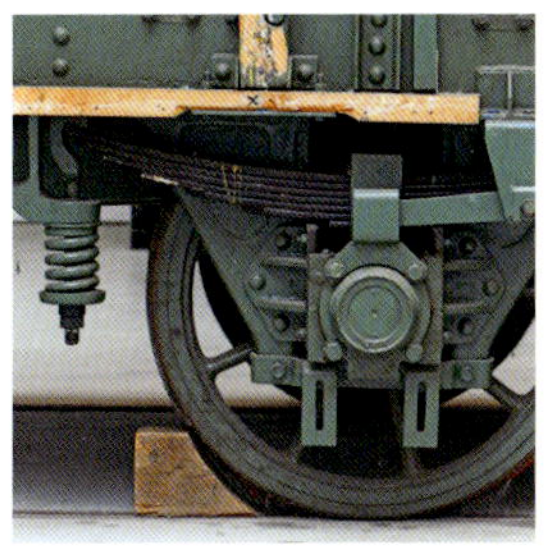
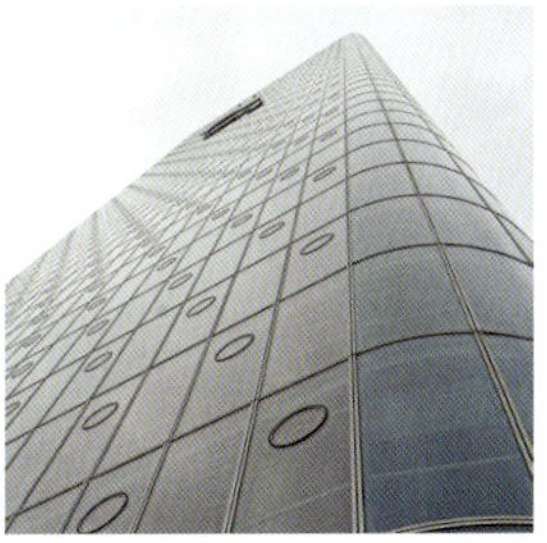
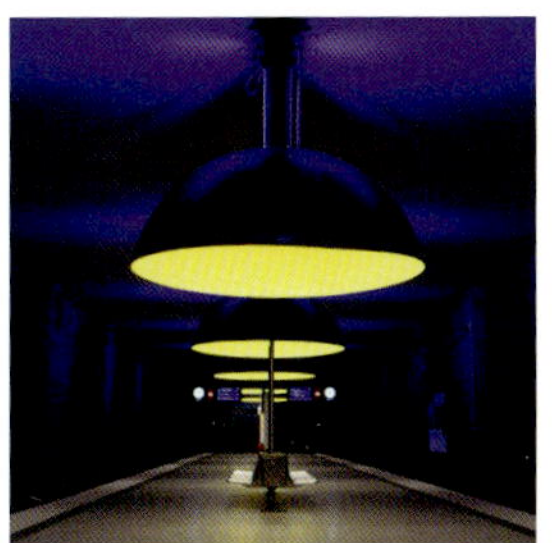
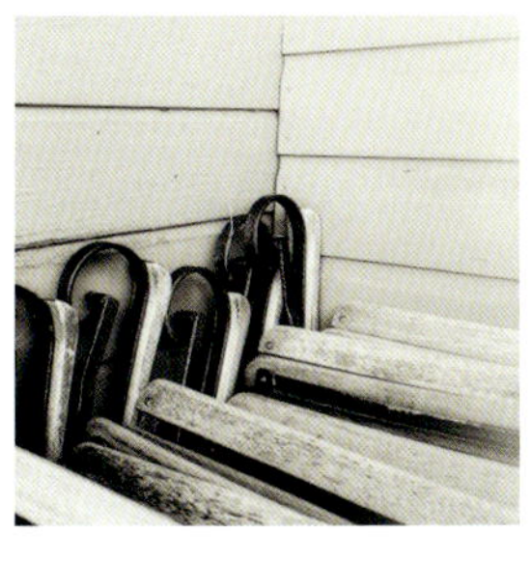
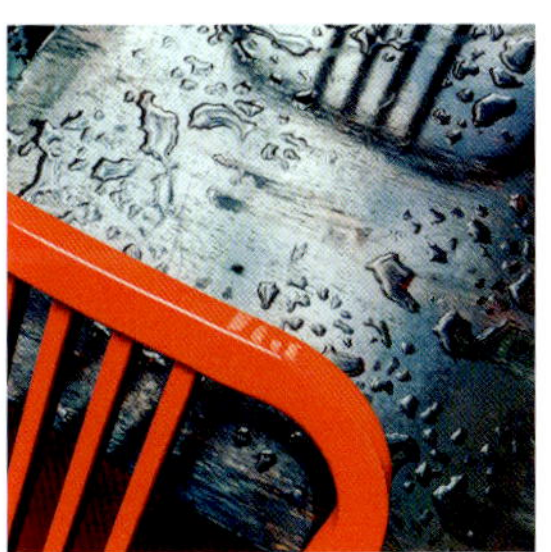
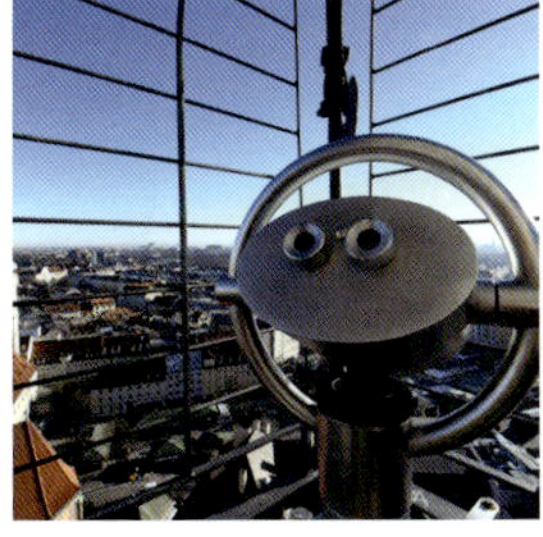
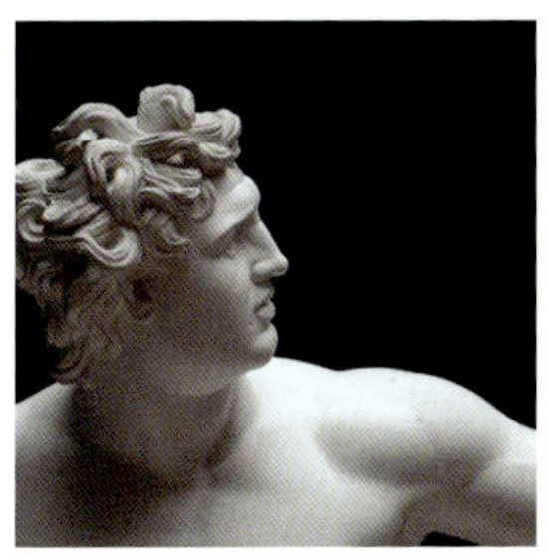
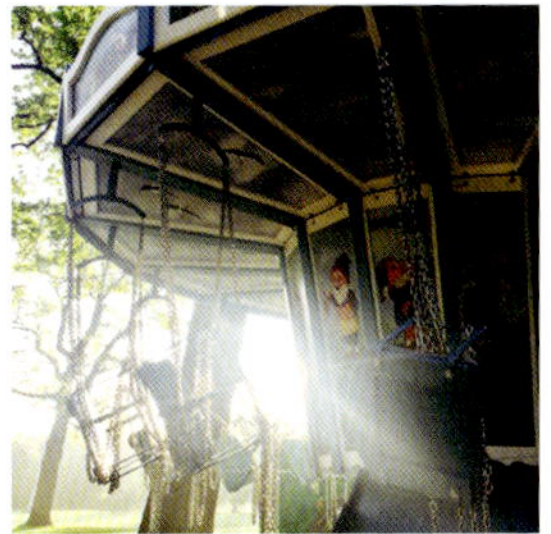
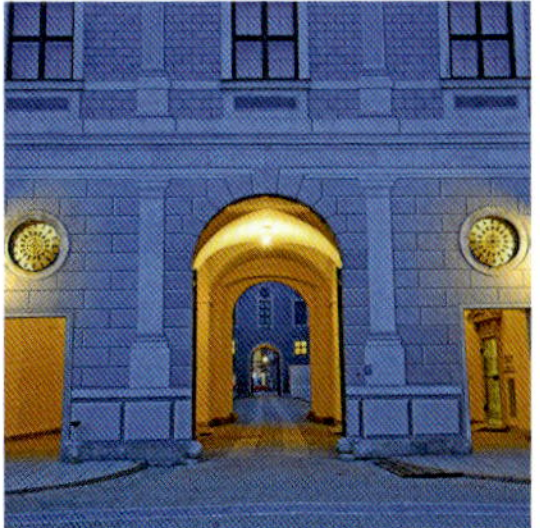

Der Blick fürs Detail: Münchens 1000 Gesichter

München hat unendlich viele Gesichter. Spazieren Sie mit offenen Augen durch die Straßen. Mit für Details geschärftem Blick gibt es unglaublich viel zu entdecken. Das ist eine reine Übungssache. Strukturen oder Farbenspiele ergeben bei entsprechendem Blickwinkel Perspektiven, die bisher wahrscheinlich kaum jemand gesehen hat. Meist reicht für diese Art von Bildern ein Smartphone. Viele Motive ergeben sich, wenn man nicht danach sucht: ein tolles Lichtspiel an einer Fassade, Spiegelungen in Schaufenstern oder ein neues Graffiti an einer Hauswand.

Dadurch bekommt man ein Bilderportfolio, bei dem die Betrachter staunen und sich fragen werden, wo diese Bilder entstanden sind. Vielleicht kreieren Sie aus den schönsten Motiven einen Kalender, vielleicht stellen Sie einen digitalen Bilderrahmen auf oder komponieren für wenig Geld online ein Fotobuch. Oder es ergibt sich sogar die Möglichkeit einer kleinen Ausstellung in einer Bücherei, Volkhochschule oder einer Bank. Es gibt so viele Möglichkeiten, Ihre Arbeit zu präsentieren und den Betrachtern eine Freude zu machen.

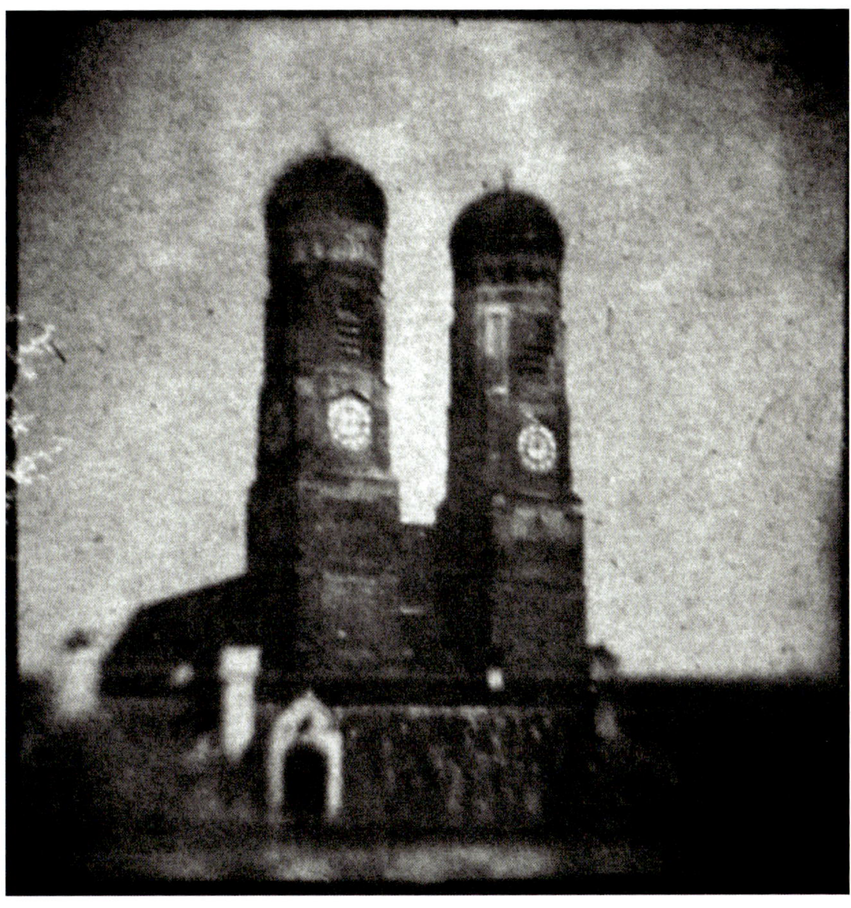

Die Münchener Frauenkirche im Jahr 1839. Das Original zu diesem Bild ist ein Negativ, auf jodiertem Salzpapier belichtet. (Bildnachweis: *https://de.wikipedia.org/wiki/Carl_August_von_Steinheil*)

GESCHICHTLICHES – DIE ERSTEN FOTOS VON MÜNCHEN

Was die Anwendung zur Aufnahme von Bildern der Camera obscura betrifft, »... so ist, wenn diese nicht zu klein erhalten werden sollen, je nach der Intensität des Sonnenlichts, ein Exponiren von einigen Stunden nothwendig.« (August von Steinheil und Franz Ritter von Kobell in *Journal für Praktische Chemie, 1839)*

Die Fotografie hatte gerade ihre Geburtsstunde erlebt, als die ersten Münchner sich schon intensiv mit der neuen Technik beschäftigten. Der Physiker Carl August von Steinheil und der Mineraloge Franz Ritter von Kobell waren die Pioniere. Im Frühjahr 1839 fertigten die beiden das erste Lichtbild an. Es zeigt das Münchner Wahrzeichen schlechthin – die Frauenkirche.

Aufgenommen wurde das Bild von Steinheils Büro in der Akademie der Wissenschaften, die damals gegenüber dem Dom ihren Sitz hatte. Das Original des Bildes von der Frauenkirche ist bis heute erhalten und kann im Deutschen Museum betrachtet werden.

Auf ihren Streifzügen durch München nahmen Steinheil und Kobell eine ganze Serie von Fotos auf. Sie fotografierten am Odeonsplatz, am Königsplatz und in Nymphenburg. Die beiden wandten bei ihren ersten fotografischen Gehversuchen das von Henry Fox Talbot in Lacock Abbey erfundene Talbottypie-Verfahren an. Dabei entstanden Aufnahmen auf jodiertem Salzpapier. Es gab nur Negative. Das Negativ-Positiv-Verfahren, wie wir es bis zur Digitalfotografie genutzt haben, wurde erst im folgenden Jahr entwickelt. Die Herstellung jedes einzelnen Bildes war mühsam und zeitaufwendig und so wurde jede Fotoexkursion ein langwieriges Unterfangen.

Die Kamera-Eigenkonstruktion der beiden Fotopioniere bestand aus einem zylindrischen Papprohr mit eingebautem achromatischen Objektiv. Leider ist dieser Apparat nicht erhalten geblieben. Mit dem Papprohr konnten sowohl runde als auch eckige Fotos erstellt werden. Dafür nahmen die beiden Münchner Wissenschaftler den Deckel vor einem Loch am Rohr ab und ließen das Licht auf das jodierte Salzpapier treffen. Dann verschlossen sie es wieder. Die angefertigten Fotos hatten einen Durchmesser von etwas mehr als vier Zentimetern.

Bereits im August 1839 stellte der Münchner Kunstverein zwei Salzpapieraufnahmen aus. Zu sehen war die Glyptothek. Heute besitzt das Deutsche Museum 17 Original-Salzpapiernegative von Steinheil und Kobell aus dem Frühjahr 1839 und damit die ältesten erhaltenen Fotografien in Deutschland.

Schon kurz nach der Erfindung der Fotografie gab es kein Halten mehr. In ganz Europa schufen die sogenannten Daguerreotypisten mit einfachsten Apparaten Bilder, die zum Teil bis heute erhalten sind und einzigartige Dokumente der Technik- und Kunstgeschichte darstellen. Die Fotografie trat ihren unaufhaltsamen Siegeszug an und hat bis heute nichts von ihrer Faszination verloren.

1 AUF DEN ALTEN PETER – 300 STUFEN BIS ZUM MÜNCHEN-PANORAMA

ANFAHRT:
Der Turm der Peterskirche ist täglich, im Winter wie im Sommer, geöffnet. Mit der U6 oder U3 oder den S-Bahnen zum Marienplatz. Dann zwei Minuten zu Fuß. Mit dem Fahrrad direkt zum Alten Peter, dort gibt es Fahrradständer. Eintritt: Erwachsene 3 Euro, Kinder 1 Euro.

FOTOGRAFIE-GENRE:
Street, Architektur, Zeitgeschichte, Reportage

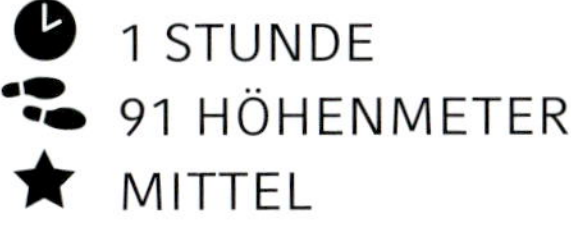

1 STUNDE
91 HÖHENMETER
MITTEL

DAS KOMMT IN DIE TASCHE:

- Weitwinkel- und Teleobjektiv, bei Föhnsicht sind 300 Millimeter durchaus angebracht. Wer mit einem Objektiv alle Brennweiten abdeckt, ist klar im Vorteil.

Beachten Sie: Die Plattform ist sehr schmal und viel besucht, es gibt also wenig Platz, um die Tasche für einen Objektivwechsel abzustellen. Im Winter kann es dort außerdem ziemlich kühl sein, also ist warme Kleidung zu empfehlen.

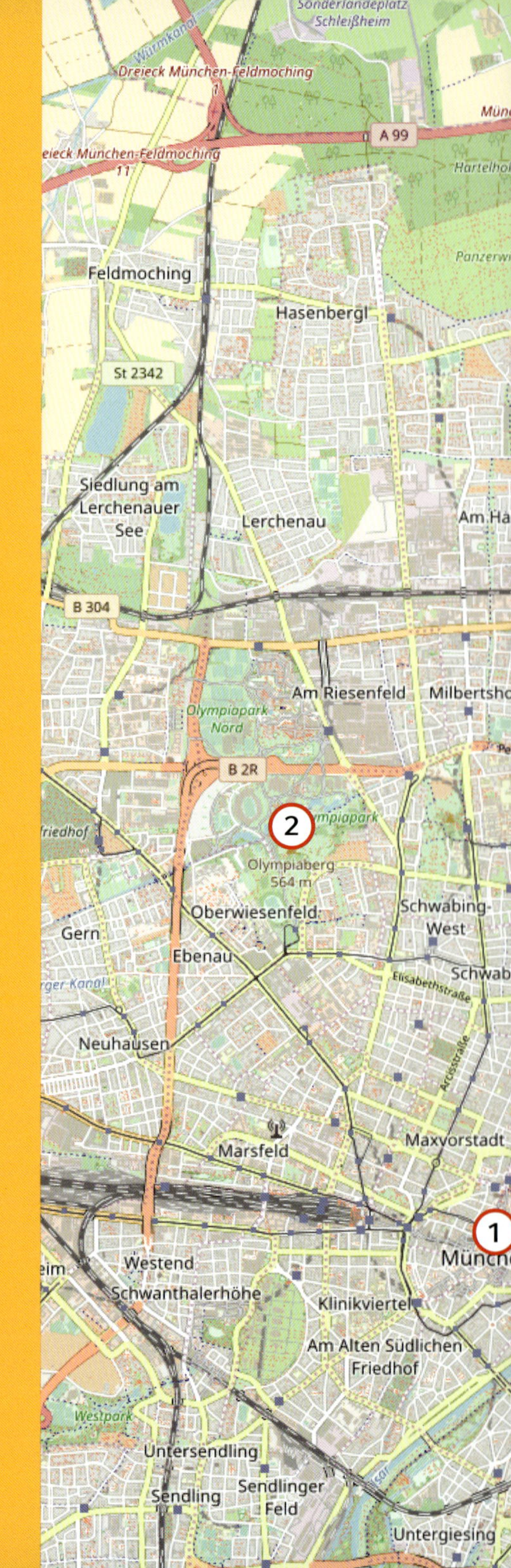

1 ALTER PETER

2 OLYMPIA-BERG

3 FRÖTTMANINGER BERG

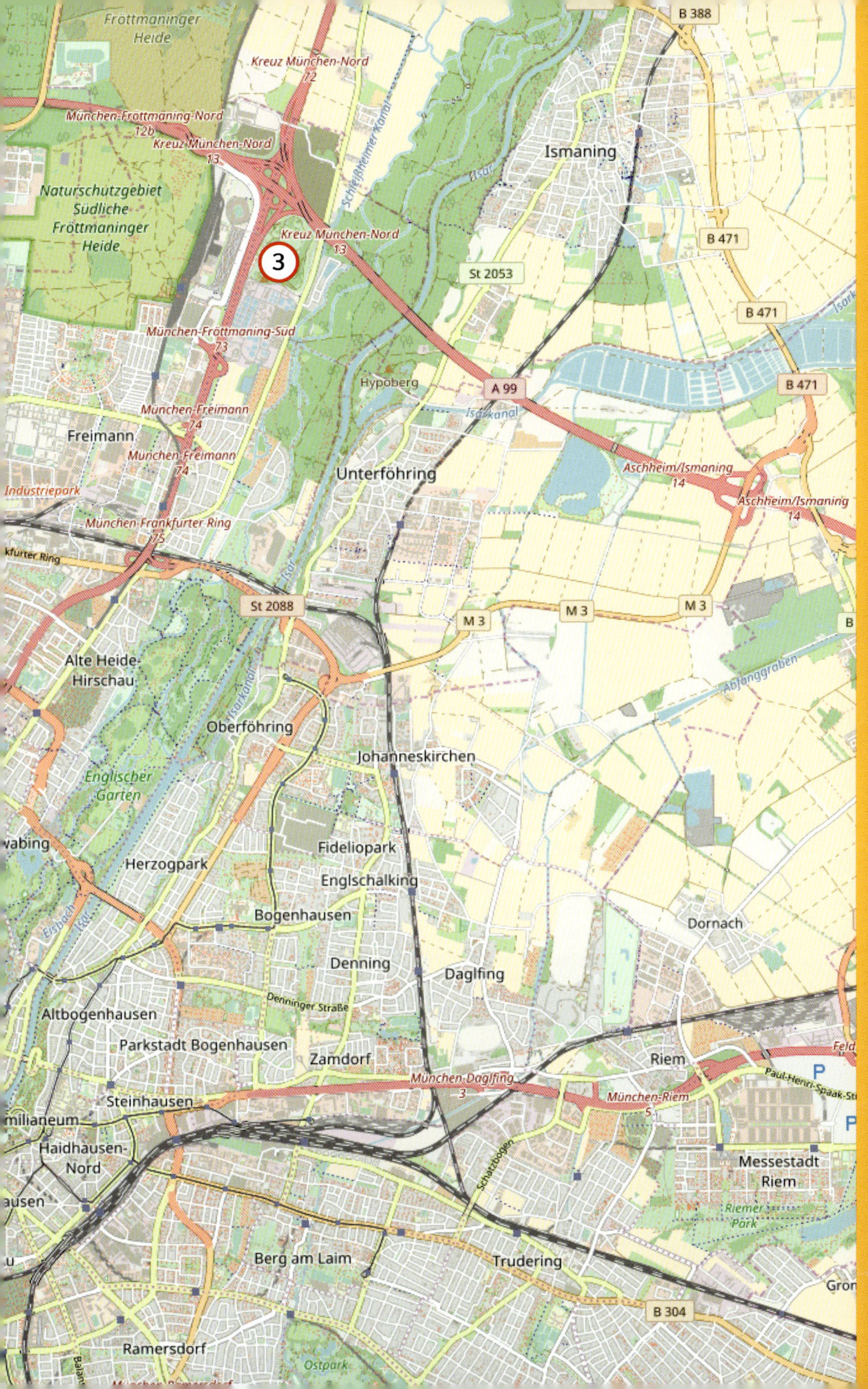

Fröttmaninger Heide
Kreuz München-Nord 72
München-Fröttmaning-Nord 12b
Kreuz München-Nord 13
Naturschutzgebiet Südliche Fröttmaninger Heide
Kreuz München-Nord 13
3
Schleißheimer Kanal
Isar
Ismaning
B 388
B 471
St 2053
B 471
B 471
München-Fröttmaning-Süd 73
Hypoberg
A 99
Isarkanal
München-Freimann 74
Freimann
München-Freimann 74
Unterföhring
Aschheim/Ismaning 14
Aschheim/Ismaning 14
Industriepark
München-Frankfurter Ring 75
Frankfurter Ring
St 2088
M 3
M 3
M 3
Alte Heide-Hirschau
Abfanggraben
Isarkanal
Oberföhring
Johanneskirchen
Englischer Garten
Schwabing
Herzogpark
Fideliopark
Englschalking
Bogenhausen
Dornach
Eisbach
Denning
Daglfing
Altbogenhausen
Denninger Straße
Parkstadt Bogenhausen
Zamdorf
Riem
München-Daglfing 3
München-Riem 5
Paul-Henri-Spaak-Str.
Steinhausen
Maximilianeum
Haidhausen-Nord
Schatzbogen
Messestadt Riem
Riemer Park
Berg am Laim
Trudering
B 304
Ramersdorf
Ostpark

Wer München mit der Kamera erkunden möchte, der kann sich einen ersten Überblick direkt im Zentrum verschaffen. Auf der Aussichtsplattform des Alten Peter bietet sich ein faszinierender Rundblick über die Isarmetropole. Bei klarem Wetter oder Föhn reicht die Sicht bis zur über 100 Kilometer entfernten Zugspitze. Der Alte Peter gilt als älteste Kirche der Stadt und befindet sich auf dem »Petersbergl« in der Altstadt zwischen Marienplatz und Rindermarkt. Die Peterskirche wurde 1190 durch Bischof Otto II. von Freising geweiht.

Wer den Blick von oben genießen will, der sollte schwindelfrei und fit im Treppensteigen sein. Rund 300 Holzstufen führen durch das alte Gemäuer nach oben. Vorbei an der Stube mit ihren acht Glocken wird das Ziel in 91 Metern Höhe erreicht. Der freie Blick fällt zunächst auf die imposante Frauenkirche, den Marienplatz und die Straßen nach Schwabing bis hin zum Olympiazentrum im Norden. Im Süden schließen sich die Alpen an, im Osten der Gasteig und das Deutsche Museum. Im Westen geht der Blick über die Fußgängerzone in Richtung Hauptbahnhof und Paulskirche.

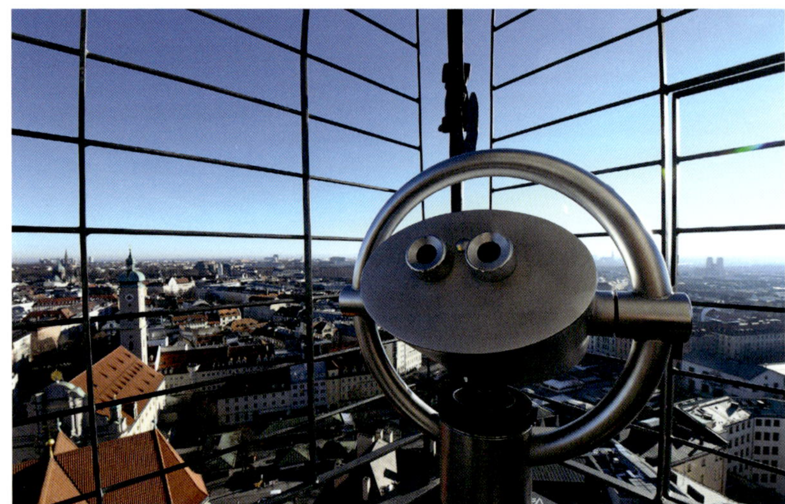

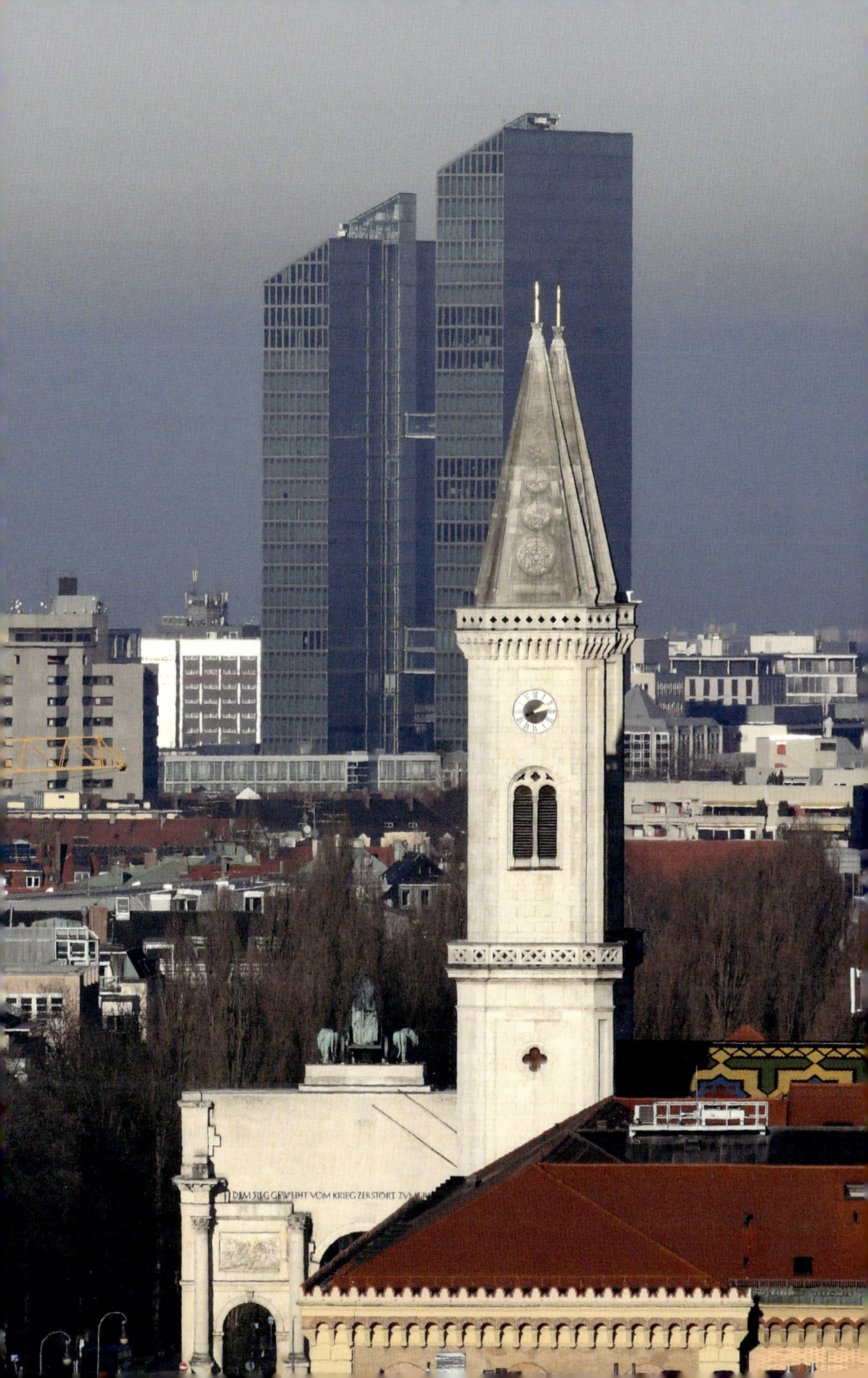
DEM SIEG GEWEIHT VOM KRIEG ZERSTÖRT

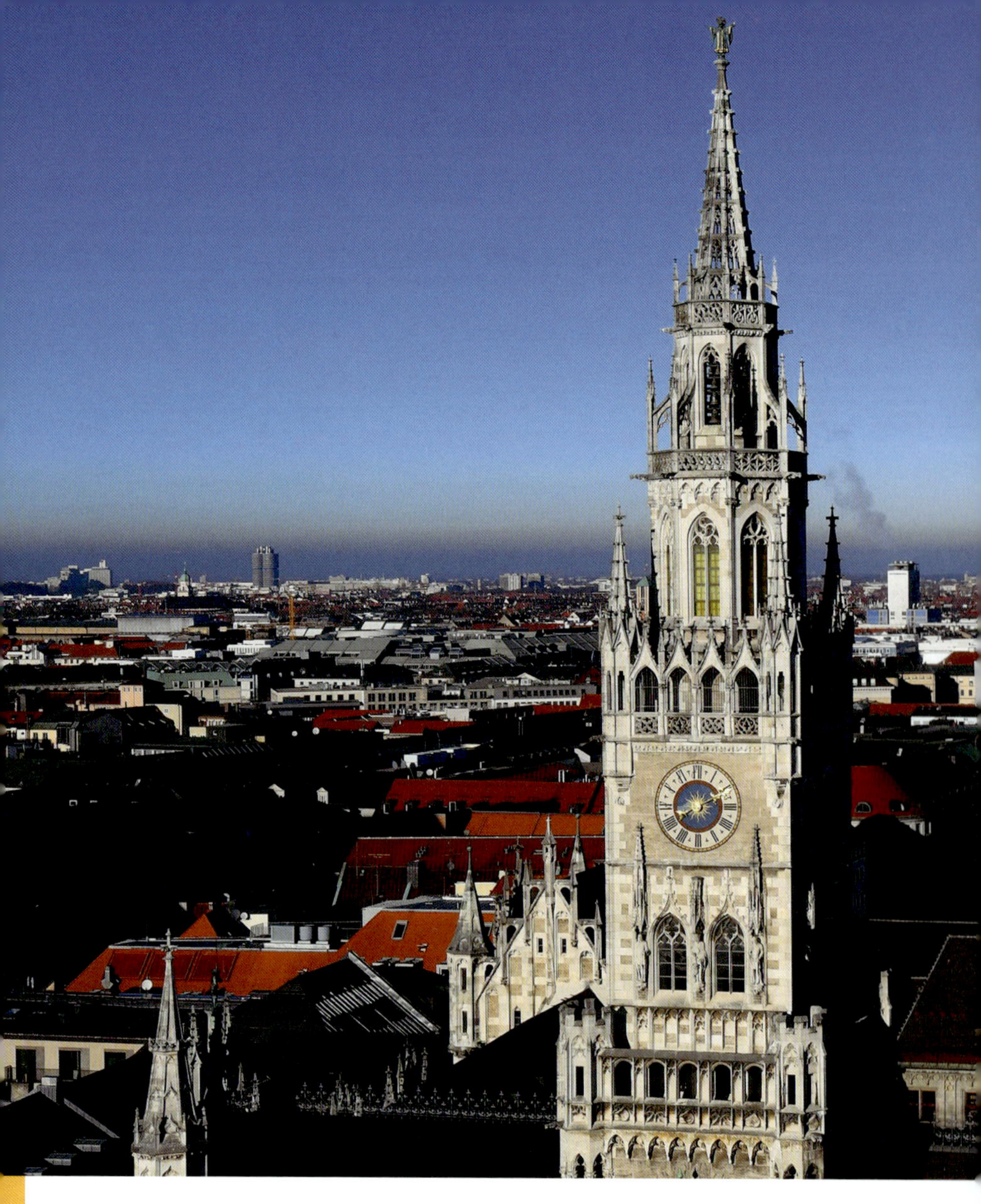

Mit dem Weitwinkelobjektiv können Sie direkt auf den Marienplatz fotografieren. Mit langen Brennweiten verdichten Sie auf einem Bild die Kirchen der Altstadt mit den Hochhäusern an der Peripherie. Beziehen Sie in Ihre Bilder auch die Gitterstäbe der Balustrade mit ein, ebenso wie die Fernrohre, die

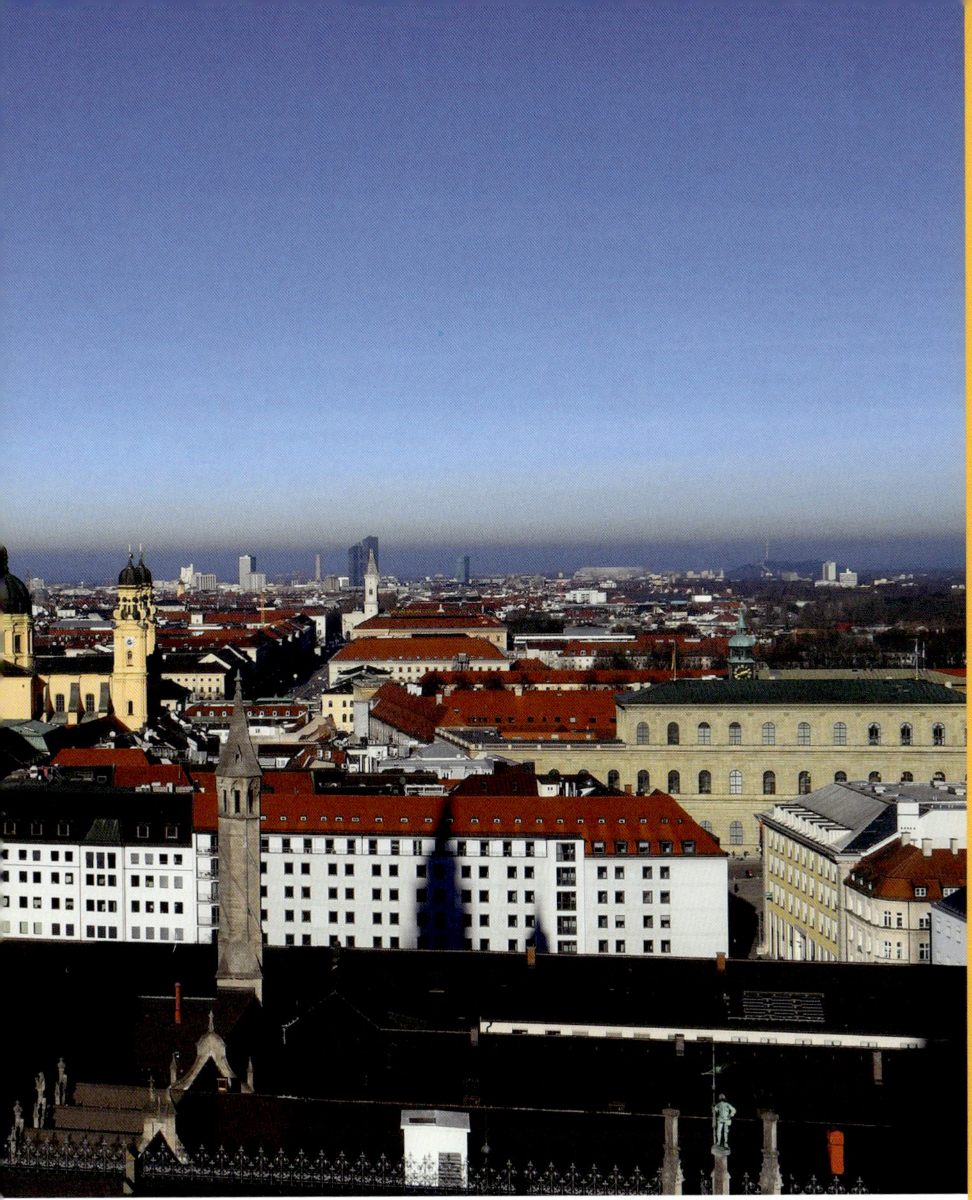

in den Ecken des Rundgangs stehen. Das verschafft dem Betrachter den Eindruck, als wäre er selbst auf dem Turm.

Hinweis: Wer Bilder kommerziell verwenden möchte, der muss sich beim Erzbistum München eine Erlaubnis einholen.

2 OLYMPIABERG UND 3 FRÖTTMANINGER BERG – EIN ERSTER ÜBERBLICK

ANFAHRT:
Der Olympiaberg muss zu Fuß oder mit dem Rad erklommen werden. Etwas weiter zu laufen ist es von der U3 (Haltestelle Olympiazentrum). Direkt geht es mit dem Fahrrad. Mit dem Auto findet man Parkplätze in der Ackermannstraße, am Fuß des Hügels.

Der Fröttmaninger Berg liegt gleich neben der Allianz Arena, direkt an der Autobahn A9, im Stadtteil Freimann. An fußballfreien Tagen ist der Busparkplatz Nord der Allianz Arena geöffnet, an Spieltagen ist es eher nicht zu empfehlen, am Stadion zu parken. Direkt an den Berg gelangen Sie über die Freisinger Landstraße. Öffentliche Verkehrsmittel: Mit der U6 ab Innenstadt Richtung Garching-Hochbrück bis Haltestelle Fröttmaning. Von dort etwa 15 Minuten Fußweg bis zur Allianz Arena. Mit dem Rad direkt auf den Berg.

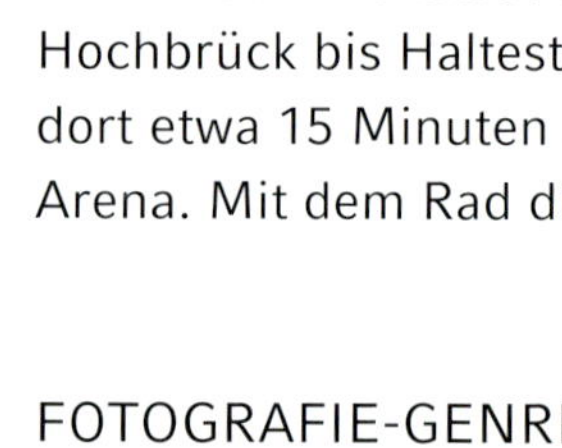

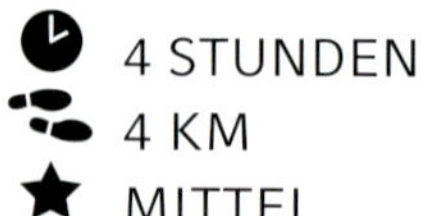

4 STUNDEN
4 KM
MITTEL

FOTOGRAFIE-GENRE:
Architektur, Landschaft

DAS KOMMT IN DIE TASCHE:

- Alle Objektive mit Brennweiten ab 200 Millimeter aufwärts
- Stabiles Stativ
- Im Winter empfehlen sich eine Thermoskanne mit Heißgetränk und warme Kleidung.

Um München von oben zu betrachten, können Sie aber auch zwei markante Hügel erklimmen. Relativ nah am Zentrum liegt der Olympiaberg. Mit rund 60 Meter Höhe und 565,1 Meter über NN ist er die höchste Erhebung der Stadt. Entstanden ist der Hügel durch die Aufschüttung der Trümmer aus dem Zweiten Weltkrieg. Deswegen wird er auch als »Schuttberg« bezeichnet.

Das Licht steht dort morgens und abends am besten. Mittags befindet sich die Sonne genau im Süden und erzeugt extremes Gegenlicht. Besonders lohnenswert ist der Ausflug, wenn das berühmte Föhnwetter herrscht und die bis zum Frühling verschneiten Berge gleich hinter den Türmen der Stadt zu stehen scheinen. Dabei eigentlich trennen Metropole und Alpen noch mehr als 100 Kilometer. Der Föhn ist ein Phänomen, das typisch ist für die

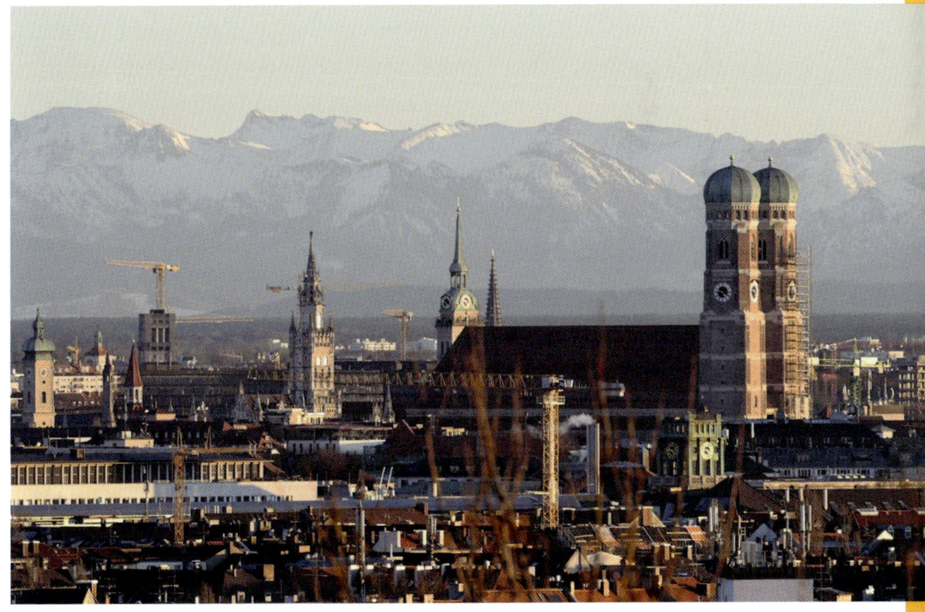

geografische Lage, in der sich München befindet. Wenn jenseits der Alpen in Italien Südwind herrscht, lässt dieser die wasserhaltige Luft an den Bergen aufsteigen – dann regnet es in Norditalien. Doch die nun wasserdampfarme, klare Luft überwindet den Nordkamm der Alpen, fällt dahinter wieder ins Flachland und schafft so den spektakulären Fernblick.

Auf dem Olympiaberg sind Sie selten allein. Dort stehen fast immer Fotografen, die meisten mit Stativ. Dieses sollte für eine verwacklungsfreie Aufnahme unbedingt mit dabei sein, denn hier oben sind vor allem die Telebrennweiten gefragt. Es können manchmal Objektive mit bis zu 500 Millimeter Brennweite eingesetzt werden. Gehen Sie am Abend auf den Hügel, können Sie vom Sonnenuntergang über die Blaue Stunde bis in die Dunkelheit fotografieren. Sie müssen im übrigen nicht bis ganz oben auf den Olympiaberg steigen. Es gibt ein Plateau unterhalb des Gipfels, von dem aus Sie ebenfalls einen tollen Blick haben. Hier befinden Sie sich auf einer Höhenlinie mit den markanten Gebäuden der Stadt, während Sie ganz oben eher auf deren Dächer schauen.

Sie sollten den Blick aber nicht nur in Richtung Süden, zum Zentrum und zu den Bergen, richten. Auch die anderen Himmelsrichtungen bieten tolle Motive. Im Norden befinden sich die beleuchtete Fußballarena des FC Bayern, die BMW-Werke, das Windrad und die Zeltdächer des Olympiageländes. Im Osten steht das Hypo-Hochhaus, im Westen der Uptown-Munich-Bürokomplex (mehr dazu in der Tour *Uptown Munich – ein Hauch von Manhattan* ab Seite 50).

Der zweite Anlaufpunkt für einen Blick auf die Stadt ist der einige Kilometer weiter im Nordosten gelegene Fröttmaninger Berg, direkt an der Stadtgrenze. Die 75 Meter hohe Erhebung ist aus Aufschüttungen des Mülls, den die Stadt bis in die 80er-Jahre produziert hat, entstanden und dient heute als Standort für das einzige Windrad der Stadt. Von hier bietet sich ein Blick, der auch die Zwillingstürme der Highlight Towers und das Uptown-Munich-Hochhaus mit einschließt. Bei entsprechender Fernsicht heben sich

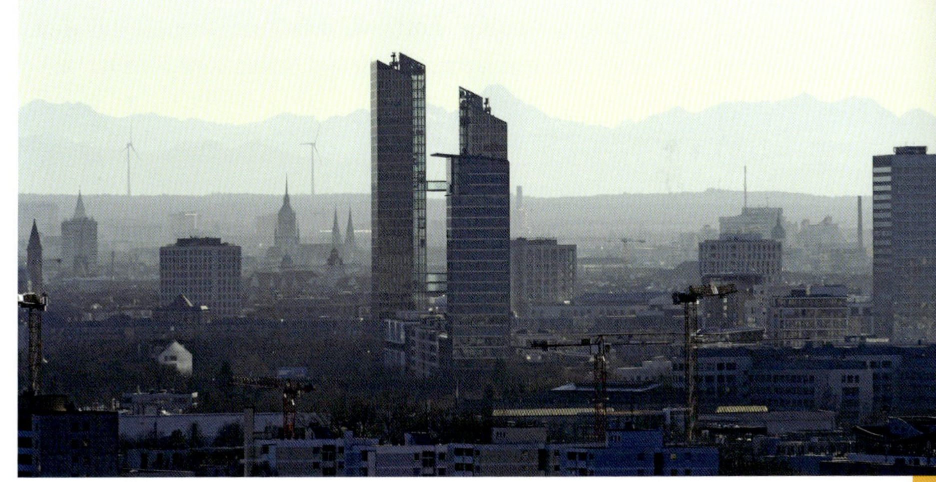

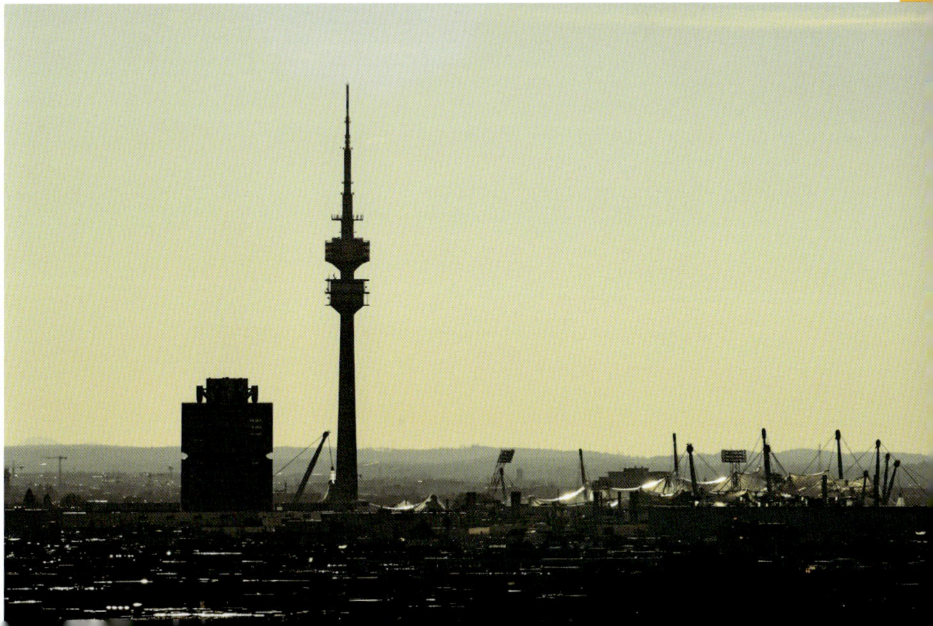

diese beiden Hochhäuser sehr gut vom Bergpanorama dahinter ab. Gleich am Fuß des Hügels steht die Allianz Arena, die besonders abends von hier aus gut zur Geltung kommt. Und auch das Windrad bietet durchaus einen spektakulären Anblick. Nehmen Sie sich hier oben genug Zeit und fotografieren Sie mit Stativ. Am Rande der Stadt ist es meist etwas kühler als in der Stadt, vor allem in den Wintermonaten. Doch die Aussicht auf die Metropole und die architektonisch einmalige Arena lohnen den Besuch (für den Aufstieg sollten Sie allerdings etwas Zeit einplanen).

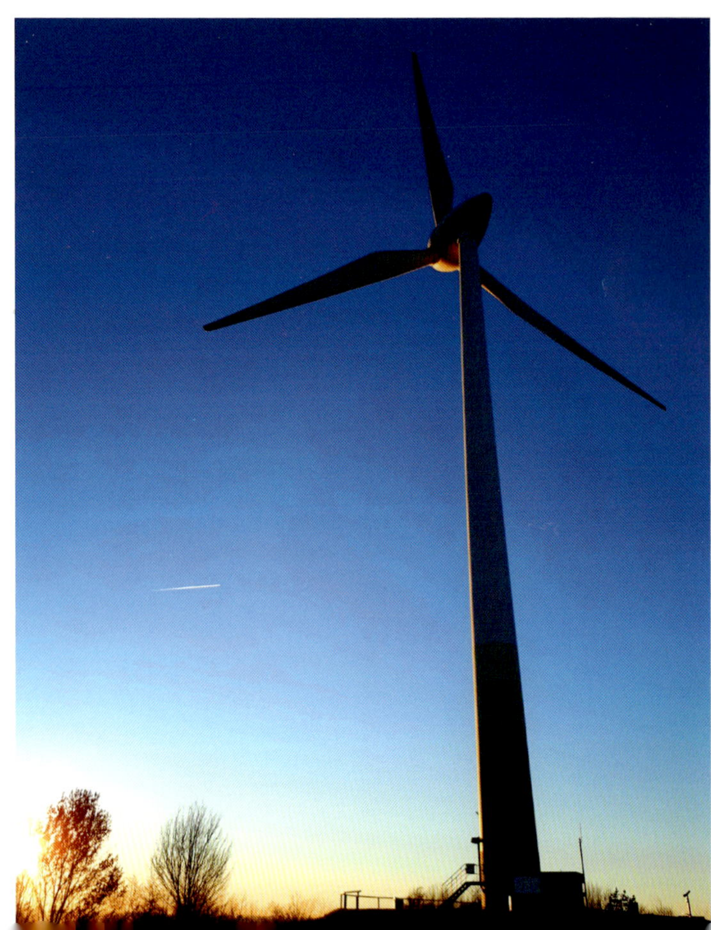

INTERVIEW MIT ELISABETH ANGERMAIR: DER BILDER-SCHATZ DER STADT

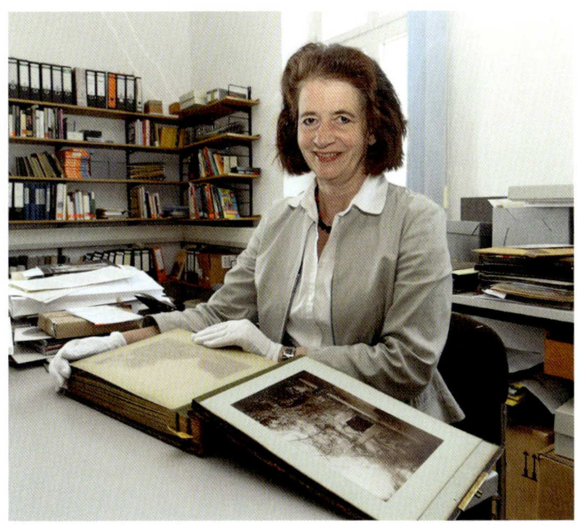

Grasende Schafe auf der Theresienwiese, Ziegen auf dem Viktualienmarkt, eine fast völlig zerstörte Innenstadt nach dem Zweiten Weltkrieg. Das sind nur ein paar wenige Motive aus der riesigen Fülle an Foto-Schätzen, die das Münchner Stadtarchiv in der Schwabinger Winzererstraße hütet. Inzwischen sind fast zwei Millionen Negative und Papierabzüge zusammengekommen, die München, seine Häuser, Straßen, Menschen und Feste seit etwa 1850 zeigen. Rund 20.000 der schönsten Fotos kann man sich online anschauen unter *https://stadtarchiv.muenchen.de*. Im Interview gibt die Leiterin der Fotosammlung, Elisabeth Angermair, Auskunft darüber, woher die Bilder kommen, wie man das vielfach analoge Material am besten lagert und welche Bilder sie am meisten beeindrucken.

Frau Angermair, Sie leiten die Fotosammlung der Stadt München. Wie weit reicht die Sammlung zurück und was ist die älteste Fotografie im Bestand?

Angermair: Die ältesten Fotos liegen unter den Beilagen zur Stadtchronik, die seit 1845 auf Wunsch von König Ludwig I. geführt wurde. Der Stadtchronist Ulrich von Destouches hat schon bald angefangen, weiteres Material zu den täglichen Eintragungen zu sammeln, wie beispielsweise Einladungskarten, Theaterzettel, Speisekarten, Flugblätter, Plakate und vieles mehr. Seit ca. 1850 befinden sich zahlreiche Fotos unter den Beilagen. Ab 1870/1871 bis 1916/1917 wurden eigene Chronikbildbände angelegt. Noch später dann die eigenständige Fotosammlung.

Wie erhalten Sie die Bilder für das Archiv?

Angermair: Eine Quelle sind die Einzelankäufe oder Schenkungen von Einzelbildern, wie schon bei den Chronikbildbänden. Seit dem Ende der 1930er Jahre sind kontinuierlich zuerst ein Fotograf, später mehrere Fotografen/-innen angestellt, die für die Sammlung arbeiten und Dokumentationen anlegen. Ebenso übernimmt oder erwirbt das Stadtarchiv Sammlungen, die von Privatpersonen zusammengetragen wurden, sowie Vor- und Nachlässe von Fotografen, z. B. von Pressefotografen. Dazu entstehen in Ämtern und Referaten der Stadtverwaltung im Lauf der Jahre fotografische Dokumentationen und Sammlungen, die – wenn sie für den aktuellen laufenden Dienstbetrieb nicht mehr benötigt werden – an das Stadtarchiv zur dauernden Aufbewahrung abgegeben werden. Große Abgaben gab es beispielsweise schon aus dem Baureferat oder von den Münchner Kammerspielen.

Nach welchen Kriterien wählen Sie das Bildmaterial aus?

Angermair: Bei der Auswahl der zu übernehmenden Fotos steht an der Spitze der Kriterien der München-Bezug, also die weitgehende Beschränkung auf das Stadtgebiet und die Stadtgeschichte. Ebenso versuchen wir dokumentarische Fotografien von der stetigen Veränderung des Stadtbildes und den Bereichen städtischen Lebens zu sammeln. Die beste Beschreibung dafür liefert das Sammlungsprofil des Stadtarchivs, das Sie auf unserer Internetseite *www.muenchen.de/stadtarchiv*, unter »Bestände-Übersicht«/ »Kurzbeschreibung der Bestände und Sammlungen« in der allgemeinen Einführung zu »Sammlungen und Deposita« finden. Selbstverständlich bemühen wir uns auch darum, Beispiele von möglichst vielen unterschiedlichen fotografischen Techniken und von den verschiedenen Anwendungsgebieten der Fotografie zu überliefern.

Gibt es Fotos in der Sammlung, die Sie besonders beeindrucken?

Angermair: Mich beeindrucken die ältesten Fotos im Hinblick auf das Wissen, unter welch schwierigen Bedingungen diese oft entstanden sind. In den 1850er-Jahren musste jeder Fotograf viel experimentieren, um zufriedenstellende Ergebnisse zu erzielen. Negative wurden häufig mit dem sogenannten nassen Kollodiumverfahren hergestellt. Dabei wurden Glasplatten als Trägermaterial für die Negative unmittelbar vor der Aufnahme mit einer Kollodiumschicht überzogen. Und gleich nach der Belichtung musste das Negativ entwickelt werden. Die Fotografen waren also mit einem Zelt, das als Dunkelkammer diente, unterwegs. Ein hoher Aufwand! Welch fantastische Ergebnisse sie erzielten, lässt sich beispielsweise an dem »Böttger-Panorama« aus dem Jahr 1858 ersehen. Der Fotograf Georg Böttger fotografierte einen Rundblick über München in elf Einzelbildern vom Turm der Peterskirche, die er zu einem wundervollen Panorama zusammensetzte. Immer wieder faszinieren mich die Detailgenauigkeit und die Tiefenschärfe dieses Panoramas, das auch für die Baugeschichte Münchens ein wichtiges Dokument darstellt.

Wie lagert man Original-Fotografien auf Papierabzügen oder Dias am besten?

Angermair: Wichtig sind eine möglichst gleichbleibende Temperatur und Luftfeuchtigkeit zwischen 30 und 40 Prozent. Häufige Schwankungen im Raumklima schaden. Bei Farbdias gilt: je kühler, desto besser. Gerade die Farben halten sich dann besser. Natürlich spielen auch die ursprüngliche Auswahl der Diafilme und die Verarbeitung bei der Entwicklung eine Rolle, die sich durch die spätere Lagerung alleine nicht ausgleichen lassen. Bei Papierabzügen und Negativen sollten die Schachteln und Umschläge, in denen sie aufbewahrt werden, aus säurefreiem Material bestehen. Materialien, die mit »P.A.T. getestet« gekennzeichnet sind, können problemlos verwendet werden. Sie wurden dem Photographic Activity Test unterzogen. Schränke und Regale, in denen die Fotografien verwahrt werden, sollten idealerweise aus einbrennlackiertem Metall bestehen. Holz- und Kunststoffmöbel sondern Schadstoffe ab, die die Haltbarkeit der Fotos einschränken.

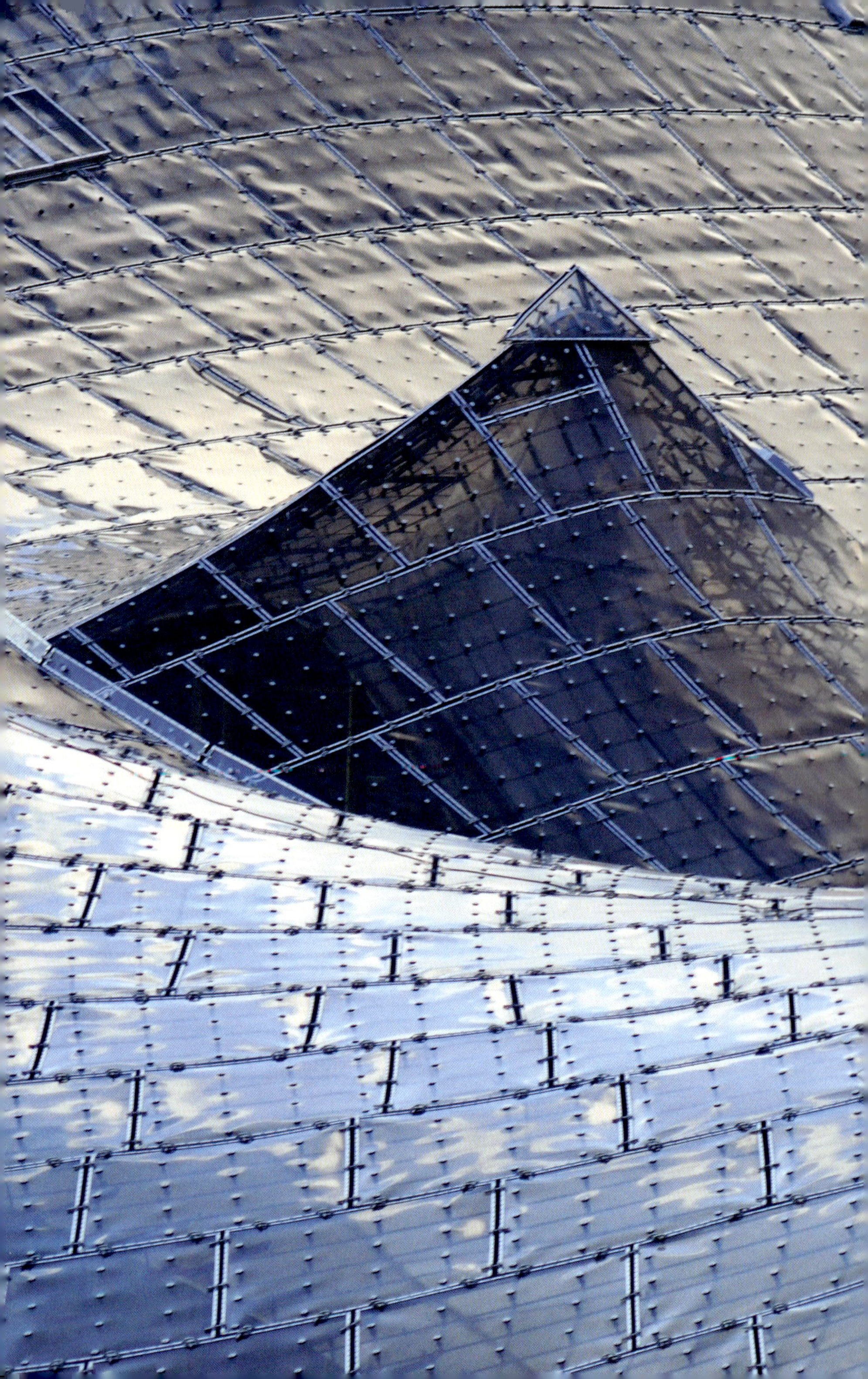

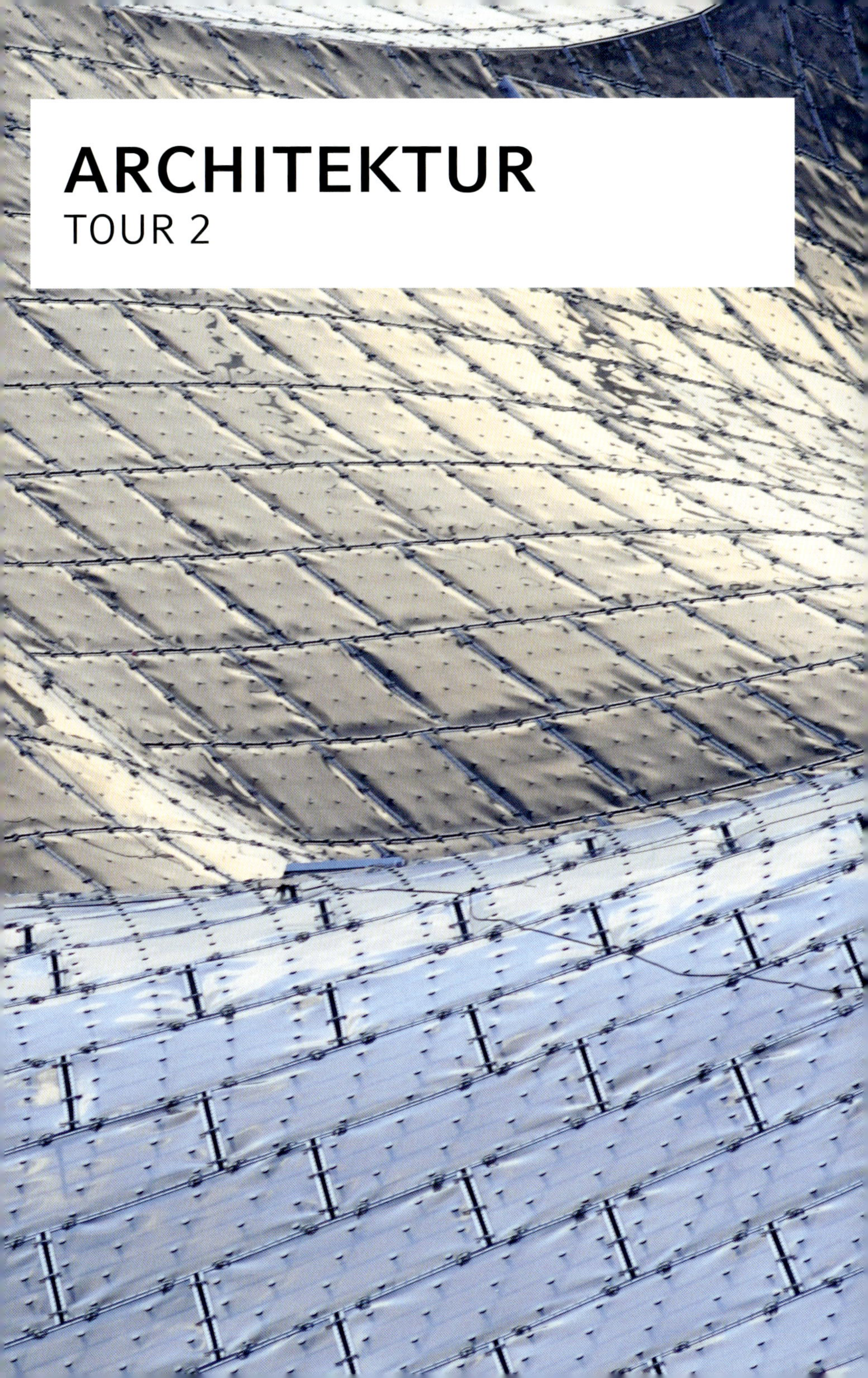

ARCHITEKTUR

TOUR 2

Architektur

Münchens Architekturgeschichte reicht bis ins Mittelalter zurück. Das älteste »Bauwerk«, eine Latrine, stammt aus dem Jahr 1260 und ist damit nur 102 Jahre jünger als das Datum der offiziellen Gründung der Stadt. Sie wurde von Archäologen im Jahr 2011 hinter dem Marienplatz ausgegraben. Leider musste der Fund der Baustelle der zweiten S-Bahn-Stammstrecke weichen und existiert nicht mehr.

Obwohl in München Bauplatz absolute Mangelware ist, hat sich das Stadtbild in den letzten zwei Jahrzehnten enorm verändert. Die Allianz Arena oder das Jüdische Gemeindezentrum am Jakobsplatz, dessen Synagoge ein wenig an die berühmte Klagemauer erinnert, sind nur zwei fotogene Beispiele für den Wandel. Dazu kommen, etwas weiter außerhalb des Zentrums gelegen, die Hochhäuser des ADAC, das Uptown Munich (146 Meter) und die Highlight Towers (126 und 113 Meter).

WIE SIE ARCHITEKTUR FOTOGRAFIEREN

Ganz egal, für welche Architektur Sie sich fotografisch begeistern, die Architekturfotografie bietet viele künstlerische Gestaltungsmöglichkeiten. Gebäude erscheinen tagsüber vollkommen anders als zur Blauen Stunde oder nachts, wenn sie angestrahlt werden und gleichzeitig von innen leuchten.

Lassen Sie Ihren subjektiven Eindruck zur Geltung kommen. Alles ist möglich, ob stürzende Linien, mangelhafte Auflösung oder Bewegungsunschärfe. Architekturfotografie funktioniert mit einer Sofortbildkamera genauso gut wie mit einer analogen Fachkamera. →

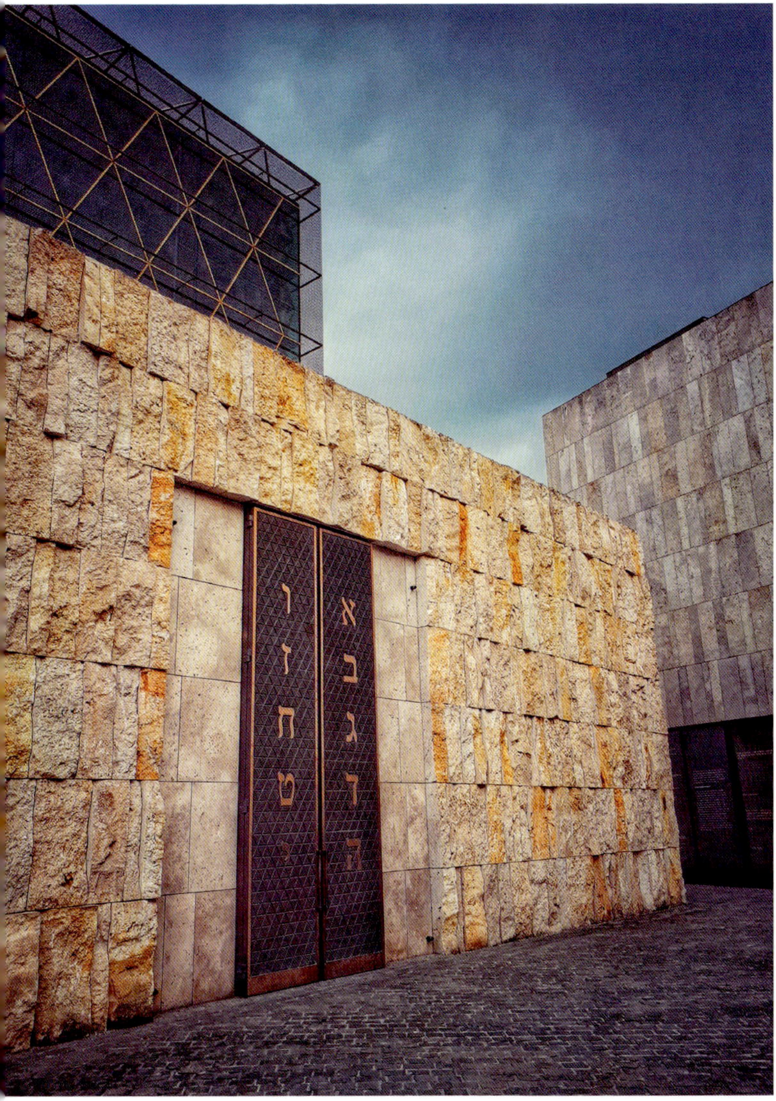

Hauptsynagoge »Ohel Jakob« am St. Jakobsplatz

Eine der wichtigsten Faustformeln für den Bildaufbau in der Fotografie ist der Goldene Schnitt, der insbesondere in der Architekturfotografie eine große Rolle spielt. Der Goldene Schnitt ist ein Gestaltungsprinzip. Es geht davon aus, dass asymmetrisch aufgebaute Bilder spannender wirken als zentral aufgebaute. Das Prinzip besagt, dass man die Bildfläche sowohl horizontal als auch vertikal dritteln sollte. Dadurch ergeben sich neun gleich große Rechtecke. Gemäß der Regel des Goldenen Schnitts wird das bildwichtige Element an einem der Linienschnittpunkte platziert. Bildwichtige Elemente in der Architekturfotografie können ein Hauseingang, ein Fenster, ein beleuchtetes Detail etc. sein. In diesem Beispiel ist es der Uhrenmast am nach den Olympischen Spielen 1972 aufgegebenen S-Bahnhof »Olympiazentrum«.

Aber bedenken Sie: Regeln sind da, um sie zu brechen – halten Sie sich nicht sklavisch daran!

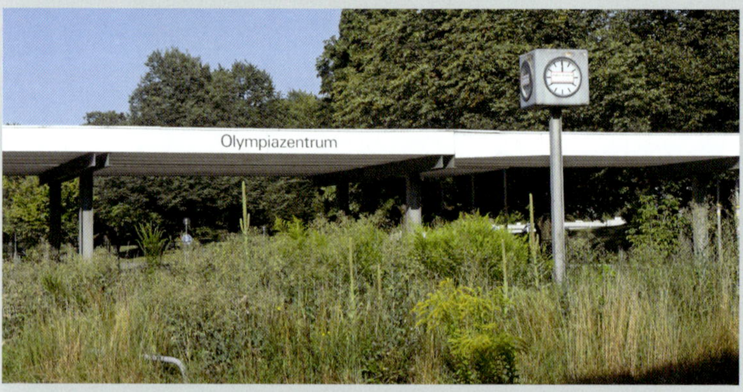

Achten Sie bei Architekturfoto-Ausflügen ebenso auf die Linienführung. Halten Sie Ausschau nach markanten Linien, an denen Sie das Auge des Betrachters entlangführen. Das bringt Ruhe ins Bild. Sie erzeugen mit Linien, die sich in die Tiefe erstrecken, eine Räumlichkeit. Zudem können Sie das Auge des Betrachters auf wichtige Details lenken. Das geht zum Beispiel hervorragend mit Geländern von Treppen. Gehen Sie auch öfter in die Froschperspektive. Viele Kameras haben einen Bildschirm, den Sie nach oben klappen können. Damit kann die Kamera, etwa mit einem kleinen Tischstativ, relativ mühelos direkt über dem Boden platziert werden. Nicht selten findet sich in der Struktur der Pflastersteine eine spannende Linienführung hin zu bekannten Bauwerken, die sich durch die veränderte Perspektive auf eine neue Art und Weise präsentieren – wie hier bei der Herz-Jesu-Kirche in Neuhausen.

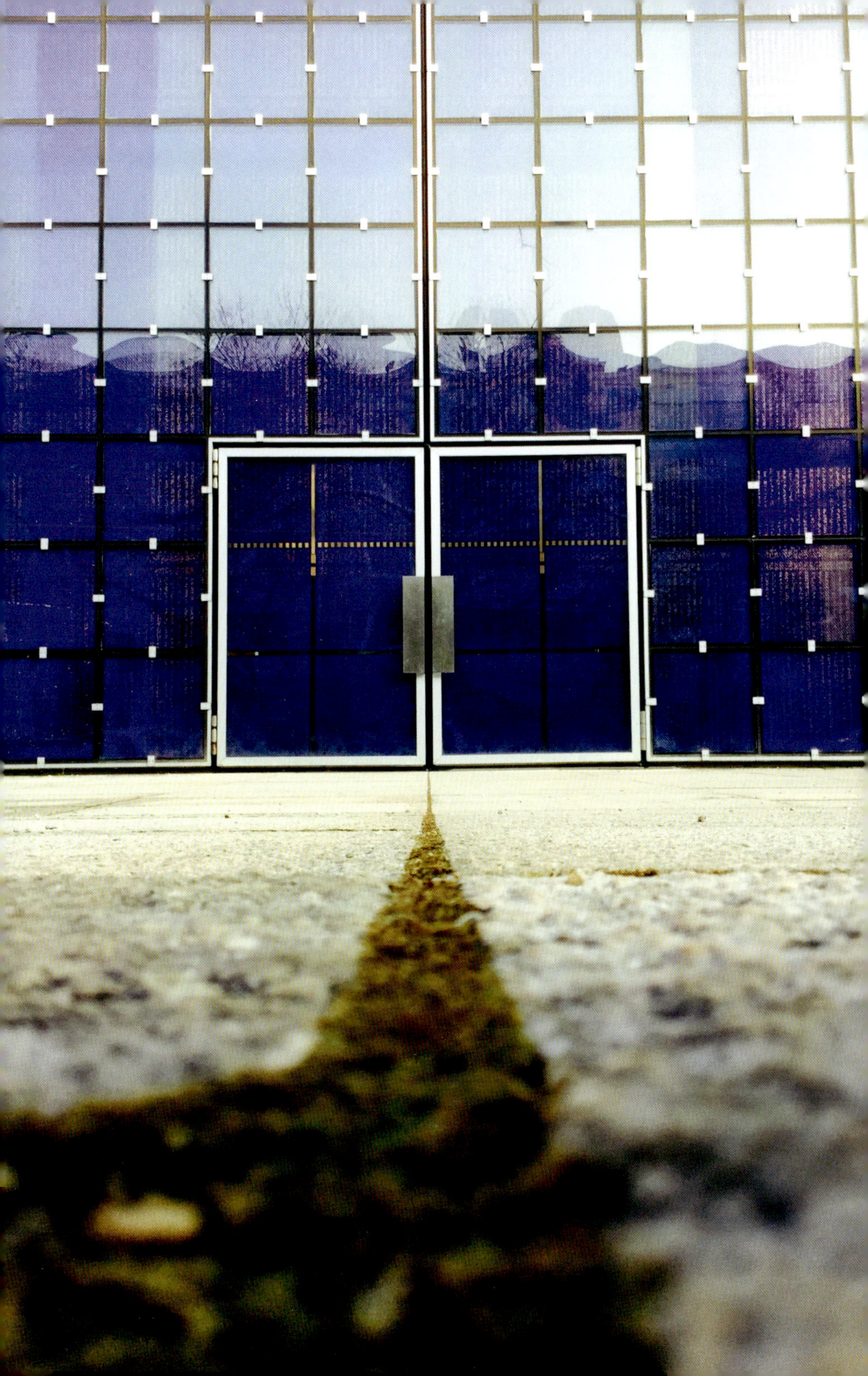

1. OLYMPIAPARK
2. RUDERREGATTASTRECKE
3. UPTOWN MUNICH
4. ADAC-ZENTRALE
5. HACKERBRÜCKE
6. ALLIANZ ARENA

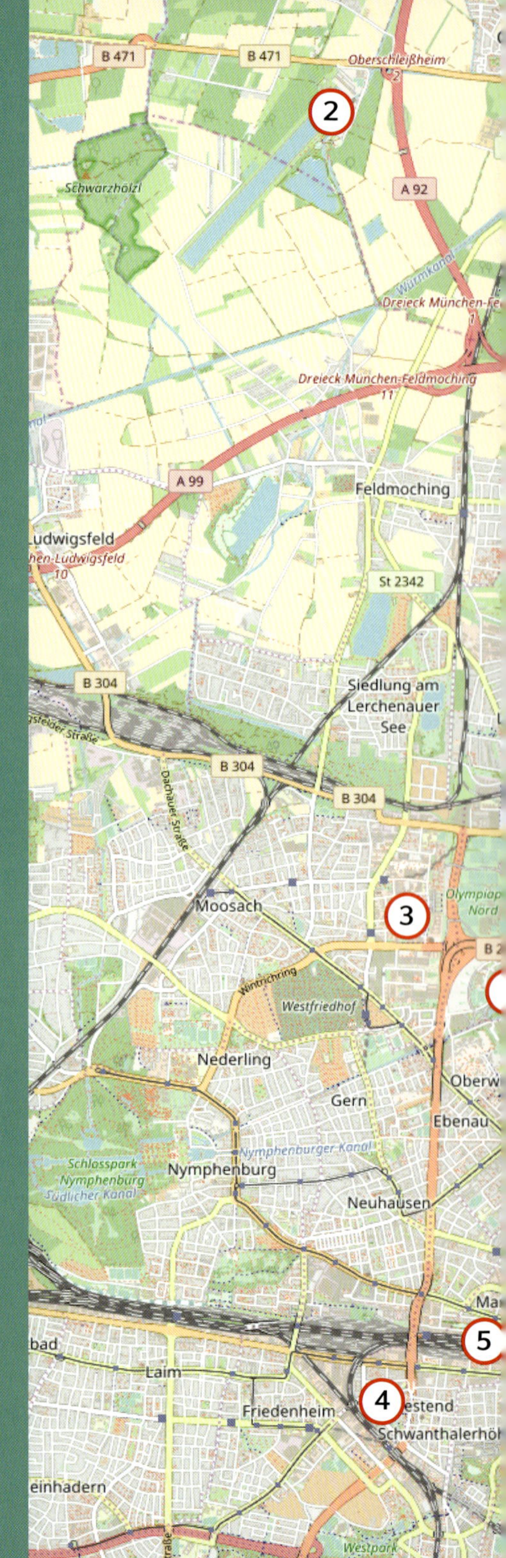

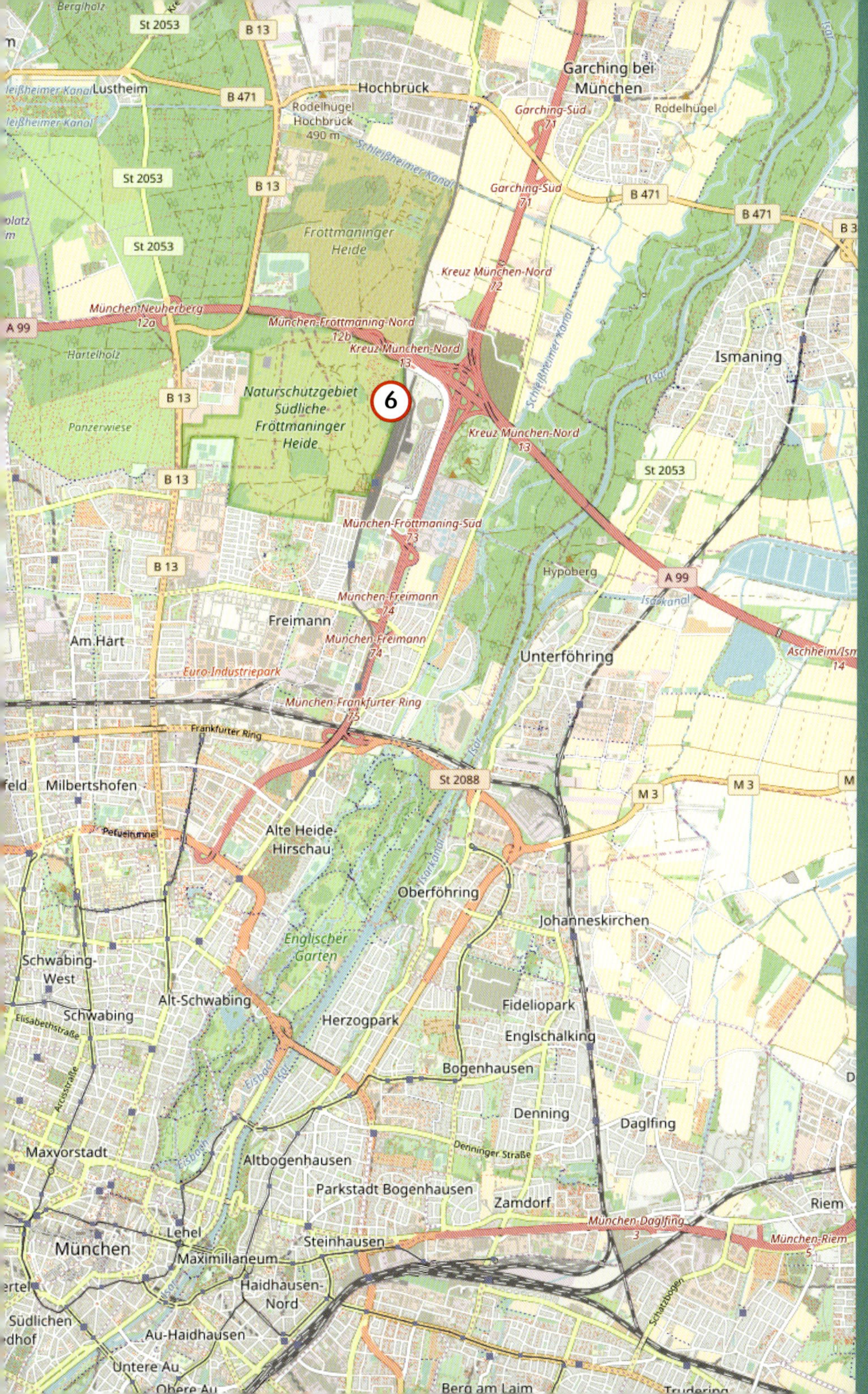

Garching bei München
Hochbrück
Lustheim
Rodelhügel
Ismaning
Fröttmaninger Heide
Naturschutzgebiet Südliche Fröttmaninger Heide
6
Freimann
Am Hart
Unterföhring
Milbertshofen
Alte Heide-Hirschau
Oberföhring
Johanneskirchen
Englischer Garten
Schwabing-West
Schwabing
Alt-Schwabing
Herzogpark
Fideliopark
Englschalking
Bogenhausen
Denning
Daglfing
Maxvorstadt
Altbogenhausen
Parkstadt Bogenhausen
Zamdorf
Riem
München
Lehel
Maximilianeum
Steinhausen
Haidhausen-Nord
Au-Haidhausen
Untere Au
Berg am Laim

1 DER OLYMPIAPARK – SPORTGESCHICHTE ERLEBEN

ANFAHRT:
Mit dem Fahrrad aus Richtung Stadt kommend, am besten über das Willy-Gebhardt-Ufer oder die Ackermannstraße. Mit der U3 vom Marienplatz zum Olympiazentrum.

 4 STUNDEN
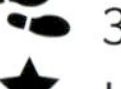 3 KM
LEICHT

FOTOGRAFIE-GENRE:
Street, Architektur, Zeitgeschichte, Reportage

DAS KOMMT IN DIE TASCHE:

- Starkes Weitwinkel- und leichtes Teleobjektiv für die Zeltdachkonstruktion. Hier kann man auch mit Fisheye-Linsen experimentieren. Auf dem Olympiahügel empfiehlt es sich, eine längere Telebrennweite parat zu halten.
- Unbedingt ein Stativ für die Blaue Stunde mitnehmen!

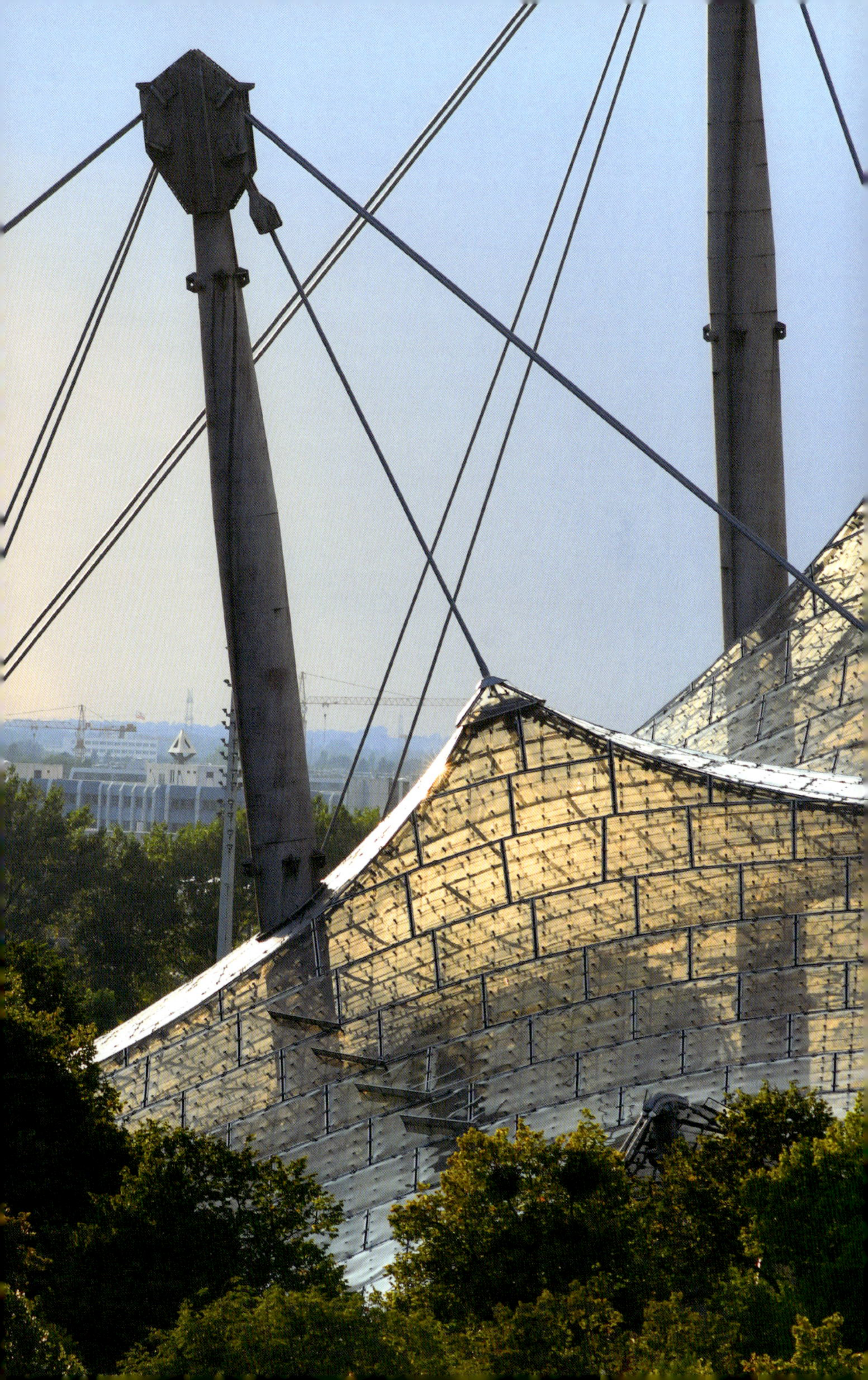

Der Geist der Olympischen Spiele 1972 ist noch spürbar. Der Olympiapark hat sein Erscheinungsbild seitdem nicht markant verändert. Seine Zeltdacharchitektur ist einmalig und weltberühmt. In den 1970er-Jahren galt sie als optische und statische Sensation. Das monumentale Zeltdach ist ein Gemeinschaftswerk der Architekten des Büros Behnisch & Partner sowie Frei Otto, Fritz Leonhardt, Wolfhardt Andrä und Jörg Schlaich. Die 74.800 m² große, auf 58 Stahlmasten hängende und aus lichtdurchlässigem Plexiglas bestehende Konstruktion überspannt das Olympiastadion, die Olympiahalle und die Olympiaschwimmhalle.

Grund genug, sich einige Stunden Zeit zu nehmen und sich in die Zeit der Olympischen Spiele in München zurückzuversetzen. Im Park findet man sogar noch einige Relikte, die den Anschein erwecken, seit damals kaum noch in Gebrauch gewesen zu sein. Dazu gehören zum Beispiel die Kassenhäuschen am südwestlichen Aufgang zum Olympiastadion (Dörpfeldweg). An ihnen nagt ganz gewaltig der Zahn der

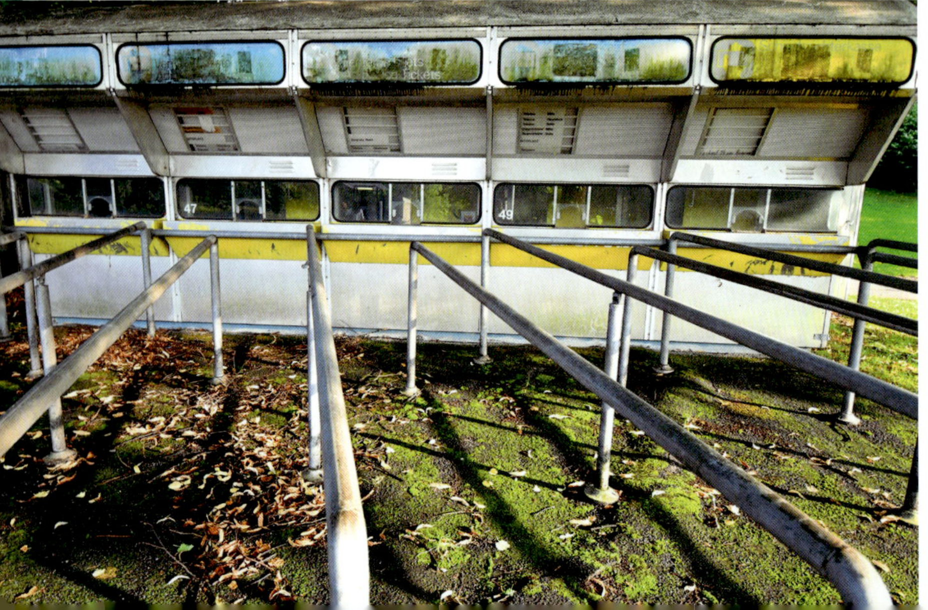

Zeit. Ihre Farbe im Stil der 1970er-Jahre bröckelt ab. Moos bedeckt den Beton davor, selbst auf den Schildern an den Häuschen selber ist es zu finden. Im Abendlicht bietet sich hier ein farbenfrohes Motiv eines kleinen »Lost Place«.

Hier ist ein guter Startpunkt für eine Tour unter der Zeltdachkonstruktion hindurch. Weiter geht es am Stadion entlang, etwas bergauf zum Platz zwischen Stadion und Olympiahalle, dem Coubertinplatz. Der Platz befindet sich teilweise unter dem Zeltdach. Hier recken sich Stahlpfeiler in den blauen Himmel, an deren Ende Seile gespannt sind, die das Plexiglasdach halten. Die Sonne steht tief und lässt die Strukturen der Konstruktion zur Geltung kommen.

Von hier aus kann ein Blick ins Stadion erhascht werden. Bis 2005 wurde hier Profifußball gespielt. Der FC Bayern und zeitweise auch der TSV 1860 trugen in diesem Stadion ihre Heimspiele aus. Seitdem ist

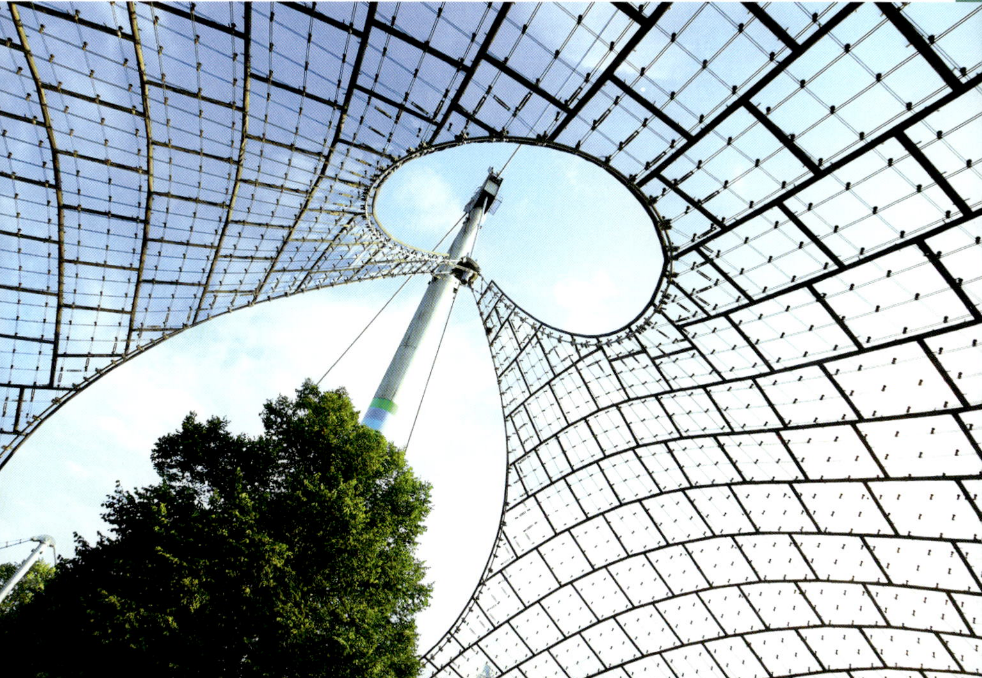

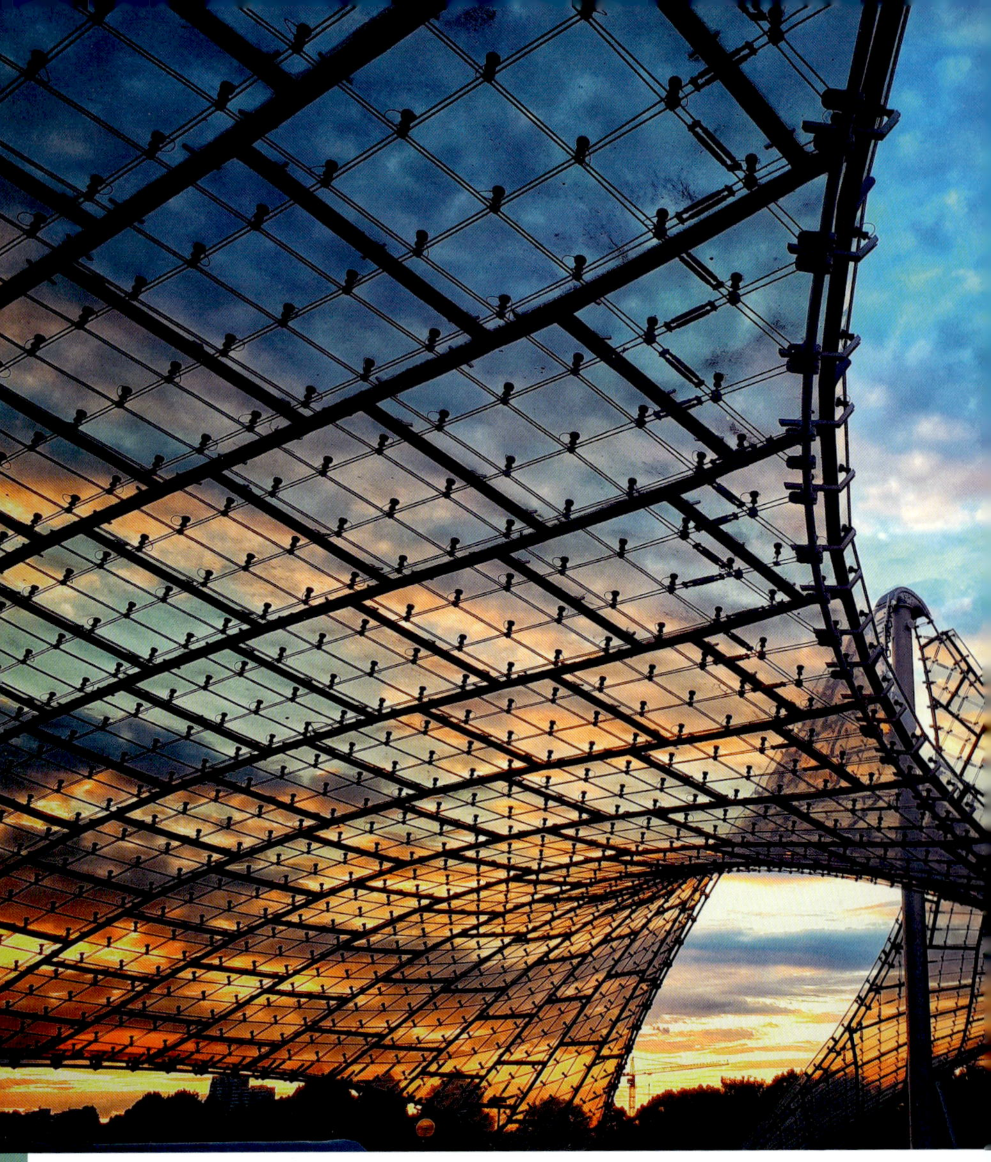

es ruhiger geworden in dem historischen Oval. Für den Besuch des Stadions werden regelmäßig Touren angeboten *(www.olympiapark.de)*. Im Inneren des Stadions können Sie mit den Tausenden grünen Sitzschalen und dem sich darüber befindlichen Zeltdach fotografisch »spielen«. Aufgrund der vielen Strukturen bietet es sich an, in Schwarz-Weiß-Bildern zu denken.

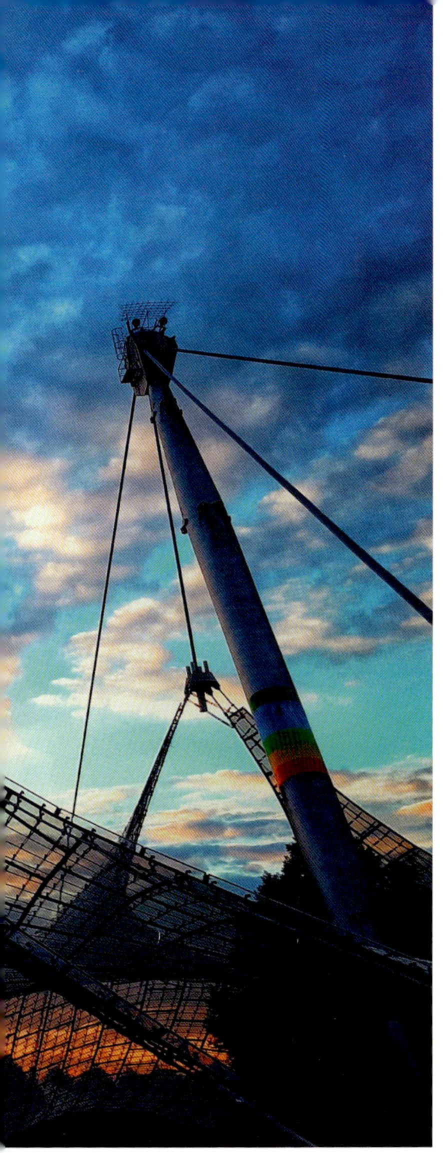

ÖFFNUNGSZEITEN:

Das Stadion ist in den Sommermonaten von 9 Uhr bis 20 Uhr, im Frühling und Herbst bis 18 Uhr und im Winter bis 16 Uhr geöffnet und kann gegen einen Eintritt von € 3,50 frei (d. h. ohne Führung) besichtigt werden. Der Eingang ist an der Stadionkasse Nord.

Wenn sich die Sonne abends im Westen langsam verabschiedet, sollten Sie den Weg auf den Berg gegenüber dem Stadion antreten. Um dorthin zu gelangen, benötigt man mindestens eine Viertelstunde zu Fuß. Gehen Sie nicht ganz nach oben, sondern wählen Sie die Wiese gleich unterhalb des Gipfels als Standort für Ihr Stativ. Bei klarer Sicht geht die Sonne hinter dem Horizont als großer Feuerball unter. Davor recken sich die schlanken Pfeiler des Stadions in den roten Abendhimmel. Seit einigen Jahren steht hinter dem Zeltdach das wuchtige Hochhaus mit dem Logo der Firma O_2. Man kann trefflich darüber diskutieren, ob man das Haus in seine Bilder konstruktiv miteinbeziehen sollte oder ob der Turm einfach nur stört (näher dran gehen Sie in der Tour *Ein Hauch von Manhattan* ab Seite 50).

Zur Blauen Stunde schwenken Sie Ihre Kamera am besten aus westlicher in die nördliche Richtung. Das letzte Abendlicht fällt auf den See, es vermischt sich mit dem Kunstlicht der Straßenlaternen und der Beleuchtung aus der Olympiaschwimmhalle. Im Restaurant auf dem 291 Meter hohen Olympiaturm gehen die Lichter an. Im Vordergrund liegt der komplette Olympiapark. Gleich dahinter befinden sich die spektakulär angestrahlte BMW Welt und der »Vierzylinder«, das Hochhaus der BMW-Zentrale, und ganz im Norden die Allianz Arena, die im markanten Rot des FC Bayern erstrahlt. Ein perfekter Abschluss für eine Tour auf den Spuren der Sportgeschichte.

TIPP:

Sollten Sie Ihren Ausflug zur Zeit der Kirschblüte machen (je nach Witterung in der zweiten April-Hälfte), dann haben Sie die Möglichkeit, ein sehr bekanntes Motiv zu fotografieren. Fast jedes Jahr im Frühling taucht das nebenstehende Bild in den München-Ressorts der Tageszeitungen und in vielen Tourismusprospekten auf. Obwohl man das Motiv vielleicht schon mal gesehen hat, verliert es nichts von seiner Schönheit. Das Kirschblüten-Postkartenmotiv finden Sie ganz im Osten des Parks, am Willi-Gebhardt-Ufer, dort, wo der Weg in die Lerchenauer Straße mündet. Morgens strahlt die Sonne die Kirschblüten und den dahinter aufragenden Turm in besonders vorteilhaftem Licht an.

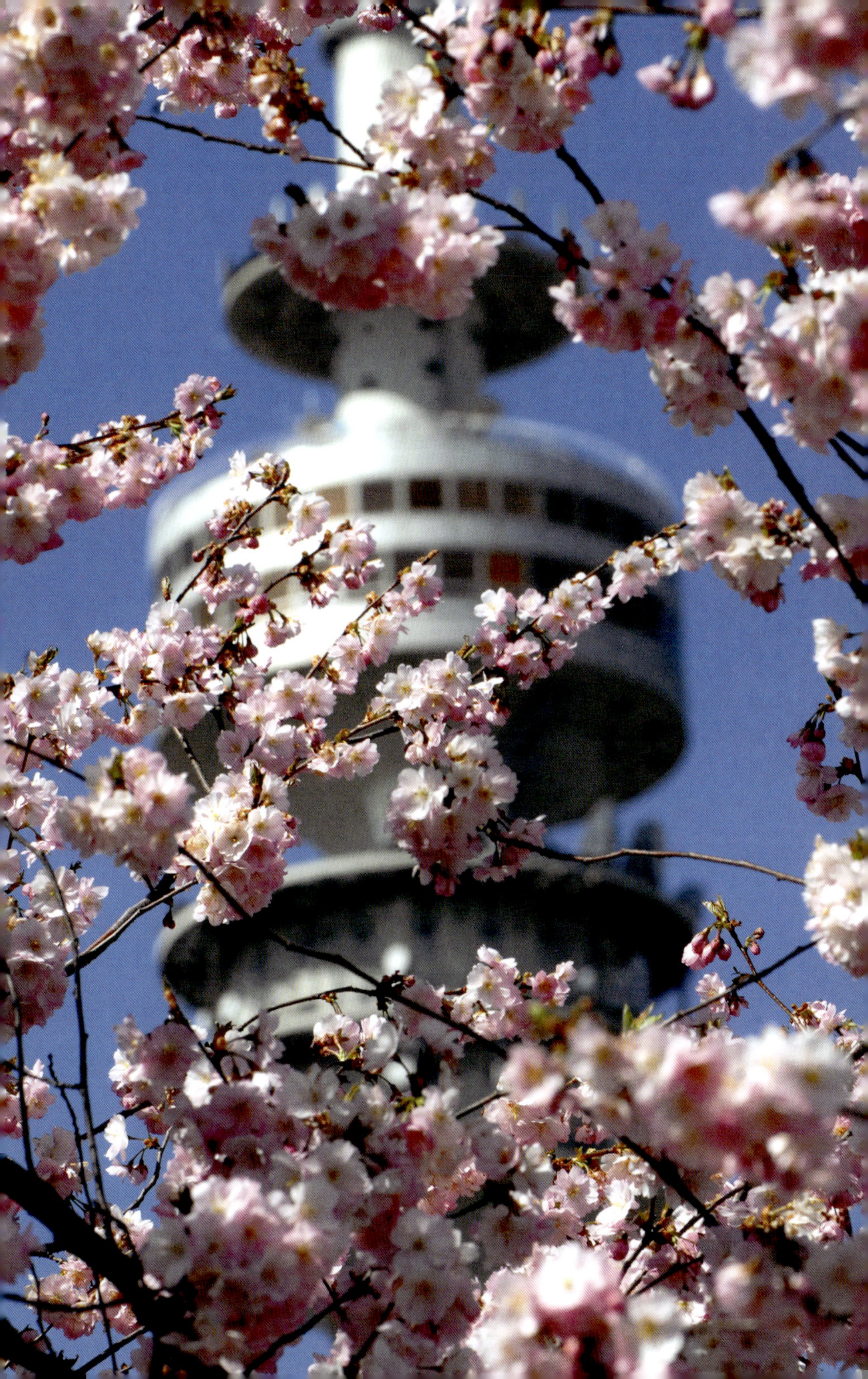

2 DIE OLYMPIA-RUDERREGATTASTRECKE

Wer noch mehr Olympischen Geist erleben möchte, der kann vor die Tore Münchens fahren. Nahe Oberschleißheim liegt die alte Regattastrecke. Fast zwei Kilometer lang ist der künstlich angelegte Grundwassersee. Er war 1972 Austragungsort der Wettkämpfe im Kanurennsport und Rudern.

ANFAHRT:
Mit dem Auto über die Dachauer Straße bis zum Gut Badersfeld, das auf der gegenüberliegenden Straßenseite liegt. Mit dem Fahrrad von München kommend über die Kuppelfeldstraße. Von Schwabing aus sind das rund 18 Kilometer.

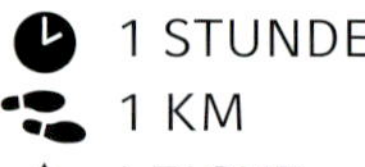

FOTOGRAFIE-GENRE:
Architektur, Zeitgeschichte, Reportage

Zwar ist die Anlage noch immer in Betrieb, jedoch regiert hier ein morbider Charme. Alte, hölzerne Kassenhäuschen findet man genauso wie die in die Jahre gekommene, ausladende Haupttribüne. Der Flair des Ortes geht in Richtung »Lost Place«. Vieles ist hier noch im Originalzustand aus dem Jahr 1972, wie etwa die Kommentatorenplätze und die Bestuhlung für die Zuschauer. Vor allem am Abend herrscht hier draußen eine ganz besondere Stimmung mit viel Sportsgeist. Man kann den Kanuten beim Training zuschauen, selbst mit dem Rad oder den Inlineskates um die Anlage fahren oder einfach nur ein Eis in der Sonne genießen. Einen Fotoausflug kann man gut mit einem Ausflug ins Dachauer Moos verbinden (siehe die Tour *Dachauer Moos – in der verlorenen Landschaft* ab Seite 182).

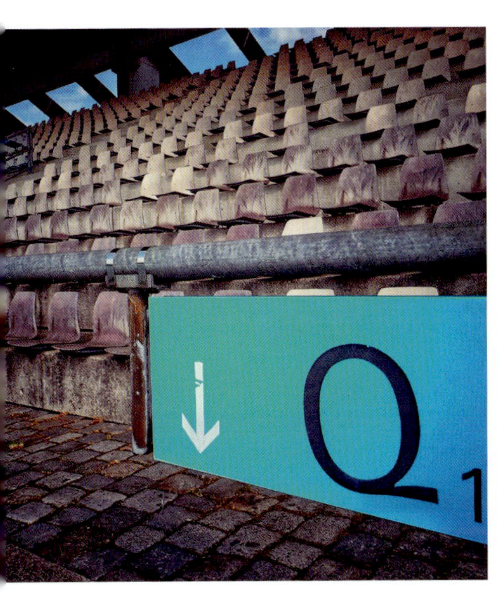

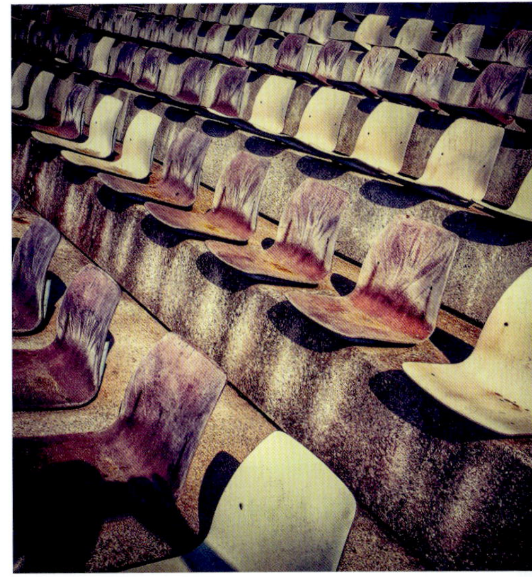

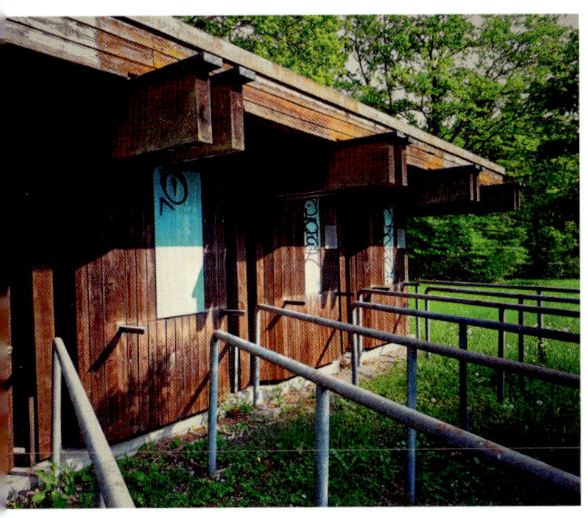

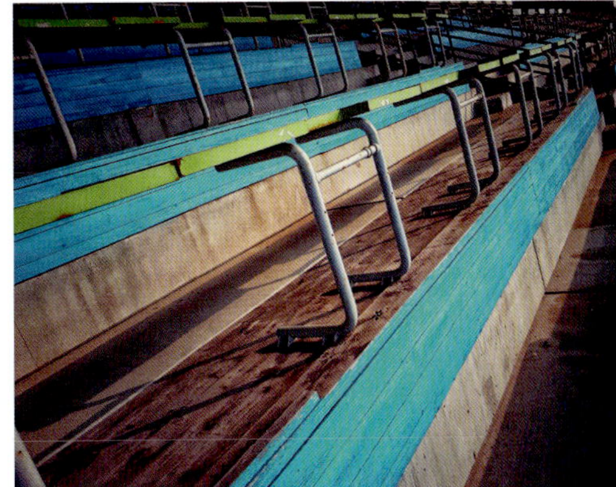

3 UPTOWN MUNICH – EIN HAUCH VON MANHATTAN

 1 STUNDE
 1 KM
 LEICHT

ANFAHRT:
Mit der U1 zum Georg-Brauchle-Ring. Ebenso mit dem Fahrrad oder dem Auto. Hier stehen für Autofahrer die Chancen gut, einen Parkplatz zu finden.

FOTOGRAFIE-GENRE:
Architektur, Reportage

Sie haben wenig Zeit, das Wetter ist nicht gerade gut und trotzdem wächst die Lust, draußen zu fotografieren? Da bietet es sich geradezu an, in den Norden zu Münchens höchstem Hochhaus zu fahren. Uptown Munich, auch als O_2 Tower bekannt, ist mit 146 Meter Höhe und 38 Stockwerken vom Georg-Brauchle-Ring aus weithin über viele Stadtteile sichtbar. Das Gebäude lässt einen Hauch vom Flair Manhattans aufkommen und ist damit in der Architektur Münchens eher eine Ausnahmeerscheinung.

Trübes Wetter erleichtert Ihnen hier die Motivsuche. Dann nämlich können Sie sich auf Strukturen konzentrieren und eine schöne farbliche Reduzierung in den Bildern ergibt sich automatisch, wenn der Himmel bedeckt ist. Nähern Sie sich dem Gebäude mit einem Weitwinkelobjektiv und lassen Sie die Linien erst einmal »stürzen«.

DAS KOMMT IN DIE TASCHE:

- Weitwinkelobjektiv, Fisheye- und starkes Teleobjektiv
- Polarisationsfilter
- Stativ

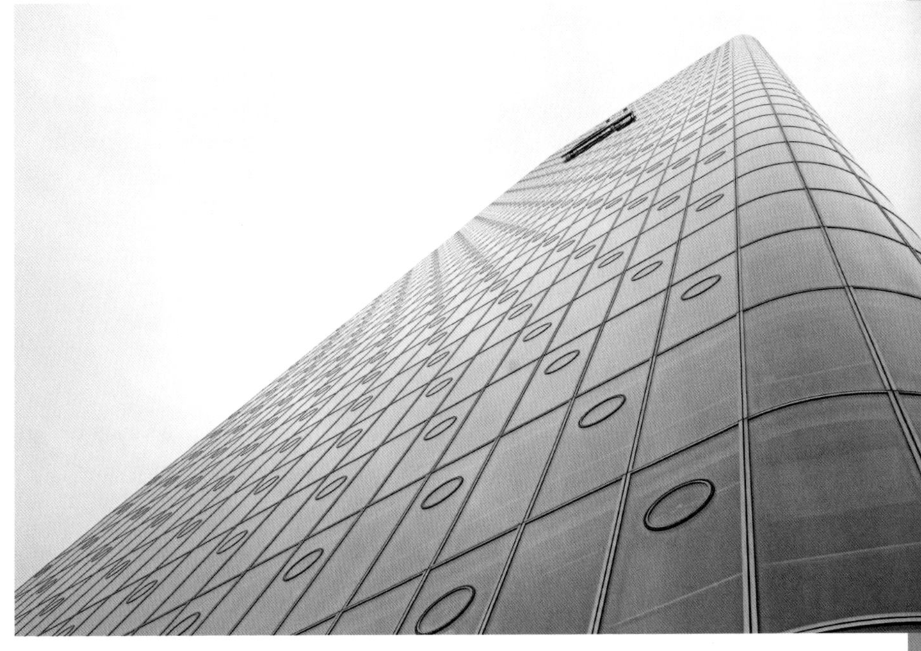

GLOSSAR

»Stürzende Linien« werden auf Fotos vertikale Linien und Kanten genannt, die auf einen gemeinsamen Punkt zustreben, obwohl sie in der Realität parallel verlaufen. Der Effekt tritt auf, wenn die vertikalen oder auch gedacht vertikalen Kanten des Motivs nicht parallel zum Kamerasensor liegen. Vermeiden lassen sich stürzende Linien nur schwer, etwa wenn man Tilt-Shift-Objektive verwendet. Diese ermöglichen eine Korrektur der Verzerrungen bereits beim Fotografieren. Allerdings sind solch professionelle Objektive verhältnismäßig teuer. Zudem haben Tilt-Shift-Objektive keinen Autofokus, auch die Belichtung muss man manuell einstellen. Außerdem empfiehlt sich zwingend der Einsatz eines Stativs, um eine präzise Ausrichtung zu ermöglichen. Wer auf den Kauf solch eines teuren Objektivs verzichten möchte, der findet auch zahlreiche Software-Programme, die den Effekt der stürzenden Linien in der digitalen Nachbearbeitung abschwächen.

Beim Uptown Munich verschmelzen bei bewölktem Himmel die oberen, heller belichteten Stockwerke mit dem diffusen Himmel. Der Effekt verstärkt sich, wenn die Bilder überbelichtet werden. Es empfiehlt sich, die Belichtungseinstellungen zu variieren, um zu sehen, wie Gebäude und Himmel am besten harmonieren. Kreisen Sie auch mit dem Weitwinkelobjektiv um das Gebäude herum und beziehen Sie die umliegende Architektur und die Kiefern des Wäldchens in Ihre Bilder mit ein.

Völlig neue Motive können Sie mit einem Teleobjektiv erschließen. Schachbrettartige Strukturen am Haus werden dadurch deutlich sichtbar, Verstrebungen und Spiegelungen zeigen den Charakter der modernen Architektur.

Sollten Sie das Uptown Munich an einem sonnigen Tag aufsuchen, dann haben Sie die Chance, einen tiefblauen Himmel mit einer silbrig glänzenden Fassade zu kombinieren. Wie dunkel der Himmel auf Ihren Fotos erscheinen soll, können Sie selbst entscheiden. Bei Einsatz eines Polarisationsfilters ist es möglich, das Blau des Himmels bis fast ins Schwarze zu »drehen«, was die Dramaturgie bei der Fotografie von Hochhäusern enorm steigert. Dazu müssen Sie das Gebäude in einem 90-Grad-Winkel zur Sonne fotografieren – so wirkt der Polarisationsfilter am stärksten.

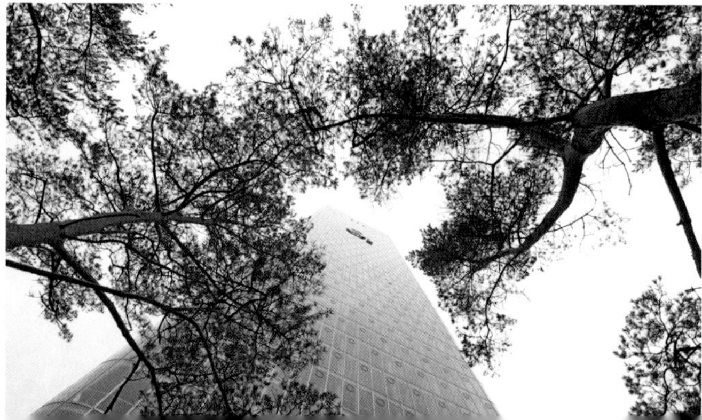

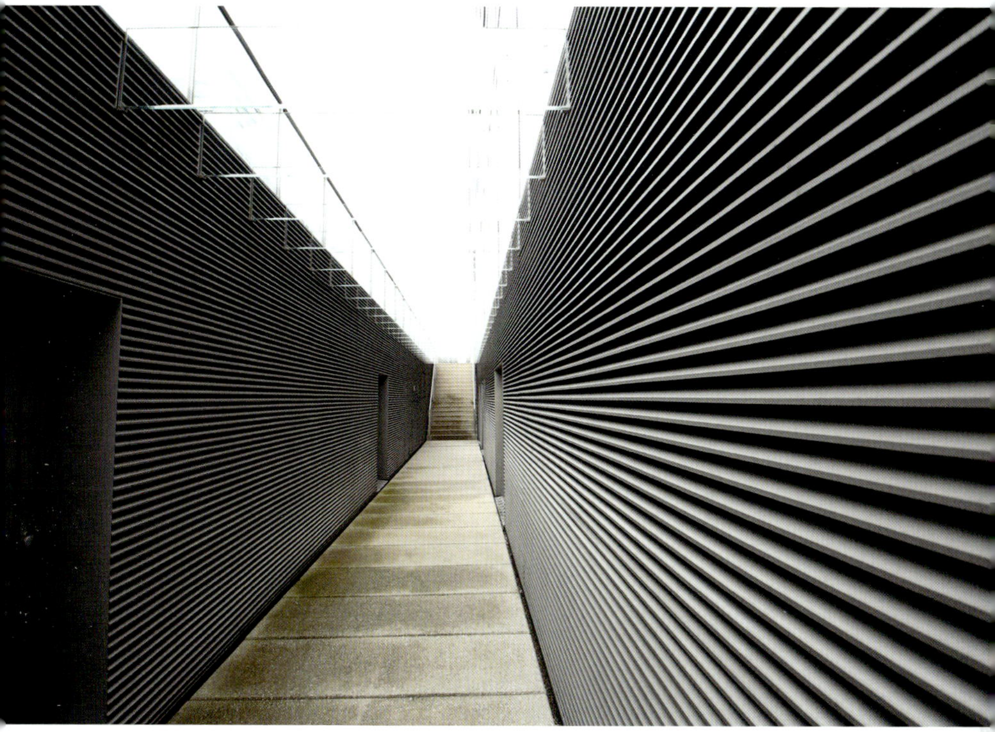

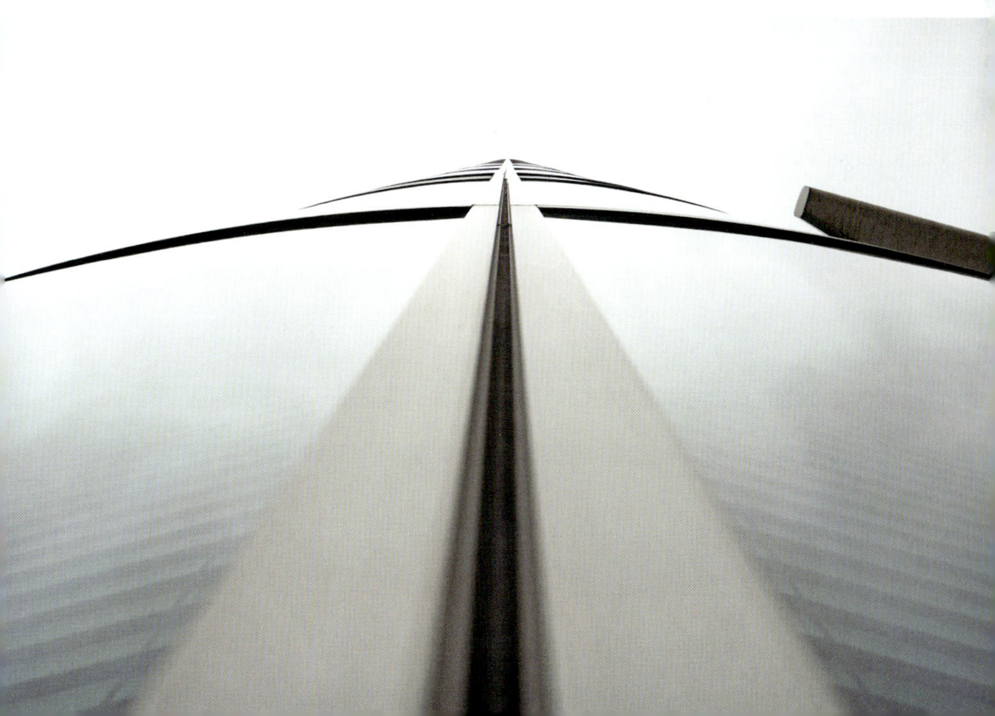

4 DAS ADAC-GEBÄUDE – BUNTER BLICKFANG IM SÜDWESTEN

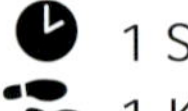

1 STUNDE
1 KM
LEICHT

ANFAHRT:
Die Adresse des Gebäudes ist: Hansastraße 19, 80686 München. Mit dem Auto können Sie direkt hinfahren. Der Bus 130 hält vor dem Gebäude (Haltestelle »Heimeranplatz Süd«).

FOTOGRAFIE-GENRE:
Architektur, Reportage

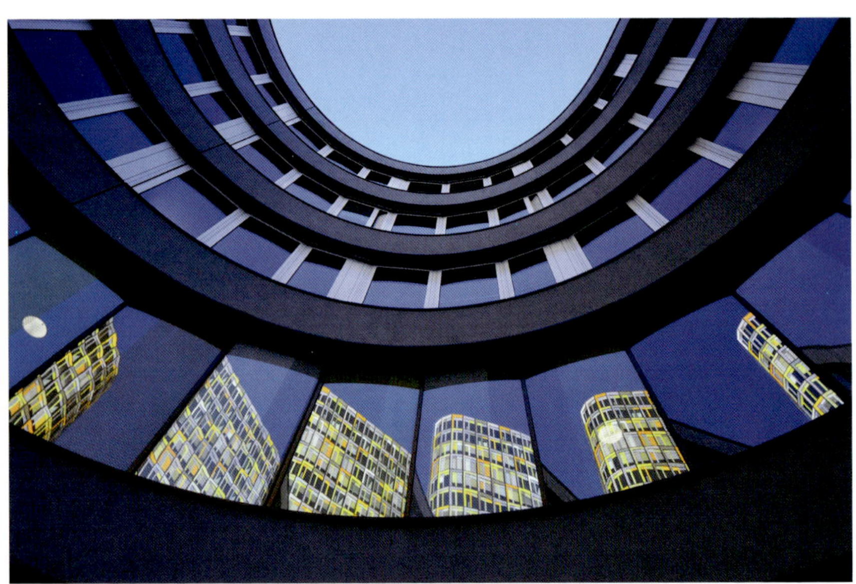

DAS KOMMT IN DIE TASCHE:

- Tele- und Weitwinkelobjektiv
- Stativ

Im Münchner Südwesten steht ein besonderer Blickfang: Knapp 93 Meter erhebt sich in der Hansastraße der farbintensive Büroturm der Zentrale des Allgemeinen Deutschen Automobil-Clubs (ADAC). Er ist ohne Zweifel ein architektonisches Highlight in der eher zurückhaltenden Hochhauslandschaft Münchens. Über tausend Fensterrahmen leuchten in 22 Farbtönen über dem umgebenden Stadtteil Sendling und dem nahen Westpark. Auf Grundlage des gelben Logos des ADAC entwickelten die Berliner Architekten des Büros Sauerbruch Hutton das ungewöhnliche Farbspiel, das sich als Mosaik über die Fassade des Büroturms verteilt. Das ADAC-Logo ist in die Fassade der obersten Geschosse integriert.

Der Büroturm ist lediglich ein Teil des sternenförmig geschwungenen, 20 Meter hohen Gebäudesockels.

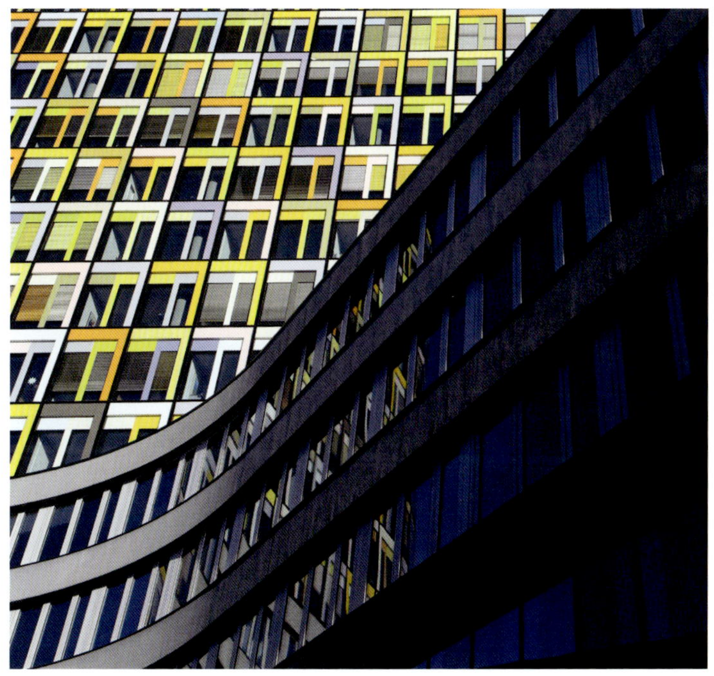

Daraus ergeben sich für den Fotografen reizvolle Motive: Die geschwungenen Linien des Gebäudesockels können mit den geraden Linien des Turms vereint werden. Mit Rücksicht auf Straßenanbindung und Lichtverhältnisse positionierten die Architekten den 18-stöckigen Büroturm an der S-Bahntrasse im Nordosten des Grundstücks. Wenn Sie morgens bei tiefstehender Sonne das Gebäude aufsuchen, erstrahlt der Turm in seinen knallbunten Farben und spiegelt sich hervorragend in den Fenstern des gegenüberliegenden geschwungenen Gebäudesockels. Hier kommen sowohl Weitwinkel- als auch Teleobjektiv zum Einsatz. Spielen Sie mit den Kontrasten, die Ihnen das Licht auf der Turmfassade und die schattigen Areale des Innenhofs bieten.

Hinter dem Gebäude öffent sich der Blick auf eine besonders schmal wirkende Ecke des Hochhauses. An der Gebäuderückseite ragt der Büroturm acht Meter über den Sockelbau hinaus. Die Last der Auskragung tragen zwei Reihen Betonpfeiler, die bis ins neunte Obergeschoss des Turms reichen. Auch hier fotografieren Sie am besten in den Morgenstunden eines klaren Tages. Zu dieser Zeit ist der Kontrast zwischen dem direkt angestrahlten gelben Turm und dem tiefblauen Himmel spektakulär.

HINWEIS

Beim Fotografieren befinden Sie sich auf dem Gelände des ADAC. Sie sind also Gast. Eine kommerzielle Nutzung/Veröffentlichung wird vom ADAC in der Regel nicht gewünscht. Eine Veröffentlichung von Bildern des Gebäudes muss daher immer im Einzelfall von der Pressestelle des Clubs vorab freigegeben werden.

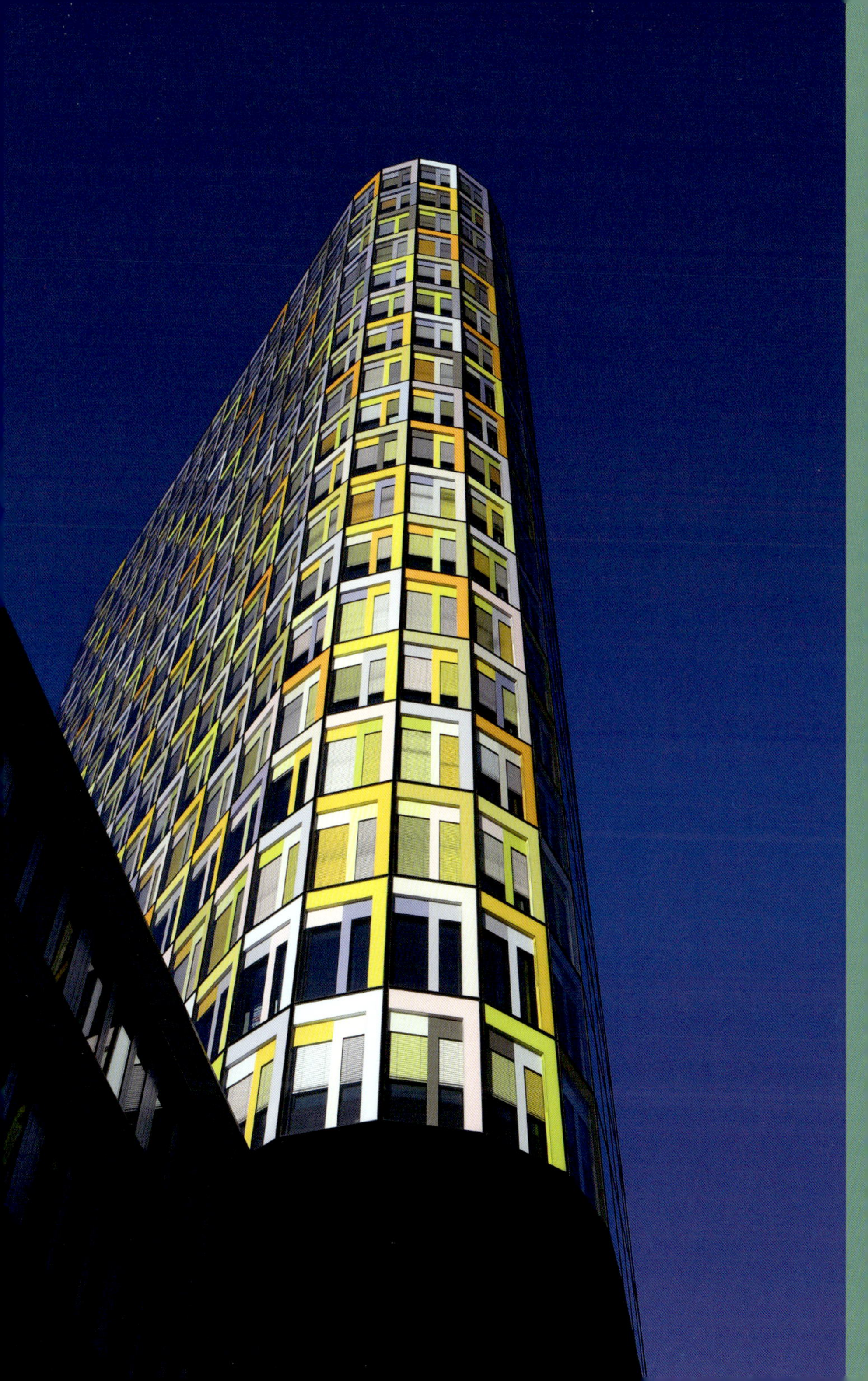

5 DIE HACKERBRÜCKE – ZWEI EPOCHEN PRALLEN AUFEINANDER

ANFAHRT:
Mit der S-Bahn zur Station »Hackerbrücke«

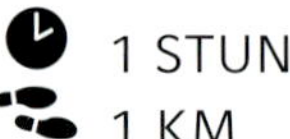

1 STUNDE
1 KM
LEICHT

FOTOGRAFIE-GENRE:
Streetart, Street, Architektur, Reportage

An wenigen Orten in München trifft Architekturgeschichte so gegensätzlich aufeinander, wie an der Hackerbrücke. Seit dem Neubau des Arnulfparks vor etwas mehr als zehn Jahren direkt neben der Brücke steht das monumentale Industriedenkmal aus dem 19. Jahrhundert direkt neben modernsten Bürogebäuden. Diese Kombination ergibt eine reizvolle Motivpalette für Stadt- und Architekturfotografen.

DAS KOMMT IN DIE TASCHE:

- Tele- und Weitwinkelobjektiv
- Stativ

GESCHICHTLICHES

Die Maschinenbau-Actien-Gesellschaft Nürnberg konstruierte die Hackerbrücke zwischen 1890 und 1894. Sie ist eine der wenigen erhaltenen Bogenbrücken des 19. Jahrhunderts in Deutschland. Sie überlebte den Zweiten Weltkrieg stark beschädigt und wurde 1953 rekonstruiert. Die Brücke ist eine Stabbogenbrücke. Die an den Bögen auftretenden Horizontalzugkräfte werden durch eine auf etwa Kopfhöhe verlaufende Strebe aufgenommen. Namensgeber der Brücke ist die Brauerei Hacker-Pschorr, die bis Ende der 1980er-Jahre am südlichen Ende zwischen Brücke und Bayerstraße ihren Stammsitz hatte.

Besuchen Sie die Hackerbrücke zur Blauen Stunde. Zu dieser Zeit sind noch einige Büros im Arnulfpark erleuchtet. Das Licht der Bürokomplexe bietet einen tollen Kontrast und Hintergrund zu der Stahlkonstruktion, die sich davor in den blauen Abendhimmel erhebt. Beziehen Sie auch die Lichter der Fahrbahn

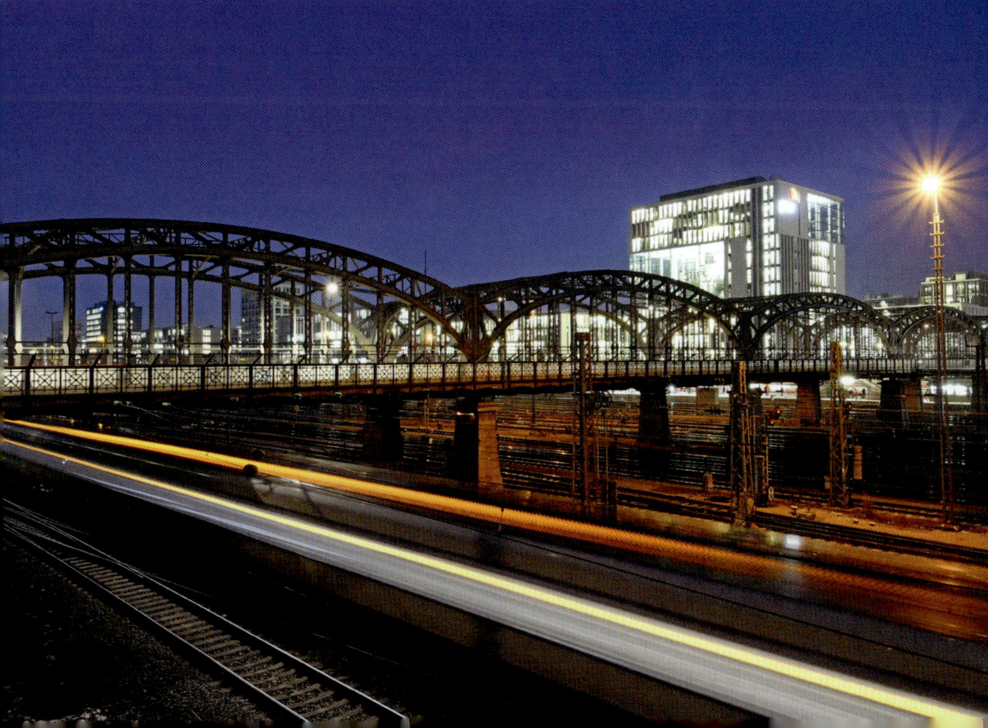

mit in Ihre Bilder ein. Vor allem zur Feierabendzeit ist die Brücke dicht bevölkert. Mit einer Langzeitbelichtung können Sie zumindest die Menschen, die sich bewegen, unkenntlich machen – durch Verwischen oder sogar Verschwindenlassen (bei wirklich langen Belichtungen ab ca. fünf Sekunden). Schließen der Blende und Absenken der ISO-Zahl helfen Ihnen, eine lange Belichtungszeit zu erreichen – und natürlich brauchen Sie unbedingt ein Stativ.

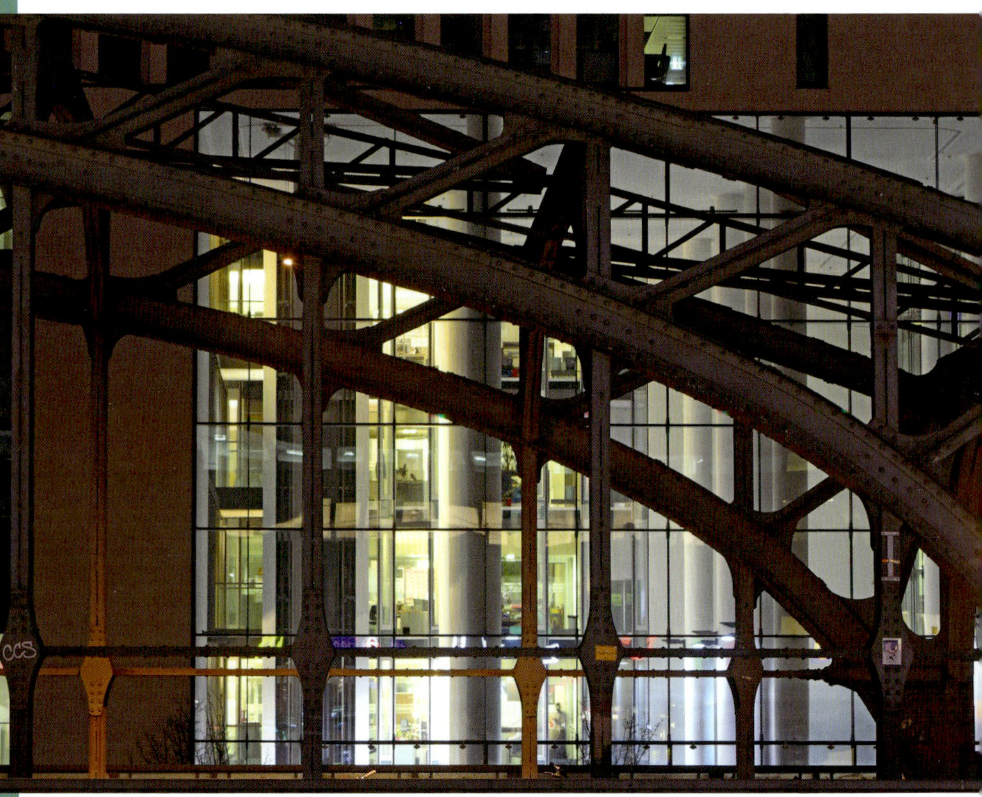

Richten Sie den Blick auch in Richtung der Innenstadt. Futuristisch hebt sich das Stellwerk des S-Bahnhofs gegen deren Lichter ab. Weit entfernt erkennen Sie die angestrahlten Türme der Frauenkirche und davor den hell erleuchteten Hauptbahnhof. Vor diesem Potpourri aus warmen Kunstlichtern erhebt sich im Vordergrund theatralisch die Stahlkonstruktion der Brücke.

Lange Belichtungszeiten sollten Sie auch verwenden, wenn Sie die Brücke mit den darunter fahrenden Zügen abbilden möchten. Für diese Bilder bietet sich vor allem ein Standpunkt am südöstlichen Ende der Brücke an. Züge fahren fast ständig und so haben Sie die Möglichkeit, mit der Kamera ungewöhnliche Lichter unter die Eisenkonstruktion zu zaubern. Hier können Sie Belichtungszeiten von zehn bis 15 Sekunden wählen. Arbeiten Sie für diese Bilder mit Stativ, stellen Sie die Kamera auf Zeitautomatik, schließen Sie die Blende so weit wie möglich und wählen Sie eine niedrige ISO-Empfindlichkeit. Dann ergeben sich automatisch lange Belichtungszeiten.

6 DIE ALLIANZ ARENA – 3000 LEUCHTENDE LUFTKISSEN

ANFAHRT:
Mit der U6 nach Fröttmaning. Dann zu Fuß etwa zehn Minuten zur Arena. Mit dem Rad ist die direkte Anfahrt möglich. Mit dem Auto ist die Arena auch gut zu erreichen. Parkplätze kosten aber fast überall Geld.

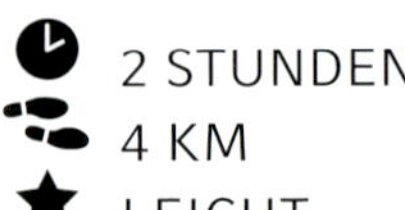

2 STUNDEN
4 KM
LEICHT

FOTOGRAFIE-GENRE:
Architektur, Reportage

Die Allianz Arena ist unbestritten einer der architektonischen Höhepunkte der Stadt. Egal ob Touristen oder Fans der Heim- oder der Gästemannschaft: Kalt lässt der Anblick der Allianz Arena kaum jemanden. Schon von Weitem leuchtet das Stadion den Fahrern auf der Autobahn A9 entgegen. Entworfen von Herzog & de Meuron, ist die Allianz Arena zum architektonischen Wahrzeichen im Norden der Stadt geworden.

DAS KOMMT IN DIE TASCHE:

- Leichtes Tele- und Weitwinkelobjektiv
- Polarisationsfilter
- Stativ

Arbeiten Sie hier unbedingt mit mehreren Brennweiten. Smartphones sind vor allem am Abend nicht zu empfehlen, es besteht Verwacklungsgefahr.

Nachmittags glänzen die knapp 3000 Luftkissen der Außenhaut in der Sonne. Strahlend weiß heben sie sich vom blauen Himmel ab. An Spieltagen erstrahlt das Rund aus Waben tiefrot, der Farbe des FC Bayern, der hier seine Heimspiele austrägt. Die Arena ist in klaren Nächten selbst von österreichischen Berggipfeln aus noch zu sehen.

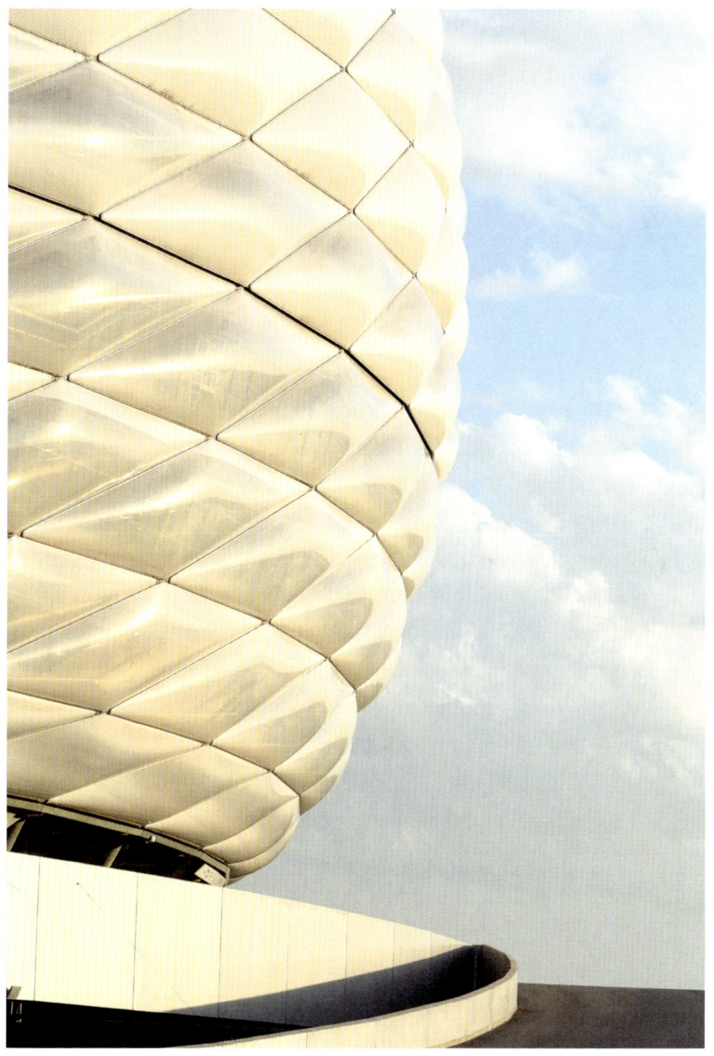

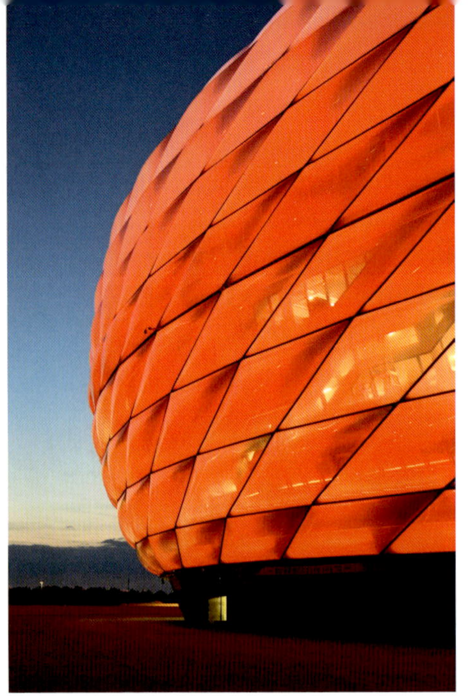

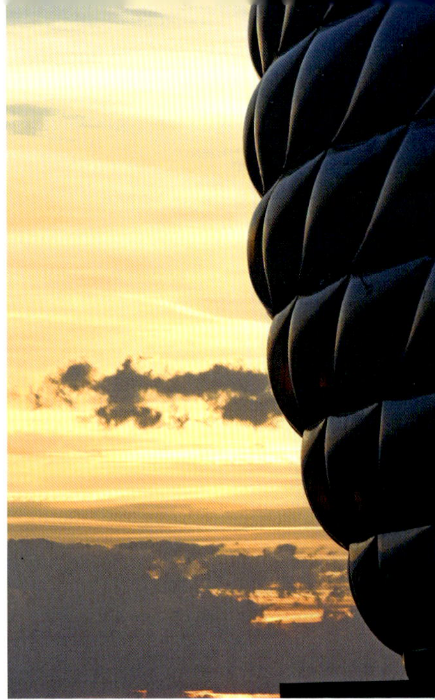

Als Fotograf kommt man von außen bis auf wenige Meter über die Esplanade an das Stadion heran. Das reicht, um schöne Eindrücke zu bekommen und die Architektur voll zu erfassen. Hier empfiehlt es sich, mit leichten Telebrennweiten zu arbeiten, denn es befindet sich ein Zaun zwischen Fotograf und Gebäude. Die beste Zeit, auf der Esplanade zu fotografieren, ist die Blaue Stunde an einem klaren Frühlings- oder Sommertag. Die Arena ist beleuchtet, der Himmel tiefblau und auch die Esplanade mit gelben Leuchtbirnen kann man gut in die Bilder mit einbauen. Achten Sie darauf, Ihren Besuch nicht gerade an einem Spieltag des FC Bayern zu planen. Ansonsten ist der Platz vor der Arena fast menschenleer.

Wer das ganze Stadion aus der Vogelperspektive auf einem Bild haben möchte, der kann auf den östlich gelegenen, ehemaligen Müllhalden-Hügel mit dem Windrad steigen (mehr dazu in der Tour *Olympiaberg und Fröttmaninger Berg – ein erster Überblick* ab Seite 24). Das nimmt von der Esplanade aus etwa 25 Minuten in Anspruch. Von hier oben wirkt das Stadion besonders faszinierend zur Blauen Stunde, wenn allmählich die Lichter angehen und die Scheinwerfer und Rücklichter der Autos der angrenzenden A9 auf Langzeitbelichtungen weiße und rote Spuren hinterlassen. Ein ähnliches Foto gelingt auch von der Autobahnbrücke, die die Werner-Heisenberg-Allee mit dem Lottlisa-Behling-Weg verbindet.

Ebenso kann man aber von der U-Bahnstation Fröttmaning kommend nicht direkt zur Arena gehen, sondern nach Osten in die Freimanner Heide. Von dort aus gesehen wirkt das Stadion wie ein UFO. Zwischen Kiefern und grünen Wiesen hebt sich das weiße Rund prächtig von der Umgebung ab. Unternimmt man den Fotospaziergang am Abend, dann wirkt der Anblick des Stadions äußerst surreal. Lassen Sie sich hier Zeit und wandern Sie durch die raue Natur. Sie werden zwischen den Bäumen und Sträuchern viele unterschiedliche Perspektiven auf das Stadion finden.

Wenn Sie am Abend sowohl von der Esplanade als auch vom Windrad aus fotografieren wollen, sollten Sie mindestens zwei bis drei Stunden einplanen. Der Ausflug in die Heide dauert ebenfalls mindestens eine Stunde.

HINWEIS

Wer eine Führung im Station macht und dabei fotografiert, der muss bei der Verwendung der Bilder mit der Pressestelle der Allianz Arena Kontakt aufnehmen. Wenden Sie sich dazu – wie auch bei kommerzieller Nutzung der Außenaufnahmen – an die Pressestelle (*info@allianz-arena.de*).

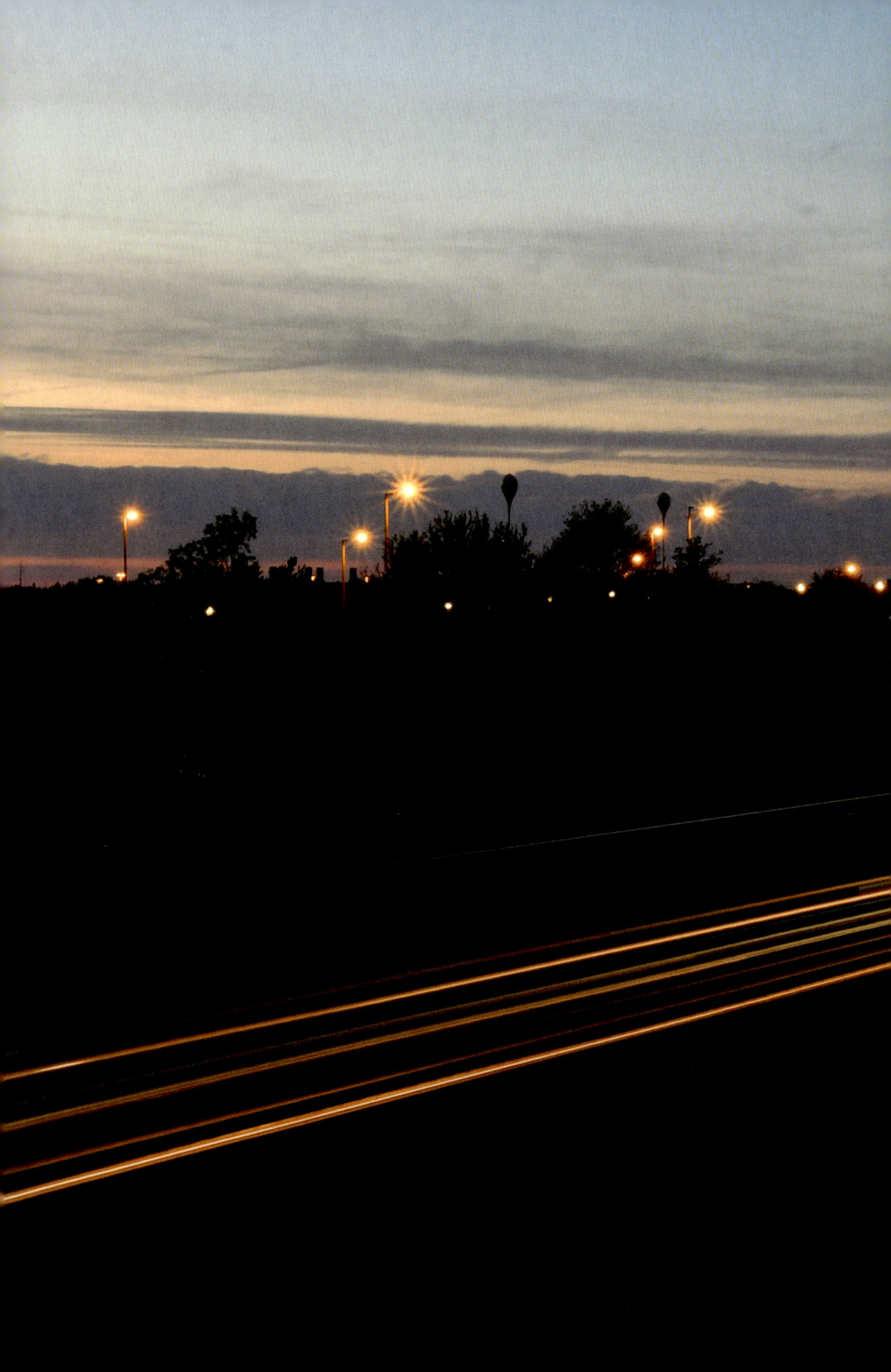

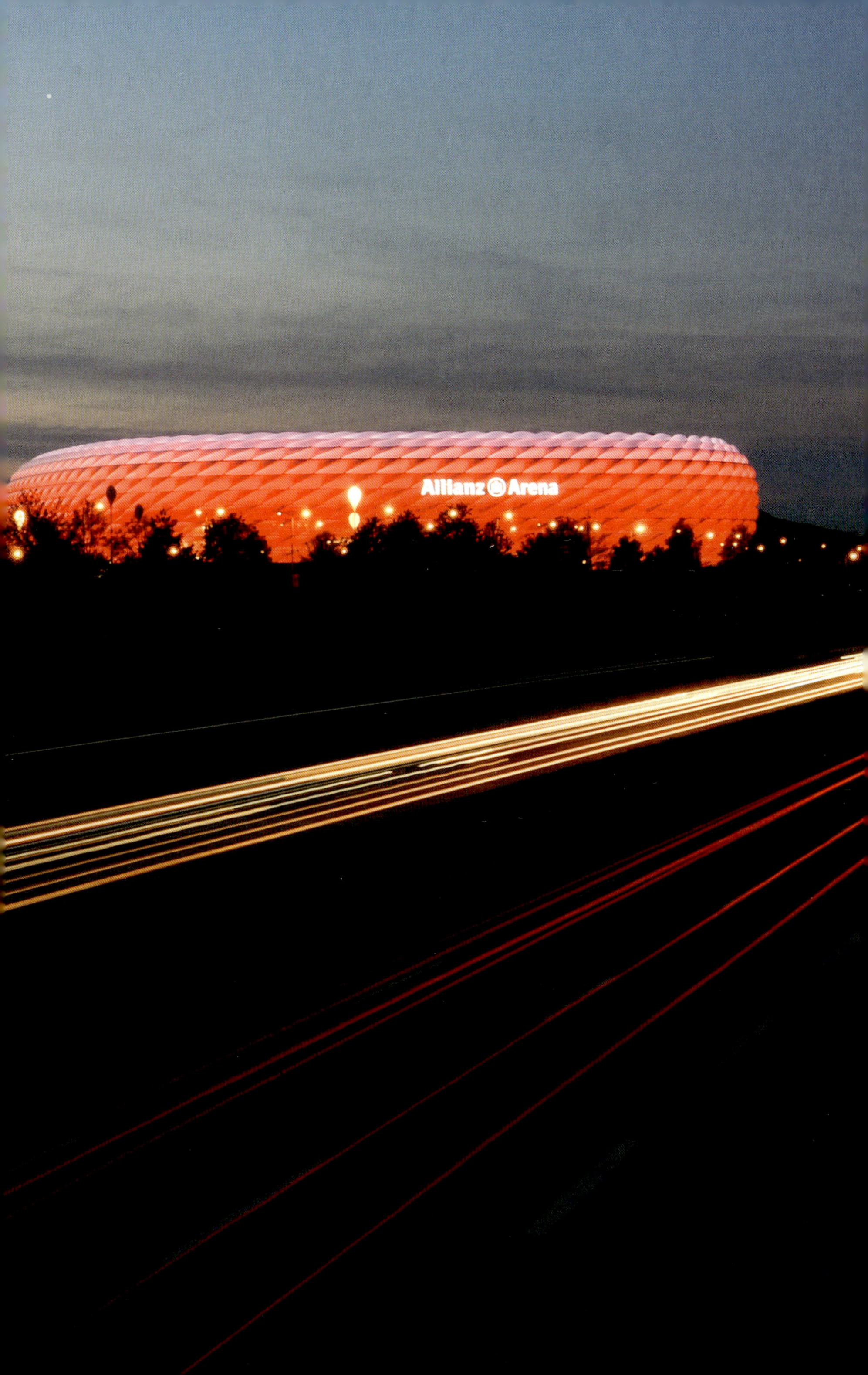
Allianz Arena

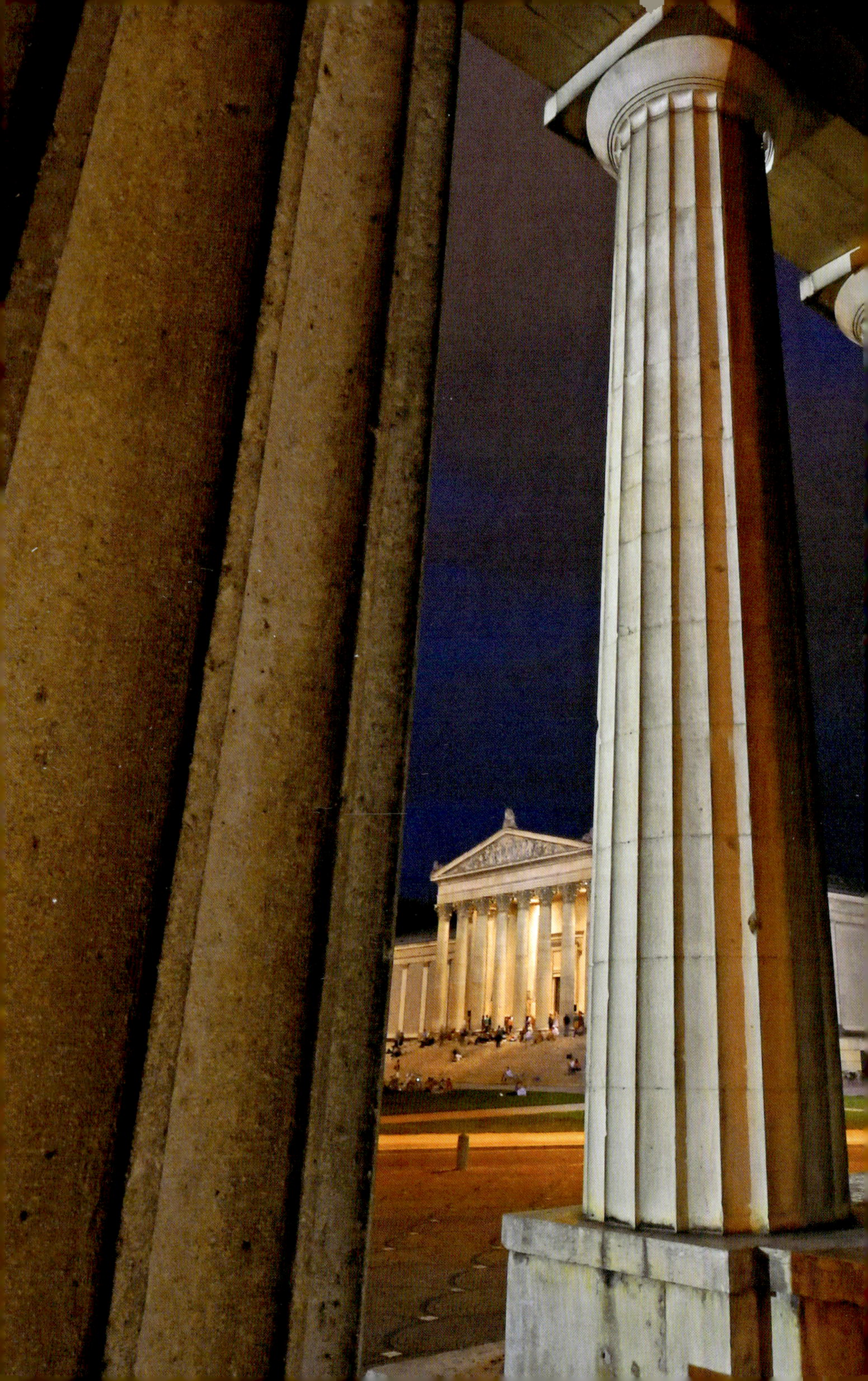

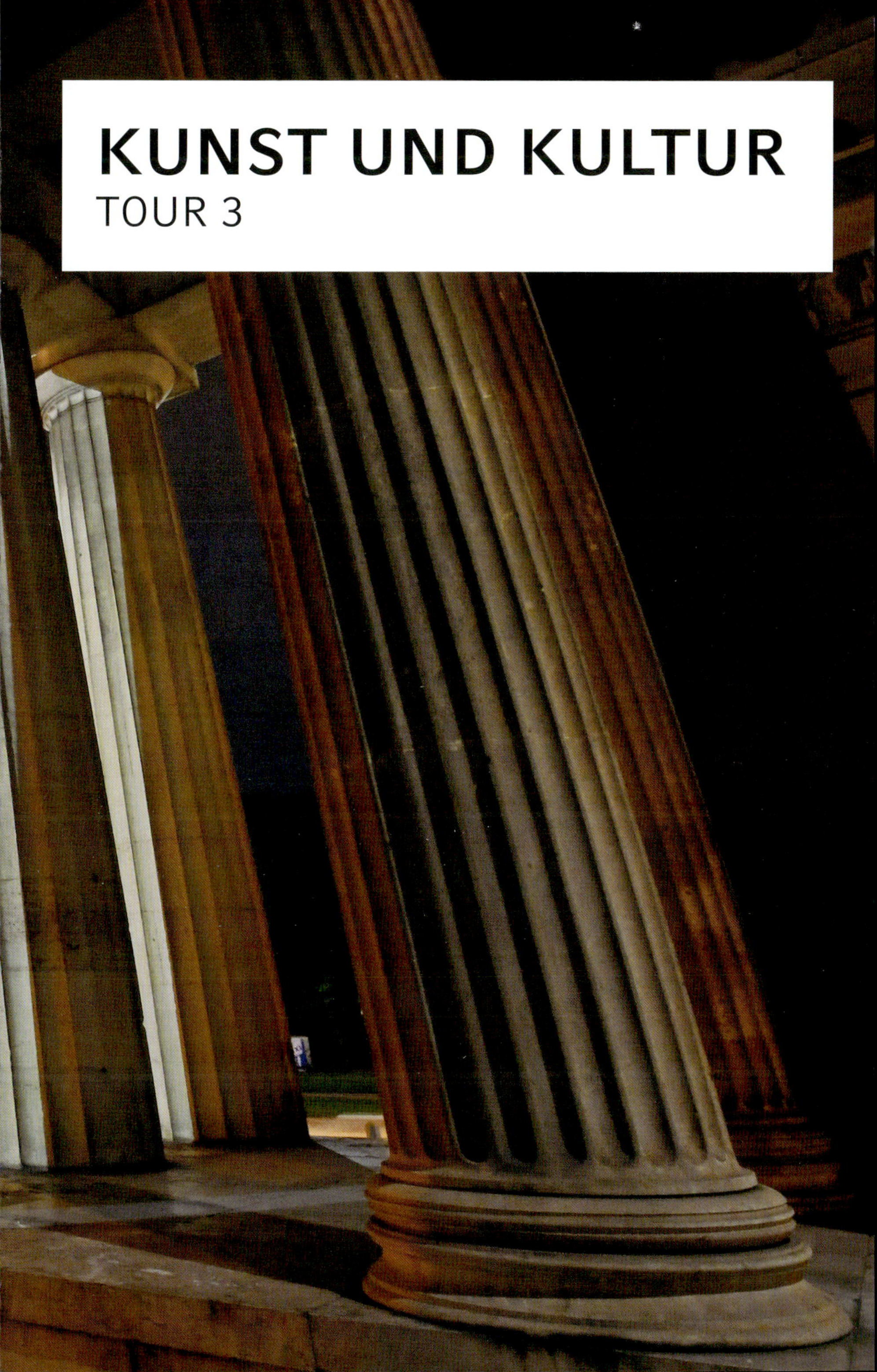

KUNST UND KULTUR

TOUR 3

1 KÖNIGSPLATZ

2 ALTES VIEHHOFGELÄNDE

3 ODEONSPLATZ

4 MARIENPLATZ

5 ALTER SÜDFRIEDHOF

6 SCHLOSS NYMPHENBURG

7 ABGUSSSAMMLUNG

8 SCHELLINGSTRASSE

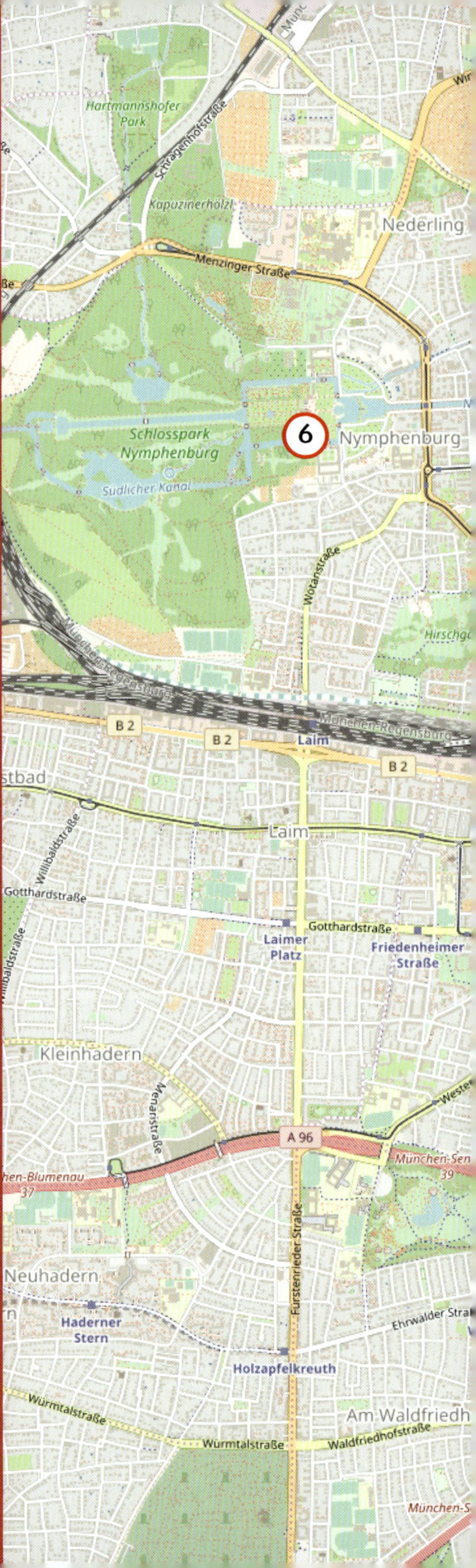

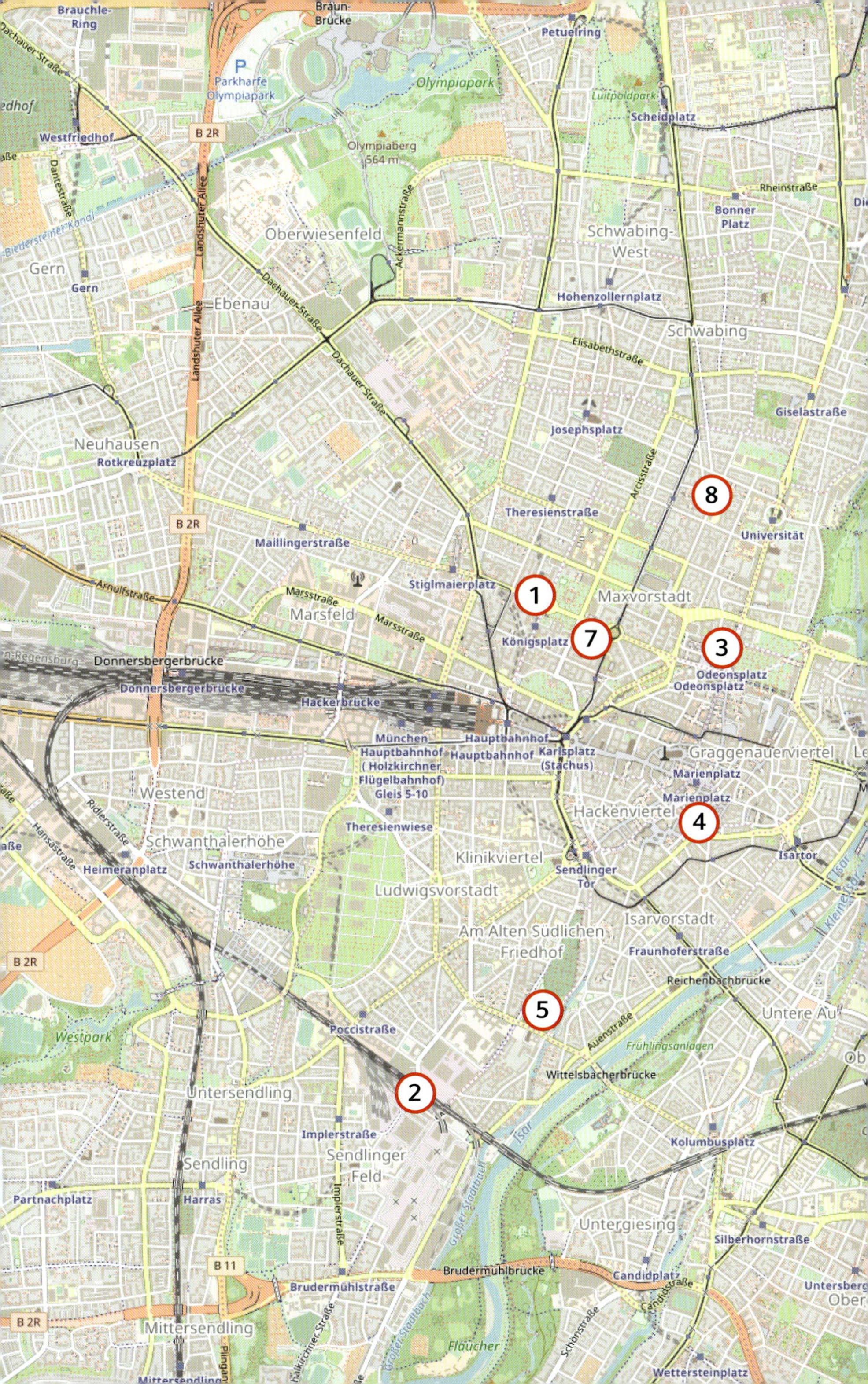

Olympiapark
Oberwiesenfeld
Schwabing-West
Schwabing
Neuhausen
Maxvorstadt
Marsfeld
Westend
Schwanthalerhöhe
Ludwigsvorstadt
Klinikviertel
Hackenviertel
Graggenauerviertel
Isarvorstadt
Am Alten Südlichen Friedhof
Untersendling
Sendling
Sendlinger Feld
Untergiesing
Mittersendling
Westpark
Theresienwiese
Königsplatz
Stiglmaierplatz
Odeonsplatz
Marienplatz
Karlsplatz (Stachus)
Sendlinger Tor
Isartor
Universität
München Hauptbahnhof
1
2
3
4
5
7
8

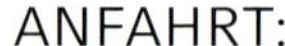

1 VOM KÖNIGSPLATZ ZU DEN PINAKOTHEKEN

ANFAHRT:
Mit dem Fahrrad oder zu Fuß vom Hauptbahnhof kommend in wenigen Minuten direkt zum Königsplatz. Mit der U2 vom Hauptbahnhof zum Königsplatz.

 3 STUNDEN
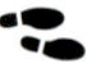 2 KM
 LEICHT

FOTOGRAFIE-GENRE:
Street, Architektur, Zeitgeschichte, Reportage

DAS KOMMT IN DIE TASCHE:

- Weitwinkel- und optional leichtes Teleobjektiv
- Eventuell Grauverlaufsfilter
- Stativ für Fotos zur Blauen Stunde

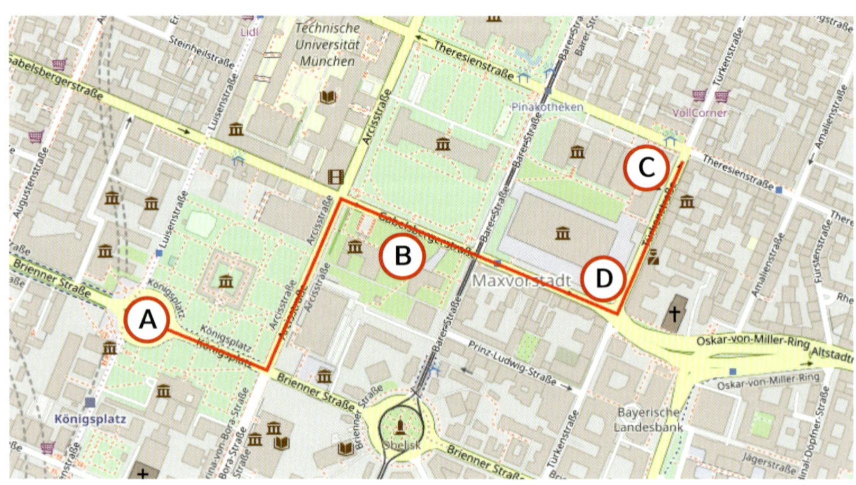

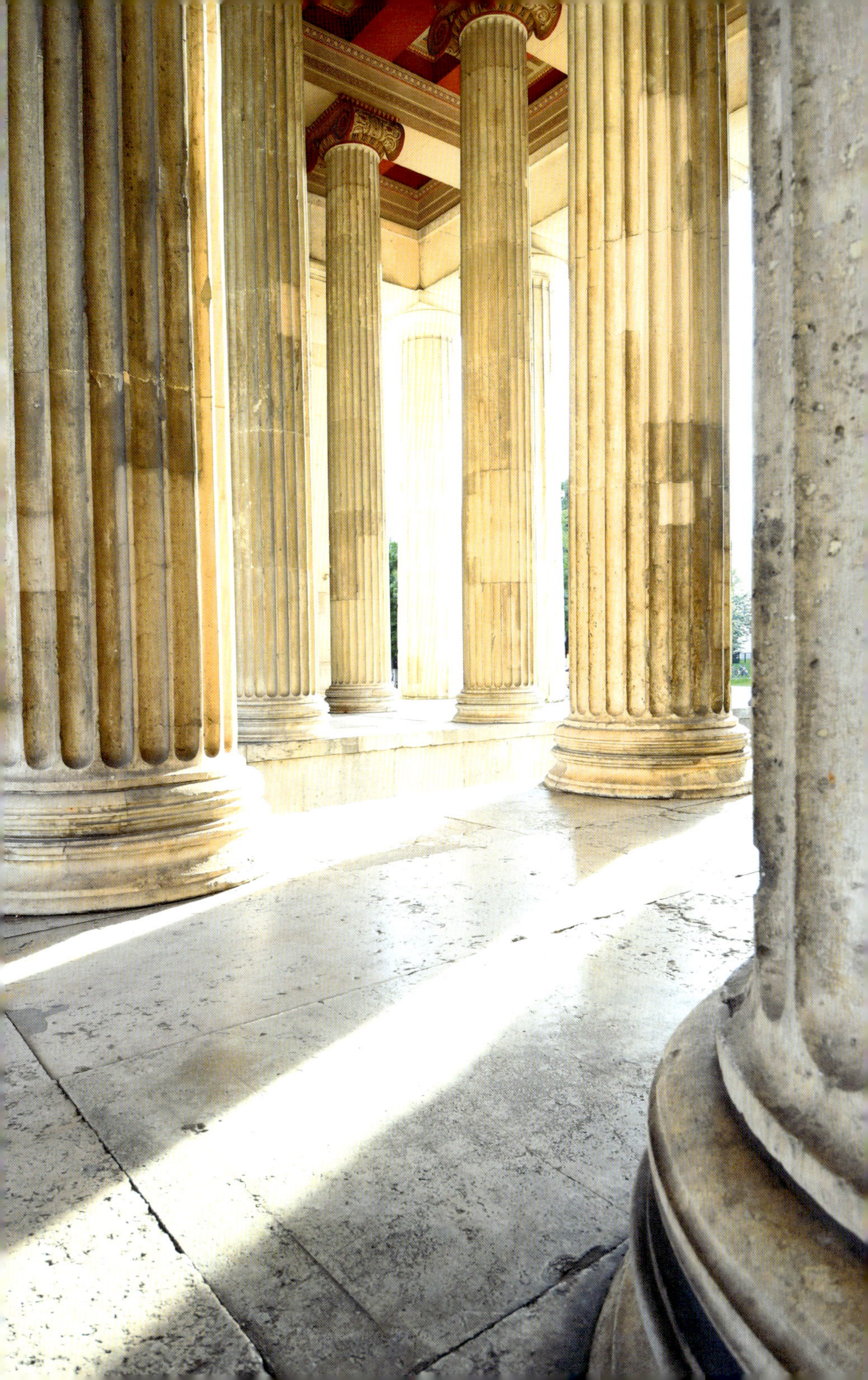

Im August steht die Sonne abends tief hinter den Propyläen auf dem Königsplatz Ⓐ. Sie hüllt die Säulen innerhalb des Gebäudes in ein warmes, weiches Licht. Ein idealer Einstieg für eine Fototour durch Schwabing, die von diesem geschichtsträchtigen Platz zu den Pinakotheken und zurück führt.

Steigen Sie die wenigen Stufen der Propyläen hinauf, stehen Sie inmitten einer beeindruckenden, klassizistischen Architektur. Der Blick geht unweigerlich nach oben, zu den mächtigen Kassettendecken. Leo von Klenze entwarf dieses monumentale Gebäude, dessen Bau im Jahr 1854 begann. Die Propyläen dienten als Zeichen der Freundschaft zwischen Griechenland und Bayern.

Und so fühlt man tatsächlich etwas Mittelmeer-Fernweh, wenn der Blick von den Propyläen hinüber zur Glyptothek und den Staatlichen Antikensammlungen an den Seiten des Platzes schweift, die die Sonne ebenfalls in das warme Restlicht des Tages taucht. Es herrscht reger Verkehr auf dem Platz, viele Menschen sitzen auf den Stufen am Fuß der Gebäude. Beim Fotografieren nach Westen hin können Sie sich auf die Architektur konzentrieren. Das Gegenlicht lässt die Schatten der Säulen unendlich lang werden. Hier bieten sich zahlreiche Perspektiven an: Sie können die Sonne direkt ins Bild nehmen oder hinter einer Säule verschwinden lassen.

Film-
hochschule

Nach einem fünfminütigen Fußmarsch entlang der Arcisstraße in Richtung Norden erreichen Sie rechter Hand die Filmhochschule.

Im Sommer finden Sie dort auf der großen Rasenfläche vor dem Gebäude wechselnde Kunstinstallationen, wie etwa die »Minna Thiel« (B), einen in die Jahre gekommenen Triebwagen der Zollern-Alb-Bahn, der als Café und Bar dient und ein Schwesterprojekt des »Bahnwärter Thiel« auf dem ehemaligen Viehhofgelände ist (mehr dazu in der Tour Das alte *Viehhofgelände – bunte Wände und rostige Relikte* ab Seite 83).

»Minna Thiel«

Das Interieur der »Minna Thiel« erinnert stark an einen Lost Place, wären da nicht die kleinen Kerzen auf den Tischen, die dem Besucher signalisieren, dass es hier etwas zu trinken gibt. Dem Fotografen bietet der Wagen schöne Details aus einer Technikepoche, die der Vergangenheit angehört. Das weiche Abendlicht fällt genau auf diesen Platz und setzt die Kunst, egal was gerade geboten wird, optimal in Szene.

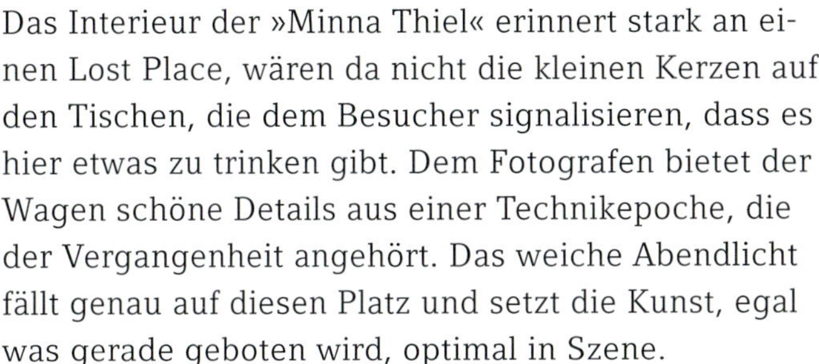

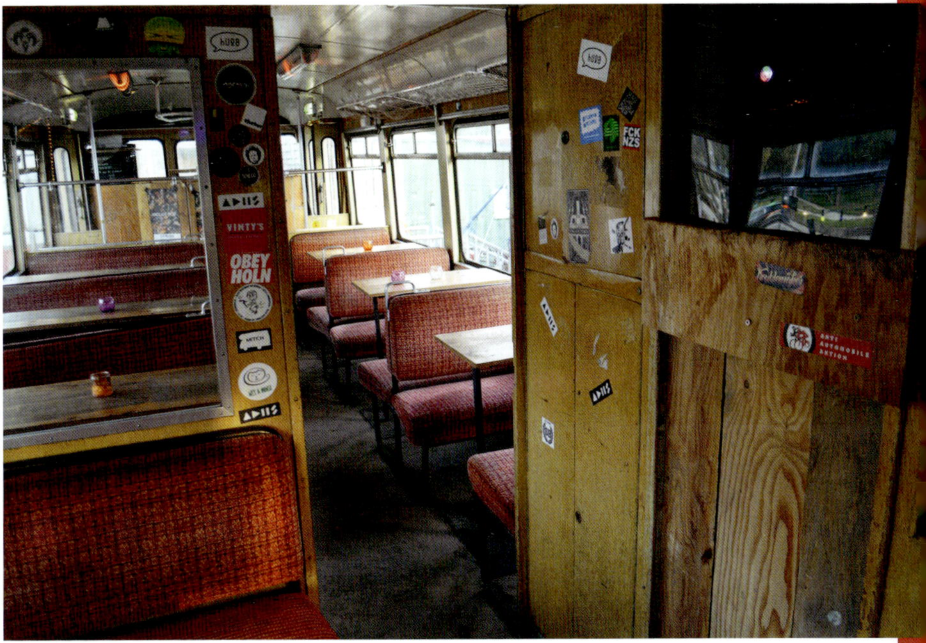

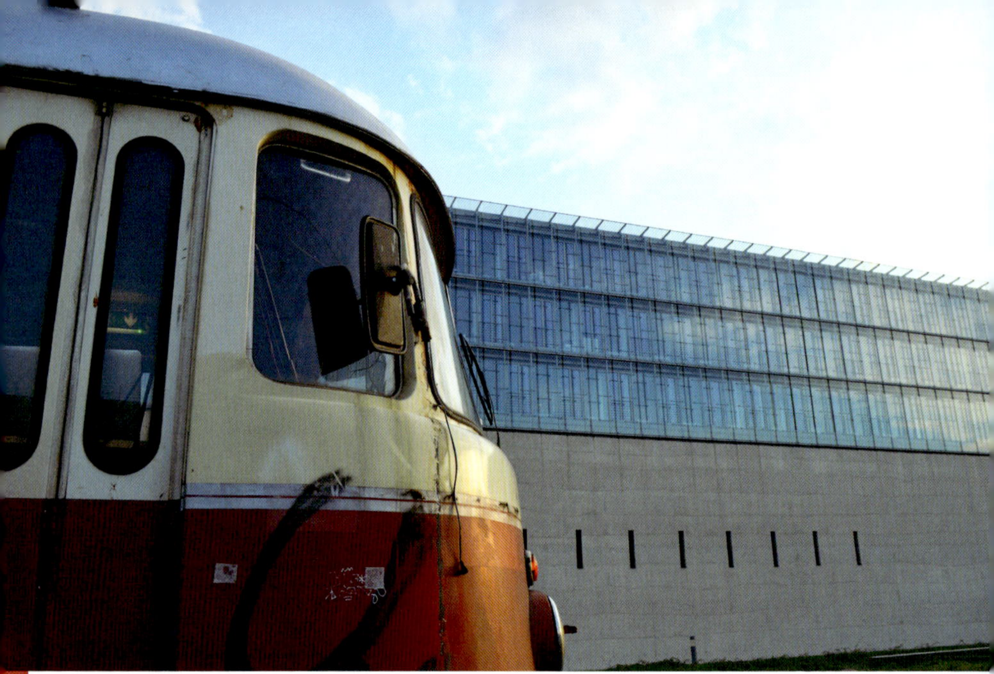

Museum Brandhorst

Bevor die Sonne untergeht, sollten Sie das Museum Brandhorst, etwas weiter in östlicher Richtung gelegen, aufsuchen Ⓒ.

Hier beleuchtet das Abendlicht die bunte Außenhaut, die aus 36.000 einzelnen Keramikstäben besteht. Insgesamt findet man 23 unterschiedliche Farben. Je nachdem, wo der Betrachter steht, verändert sich die Farbe der Außenwand. Aus der Nähe betrachtet lösen sich die Farben auf, je weiter man vom Gebäude entfernt steht, desto neutraler wird der Farbton. Wählen Sie hier eine extreme Perspektive auf der beleuchteten Westseite des Gebäudes, kann die Architektur leicht mit einem blauen Himmel und Abendwolken kombiniert werden. Aber auch Detailansichten der Keramikstäbe bieten sich als Motiv an.

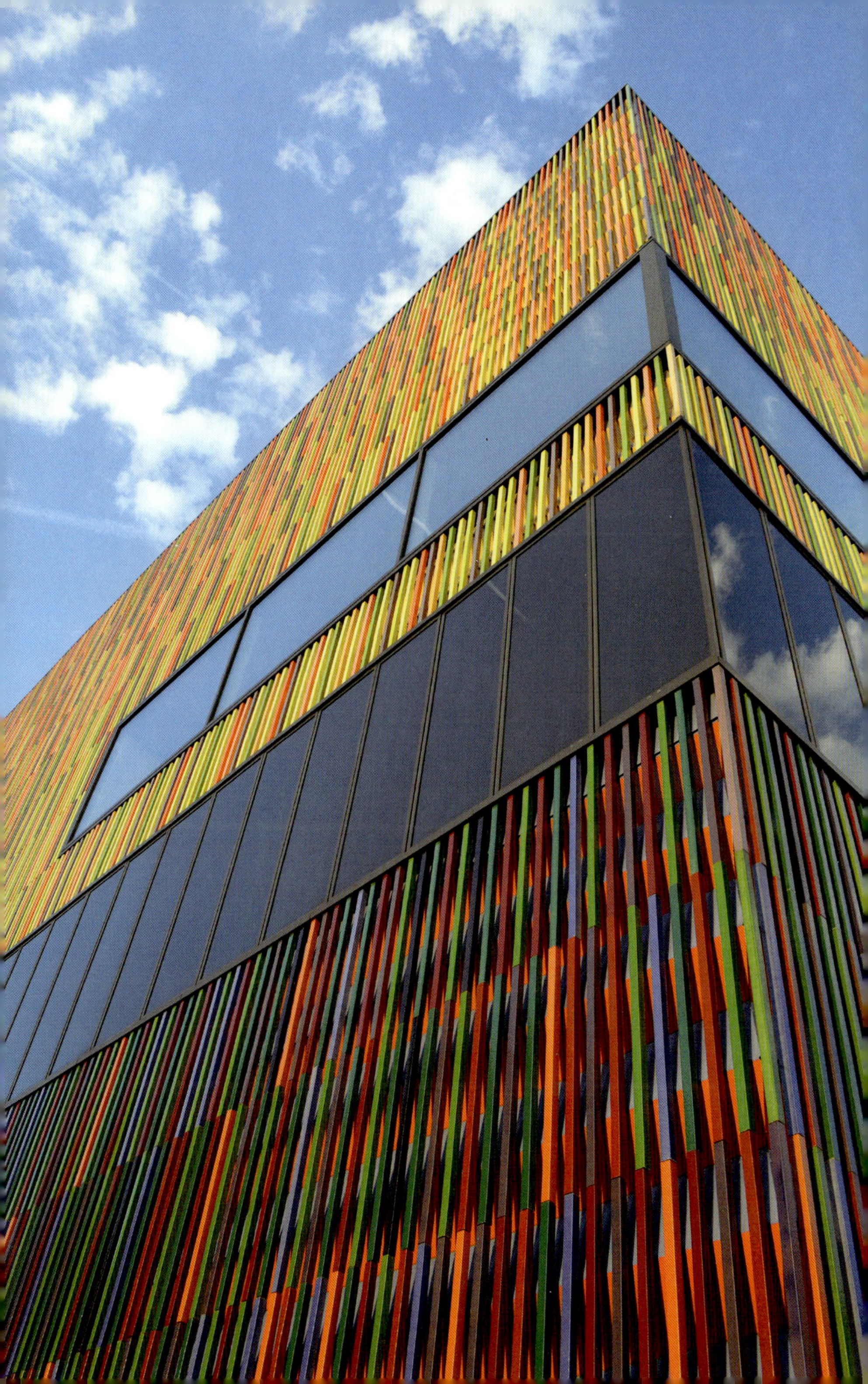

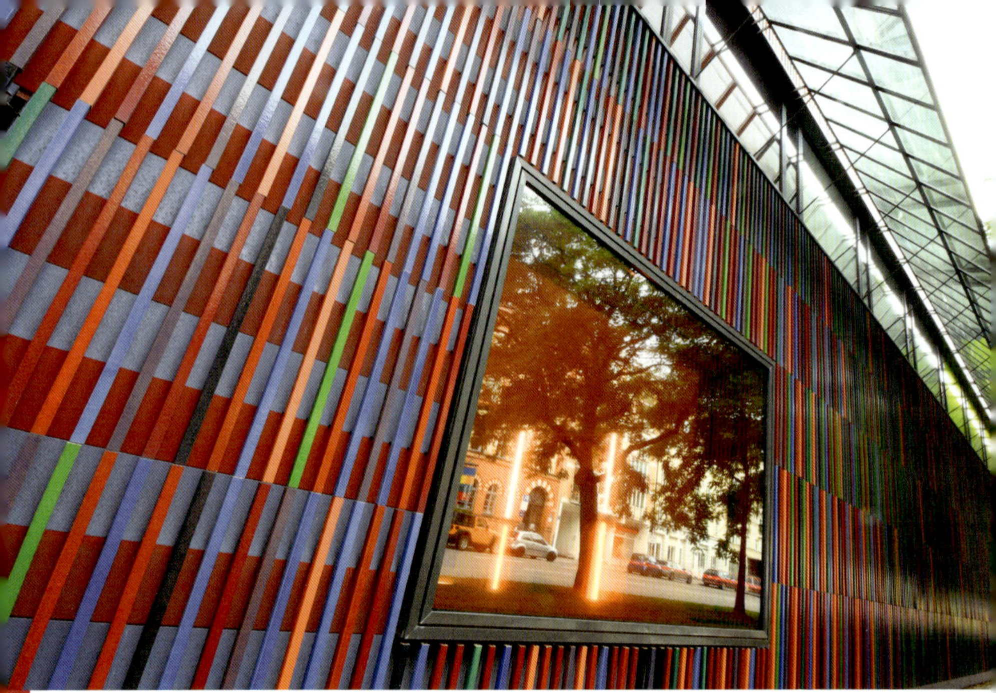

Pinakothek der Moderne

Zur Blauen Stunde gehen Sie zurück in Richtung Königsplatz, mit einem Halt an der Pinakothek der Moderne (D).

Auch hier befinden sich auf dem Platz nördlich des Eingangs wechselnde Kunstinstallationen, wie das Futuro-Haus des finnischen Architekten Matti Suuronen. Das rotierende Ellipsoid bildet einen prägnanten Kontrast zu den klaren Formen der Pinakothek, die der Architekt Stephan Braunfels entworfen hat. Sie gehört zu den größten Sammlungshäusern für moderne und zeitgenössische Kunst, Architektur und Design in Europa. Nun empfiehlt es sich, mit Stativ zu fotografieren. Das Mischlicht zur Blauen Stunde verleiht der Pinakothek ein überraschendes Erscheinungsbild: Die scheinbar endlos langen Säulen vor dem nördlichen Eingangsportal münden in die Strahler an der Decke. Das ganze Ensemble ist in ein warmes Licht getaucht.

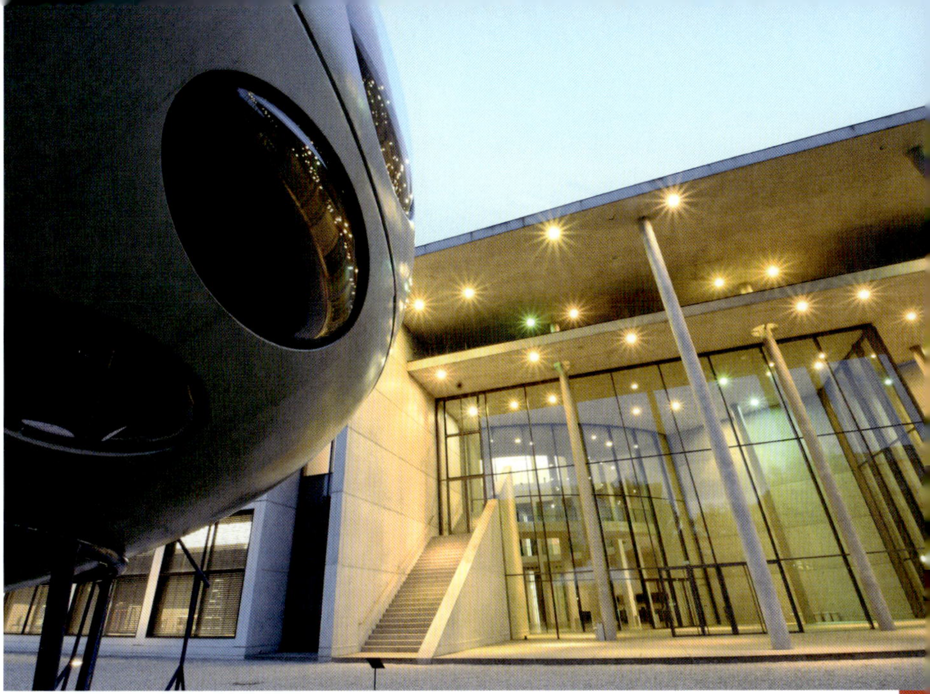

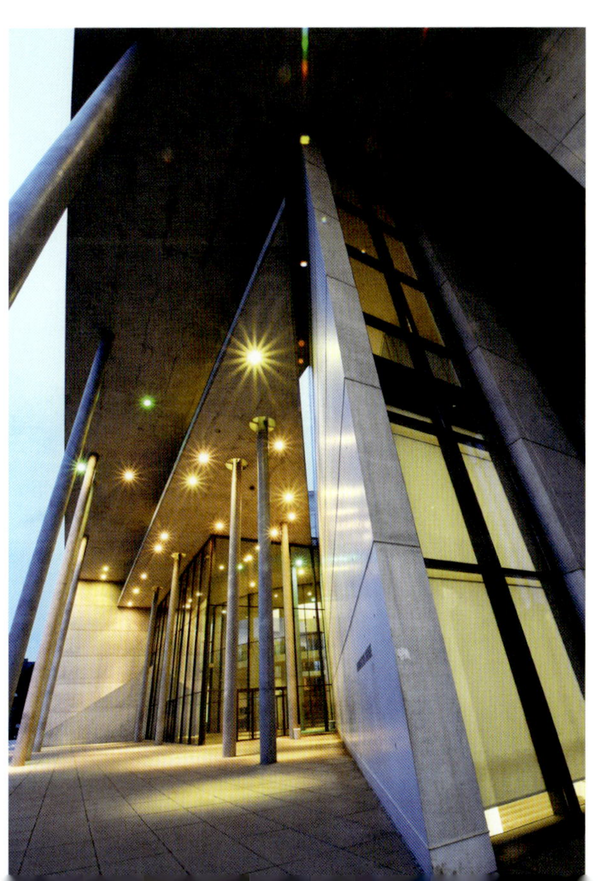

Das Ende der Blauen Stunde sollten Sie am Königsplatz begehen. Hier erwartet den Fotografen der römische Kaiser Augustus vor der nun in ein gelbliches Licht getauchten Monumentalarchitektur der Museen. Langzeitbelichtungen lassen den Autoverkehr in der Dunkelheit zu Lichtspuren verschwimmen. Im Sommer ist der Platz auch zu später Stunde noch sehr belebt, die Münchner sitzen auf den Stufen vor den Museen und genießen den lauen Abend.

Belichtungszeiten von mindestens zwei Sekunden integrieren auf den Fotos die Lichter der Autos in die Weitläufigkeit des Platzes. Perspektiven finden Sie nun wieder, wie am Anfang des Ausflugs, zwischen den Säulen von Glyptothek, Propyläen und Antikensammlung.

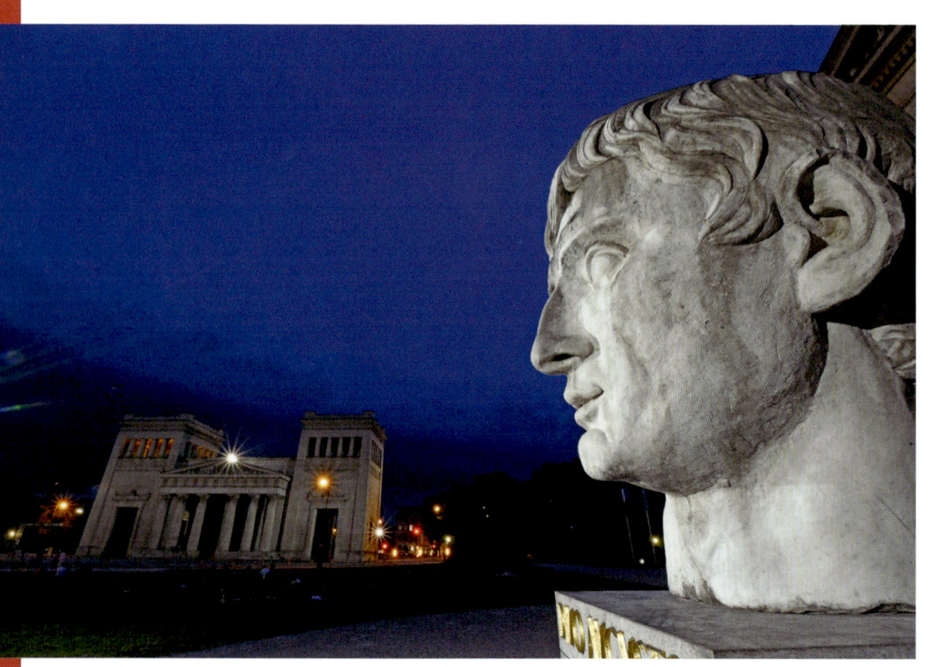

INTERVIEW MIT KLAUS HAAG, PRESSEFOTOGRAF BEIM MÜNCHENER MERKUR

Er kennt München wie kein Zweiter. Seit 1976 ist Klaus Haag in München als Pressefotograf für den Münchner Merkur tätig. Klaus Haag fotografiert am liebsten die Menschen der Metropole. Zu ihnen hat er über viele Jahrzehnte einen besonderen Draht entwickelt. Wer vor seiner Kamera steht, ob Bürgermeister oder Passant auf der Straße, den bringt Klaus Haag auf seinen Bildern fast immer zum Lachen. Seine Fotos sind preisgekrönt. Hier verrät er seine persönlichen Lieblingsplätze in der Stadt und erzählt aus seinem bewegten Fotografenleben.

Was gefällt Ihnen an München besonders gut?

Meist nette Menschen. Die Stadt ist mir ans Herz gewachsen, da kenne ich mich aus und kenne mittlerweile jeden Flecken.

Gibt es einen Fototermin, der Ihnen in besonderer Erinnerung geblieben ist?

Das war ein Fototermin in Feldmoching. Ein Bauer hatte bei einer Wette ein Kamel gewonnen, das seitdem auf seinem Bauernhof wohnte. Bei der Reportage hat das Kamel mit dem schönen Namen Otto erst alle meine Negativfilme aufgefressen, meine Fototasche ausgeleert und dann den Blitz zertreten. Dann jagte es mich unter den Traktoranhänger. Der Bauer musste mich retten.

Gab es auch dramatische Fototermine?

Ja, das Bombenattentat auf dem Oktoberfest 1980. Es herrschte ein heilloses Durcheinander. Schreiende Verletzte, dazwischen hilfsbereite Polizisten und andere Einsatzkräfte. Viele Scheinwerfer erhellten die Szenerie. Ich wurde mehrmals von Polizisten des Platzes verwiesen, weil ich mich mittendrin befand.

Ihre liebsten Motive sind Menschen, die meisten Münchner lachen auf Ihren Bildern. Wie bringen Sie sie dazu, so fröhlich auf den Bildern zu erscheinen?

Ich denke, es ist mein niederbayerischer Dialekt, der den Menschen die Herzen öffnet.

Mit welcher Ausrüstung fotografieren Sie?

Mit meiner über die Jahre liebgewordenen Nikon-Ausrüstung. Meine ersten Kameras waren eine Nikon FT und die EL.

Haben Sie einen Tipp, wo man in München unbedingt einmal zum Fotografieren hingehen sollte?

Ich würde einen Fußmarsch entlang der alten Isar, von der Max-Josef-Brücke entlang bis hinter den Föhringer Ring empfehlen. Und dann … auf der anderen Seite zurück.

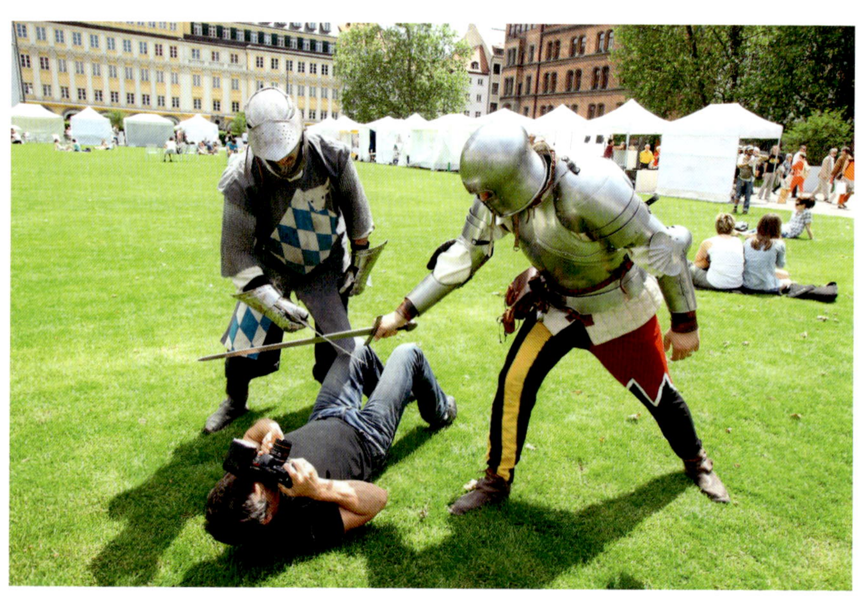

2 DAS ALTE VIEHHOFGELÄNDE – BUNTE WÄNDE UND ROSTIGE RELIKTE

ANFAHRT:
Mit dem Fahrrad oder zu Fuß von der Lindwurmstraße aus. Mit der U6 oder U3, Haltestelle Poccistraße, dann fünf Minuten zu Fuß entlang der Ruppertstraße.

FOTOGRAFIE-GENRE:
Streetart, Architektur, Reportage

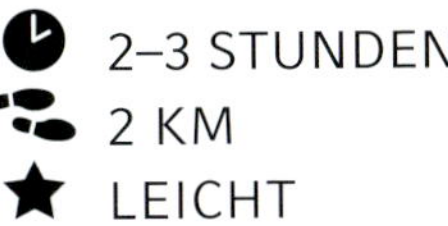

2–3 STUNDEN
2 KM
LEICHT

Das Schlachthofviertel konserviert erfolgreich seine Vergangenheit. Entlang der Tumblinger- und Zenettistraße, wo man tatsächlich die Geschichte des Ortes riecht, wittern Bauunternehmer die große Chance auf neue Luxusquartiere. Doch fürs Erste scheinen solche Pläne auf Eis zu liegen. Unbebaute Flächen, verfallene Mauern, dazwischen die Bahngleise mit Güterwaggons und mit Unkraut überwucherte Gleise: morbider Charme an vielen Ecken. Dahinter, ganz im Süden, sieht man die hohen Schornsteine des Heizkraftwerks Süd. Im Schlachthofviertel ist München alles andere als auf Hochglanz poliert.

DAS KOMMT IN DIE TASCHE:

- Weitwinkel- und ein Telezoomobjektiv (75–300 mm Brennweite).
- Makroobjektiv für rostige Detailaufnahmen

An der sogenannten »Hall of Fame« finden Graffiti-Künstler eine der wenigen legalen Flächen, um ihren Wandschmuck aufzutragen. Abends fällt das Licht fast direkt auf die bunt verzierte Wand aus Backsteinen und verleiht dem Ort eine alternativ bunte Atmosphäre, wie man sie sonst eher in Berlin oder im Ruhrgebiet vermutet.

Hinter der »Hall of Fame«, an der Tumblingerstraße, türmen sich Container auf. Man vermutet einen Verladebahnhof und denkt an die großen Schiffsreisen, die diese mit Beulen und Kratzern übersäten, mächtigen Frachtkisten hinter sich gebracht haben, bevor sie hier gestrandet sind. Verantwortlich dafür ist die »Bahnwärter Thiel Kulturstätte GmbH«, ein Unternehmen, das sich darauf spezialisiert hat, brachliegende Flächen in der Stadt mit Kultur und Subkultur zu beleben.

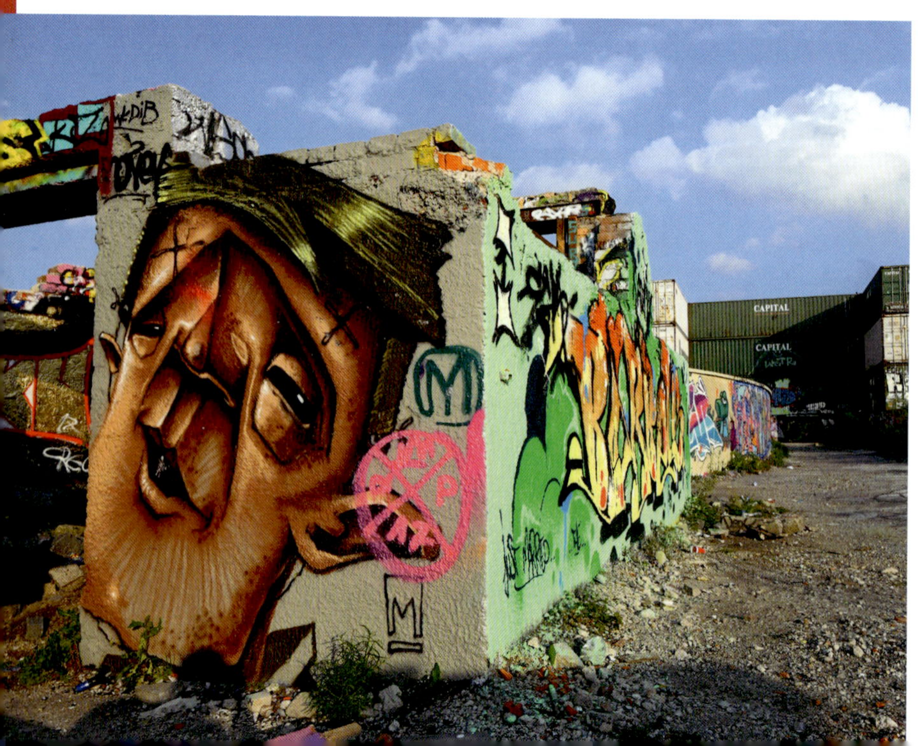

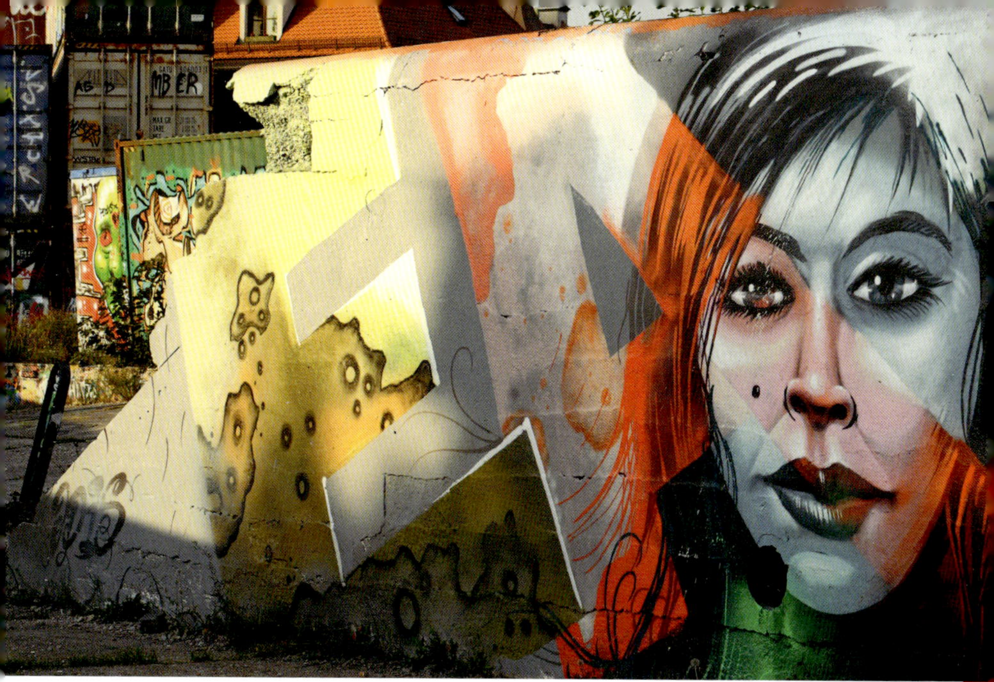

Als Fotograf kann man sich kaum sattsehen an den Motiven, die es hier zu entdecken gibt. Einige Stunden sollten Sie für den Besuch einplanen. Beim Erkunden sollten Sie unbedingt festes Schuhwerk tragen, denn alles ist mit Glasscherben und Abfall übersät. Bunte Betonklötze liegen auf dem Asphalt, ein verrostetes Auto und ein Anhänger stehen auf dem Platz. Dahinter türmen sich die Container-Burgen auf. Mit einem Weitwinkelobjektiv geht es los.

»Bahnwärter Thiel«

Abends steht das Licht günstig und taucht die bunte, chaotische Kulisse in ein warmes Licht. Die extreme Perspektive eines 10-Millimeter-Objektivs zeigt die Weite des Platzes und erzeugt stürzende Linien an den Container-Türmen. Dadurch erscheinen diese noch wuchtiger, als sie schon ohne Verzerrungseffekt sind. Überall an den Wänden finden sich gemalte Gesichter. Eine Frau mit Schmollmund begegnet dem Fotografen, ein reichlich mit Narben gezeichneter Mann mit Segelohren schaut etwas ramponiert in die

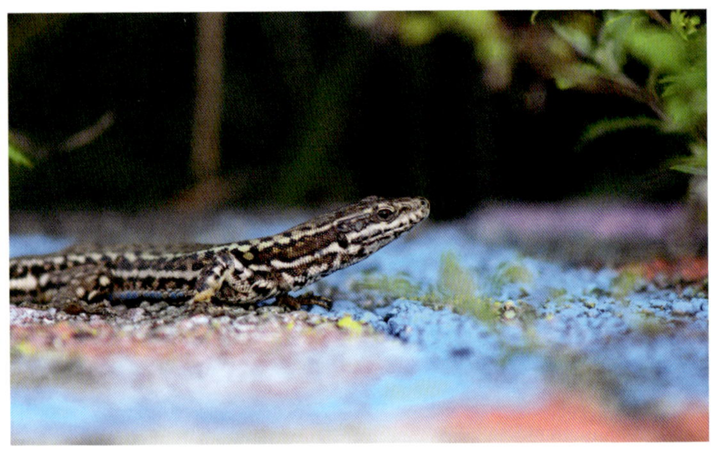

Ferne. Die Motive an den Mauern wechseln schnell, je nachdem wie kreativ die Sprayer-Szene ist. Hinter den Kunstwerken erheben sich immer wieder die Wände aus Containern.

Mit einem Objektivwechsel und langen Brennweiten ab 100 Millimeter eröffnen sich neue fotografische Möglichkeiten. Rostige, mit Farbe bearbeitete Details rücken in den Fokus, dazwischen die Vegetation, die mit ihren Farben der Graffitikunst ebenbürtig ist. Wer lange wartet und sich ruhig verhält, entdeckt die eine oder andere Eidechse, die sich im Abendlicht wärmt.

Diesen Ort sollten Sie unbedingt bei direkter Sonneneinstrahlung aufsuchen. Denn sobald die Sonne hinter der »Hall of Fame« untergegangen ist, verblassen die Farben. Im Sommer können Sie problemlos bis 20 Uhr fotografieren. Dann senkt sich die Dunkelheit schnell über das Gelände, nur noch wenige Gestalten treiben sich herum. In den nächsten Jahren wollen die Macher der Containerburgen den Platz auch abends beleben, die Scherben und der Schmutz sollen verschwinden. Aber das Flair des Subkulturellen wird erhalten bleiben.

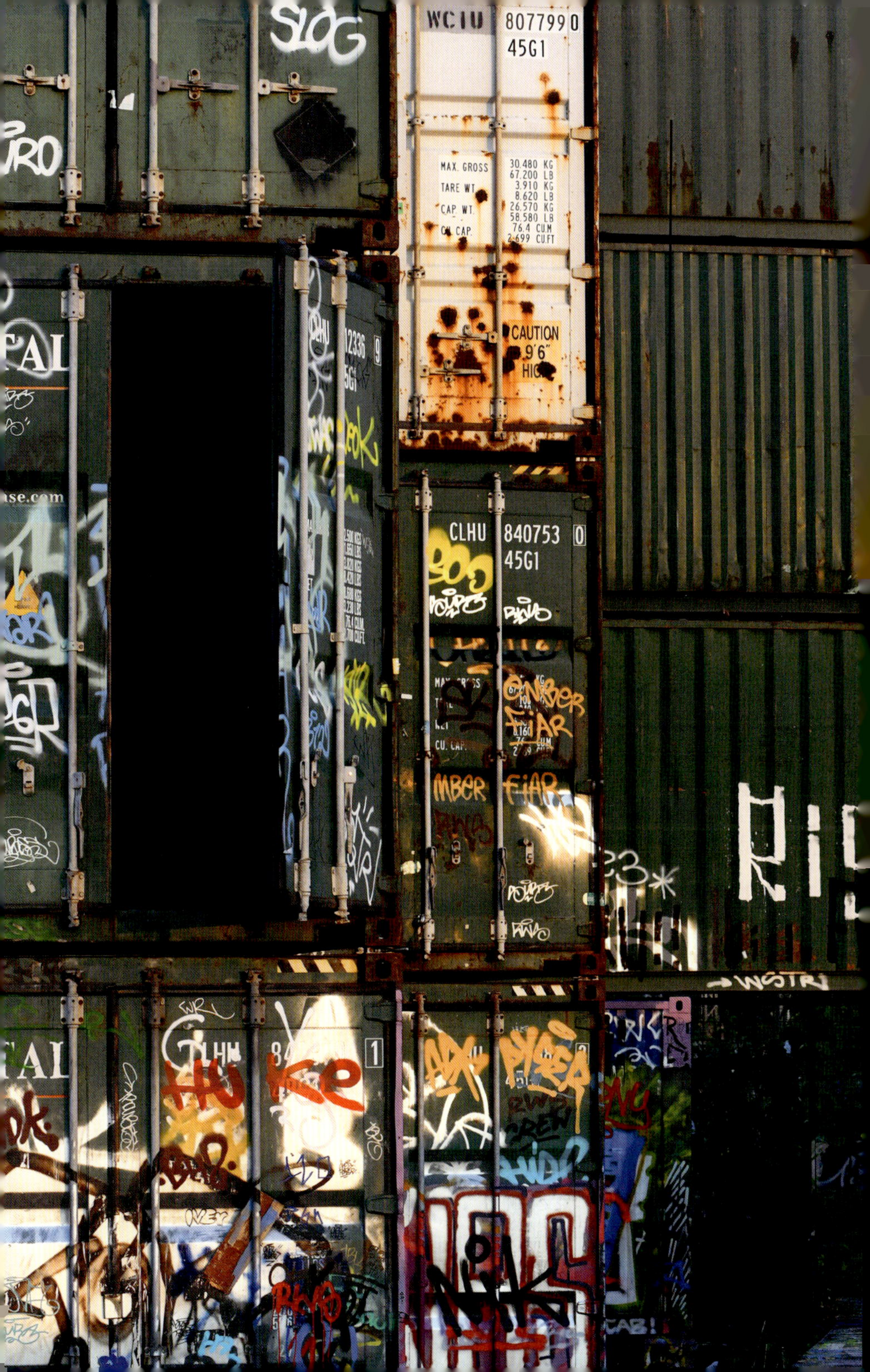
WCIU 807799 0
45G1
MAX. GROSS 30.480 KG 67.200 LB
TARE WT 3.910 KG 8.620 LB
CAP. WT. 26.570 KG 58.580 LB
76.4 CU.M 2.699 CU.FT
CAUTION
CLHU 840753 0
45G1

③ DER ODEONSPLATZ – BEIM ERBE LUDWIGS I.

ANFAHRT:
Mit dem Fahrrad oder zu Fuß vom Marienplatz aus. Mit der U6, U3, U4 oder U5, Haltestelle Odeonsplatz.

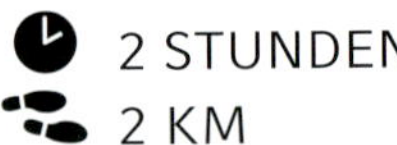

2 STUNDEN
2 KM
LEICHT

FOTOGRAFIE-GENRE:
Street, Architektur, Zeitgeschichte, Reportage

Kühler Abendwind weht durch die Feldherrnhalle am Südende des Odeonsplatzes. Von dort hat man gute Sicht nach Norden, Richtung Ludwigstraße. Die Sonne erleuchtet gerade noch die weit entfernten Türme der Highlight Towers. Vor ihnen zeichnen sich die schwarzen Umrisse der Löwen-Quadriga auf dem Siegestor ab. Es herrscht dichter Verkehr auf der Ludwigstraße, allmählich gehen die Lichter in der Stadt an. Der Himmel ist tiefblau.

DAS KOMMT IN DIE TASCHE:

- Weitwinkelobjektiv und ein leichtes Teleobjektiv
- Stativ

GESCHICHTLICHES

Der Odeonsplatz wurde als besonderes Schmuckstück konzipiert. Anfang des 19. Jahrhunderts wurde die Stadt durchlässiger, Mauern wurden entfernt, repräsentative Komplexe geschaffen. König Ludwig I. wünschte sich einen Platz vor der Residenz, von dem aus er die Fahrt über den Fürstenweg in Richtung Schloss Nymphenburg antreten konnte. Im Jahr 1816 beauftragte Ludwig I. Leo von Klenze mit der Planung der Ludwigstraße, zu der auch der Odeonsplatz gehört.

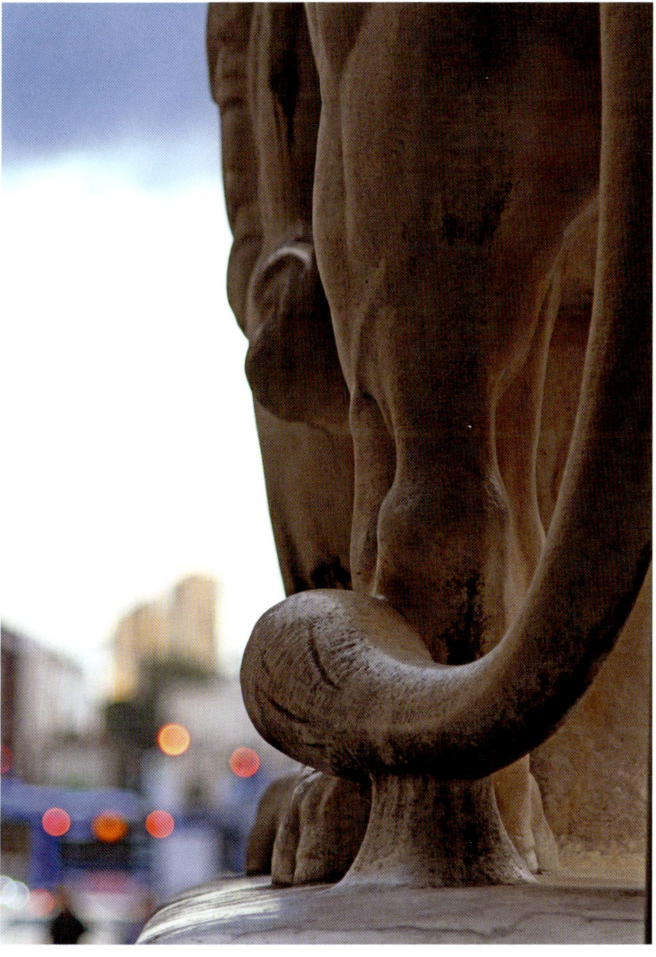

Mit Sicherheit gehört dieser Ort zu den attraktivsten in München. Abends werden die Theatinerkirche angestrahlt und die Feldherrnhalle angestrahlt. Gegenüber befindet sich der Eingang zur Residenz. Das Manko: Ohne Baustellen ist der Odeonsplatz fast nie zu sehen. Für einen Fotografen ist dieser Startpunkt für einen Fotoausflug deshalb eine Herausforderung: Kräne stehen überall im Blickfeld, Bauzäune und Abdeckungen verhindern den freien Blick auf das Gebäudeensemble. Somit ist der Fotograf gezwungen, neue Perspektiven zu finden. So können Sie etwa die muskulären Körperdetails der Löwen mit der Flucht der Ludwigstraße oder der Fassade der Residenz kombinieren. Steigen Sie die Stufen der Feldherrnhalle hoch und streifen Sie um die Löwen herum. Hier ergeben sich tolle Blickwinkel.

Residenz

Weiter geht es durch die beleuchteten Eingangstore zur Residenz.

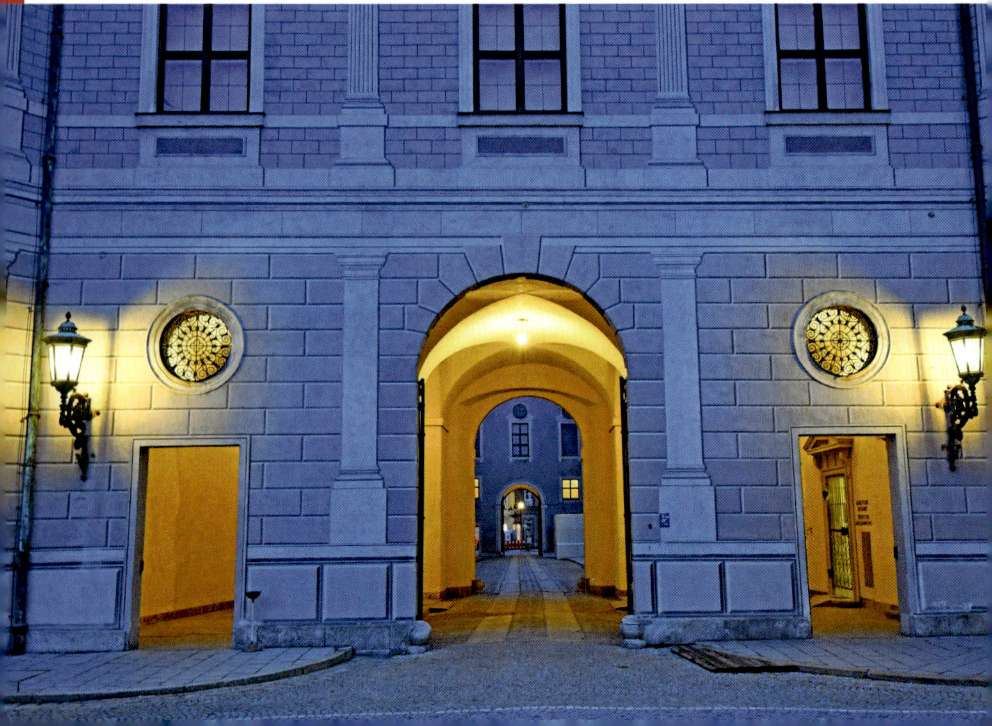

Von 1508 bis 1918 war die Münchner Residenz Wohn- und Regierungssitz der bayerischen Herzöge, Kurfürsten und Könige. Einst stand eine Burg in der Nordostecke der heutigen Anlage. Ausgehend von dieser Burg schufen sich die Adeligen im Laufe der Jahrhunderte einen prunkvollen Herrschersitz und dehnten ihre Höfe mit Gartenanlagen in die Stadt hinein aus. An diesem Ort fühlt man sich zurückversetzt in die Zeit, in der Kutschen über das Pflaster fuhren. Durch einen extrem tief gewählten Kamerastandpunkt beziehen Sie das Muster des Kopfsteinpflasters mit in Ihre Bilder ein. Mischlicht erleuchtet die Fassaden, mit einem Weitwinkelobjektiv erfassen Sie die Pracht der Innenhöfe und vor allem des von innen heraus beleuchteten Wasserspiels im Brunnenhof neben dem Cuvilliéstheater.

Zurück auf der Residenzstraße geht es weiter in Richtung Marienplatz, zum Max-Joseph-Platz mit dem Nationaltheater.

Die Fassaden der Häuser sind prächtig erleuchtet. Sie heben sich gegen den fast schon tiefschwarzen Nachthimmel ab. Am Sockel des Max-Joseph-Monuments, in der Mitte des Platzes, befinden sich allerlei Figuren, deren Umrisse fotografisch gut vor die Häuser der Residenzstraße platziert werden können. Gleiches gilt für die monumentalen Säulen des Nationaltheaters – wenn Sie es schaffen, einen Moment zu erwischen, in dem nicht Reisebusse Horden von Touristen ausspucken.

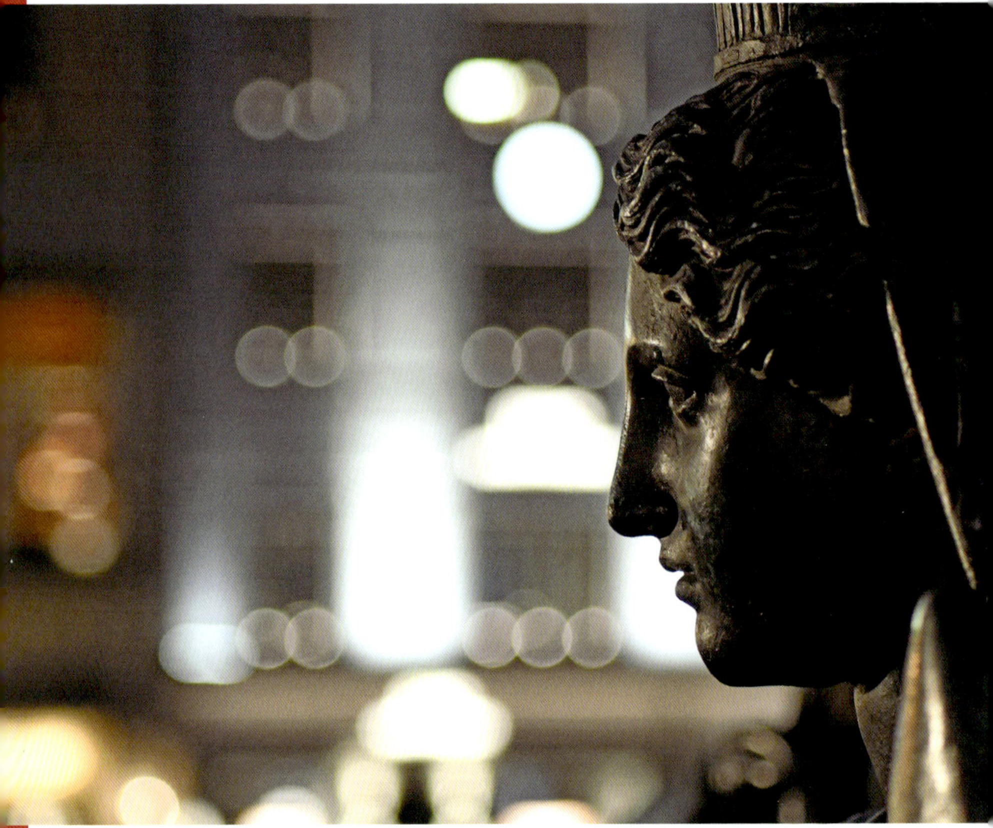

Maximilianstraße

Danach wird es hektischer. Vom Nationaltheater aus geht es weiter entlang der Maximilianstraße, der teuersten Einkaufsmeile Münchens.

Einst als Prachtstraße geplant, ist sie heute vor allem Sinnbild des Konsums und fast schon weltweit bekannt. Ein Nobelgeschäft reiht sich an das nächste. Abends sind die Schaufenster hell erleuchtet. Auf der Straße dominieren Porsche, BMW und Mercedes. In ihrem blank polierten Lack spiegeln sich die erleuchteten Gebäude. Mitten durch den Luxus fährt die bodenständige 19er Tram Richtung Maximilianeum,

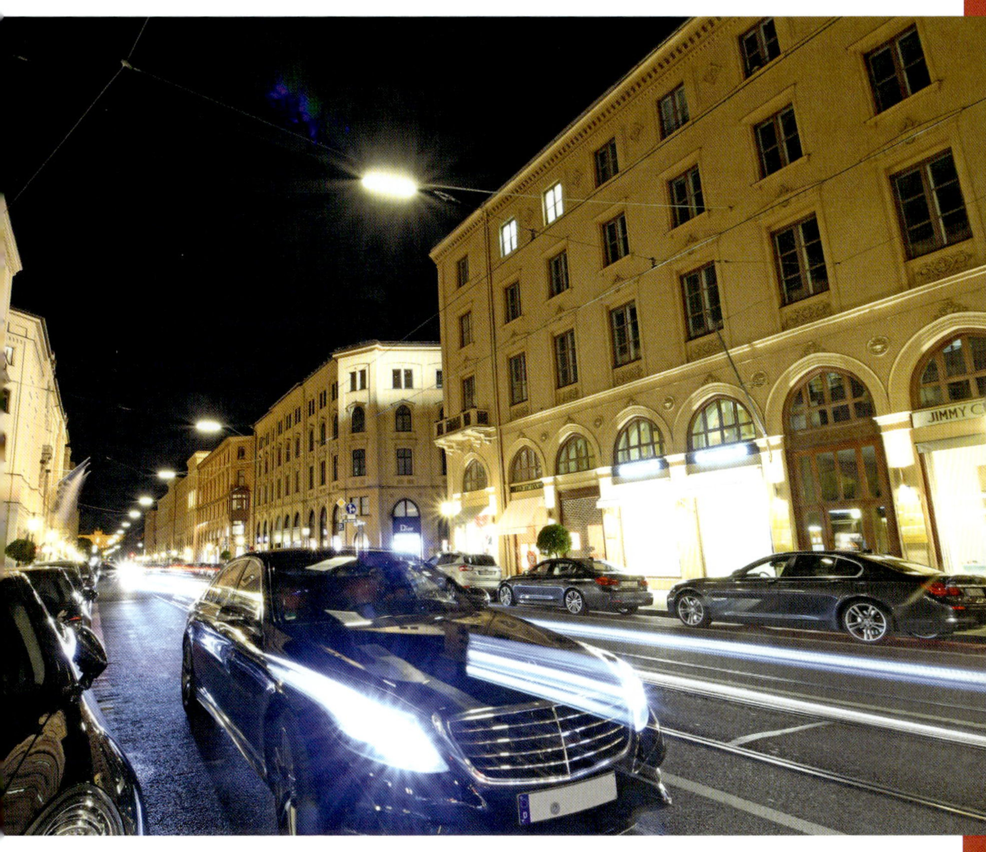

dem Bayerischen Landtag am östlichen Hochufer der Isar. Zwischen den mit Taschen der Nobelläden beladenen Fußgängern, Touristen aus Nahost und parfümierten Theaterbesuchern ist es nicht leicht, eine Perspektive zu finden, die den Geist der Straße wiedergibt. Mit Langzeitbelichtungen fangen Sie die Hektik ein. Bei mehr als drei Sekunden Belichtungszeit ziehen Autolichter weiße und rote Linien durch das Bild. Menschen verschwimmen in der Unschärfe auf den Gehsteigen vor den Häusern der Neogotik und Renaissance.

4 AM MARIENPLATZ – SPUK ZUR BLAUEN STUNDE

ANFAHRT:
Mit dem Fahrrad oder zu Fuß zum Marienplatz. Mit der U6, U3 oder den S-Bahnen zur Haltestelle »Marienplatz«.

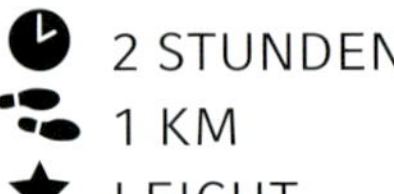

2 STUNDEN
1 KM
LEICHT

FOTOGRAFIE-GENRE:
Street, Architektur, Zeitgeschichte, Reportage

Es geistern skurrile Gestalten durch die Innenstadt. Die dunkle Seite der Metropole erwacht zur Blauen Stunde. An Brunnen und Häuserecken und Kirchengemäuern begegnen dem Fotografen Vampire, Totenköpfe oder Drachen. Es spukt zwischen Kaufhäusern und Flaniermeilen. Begeben Sie sich am frühen Abend, bei Restlicht, auf eine fotografische Entdeckungstour durch die Innenstadt. Halten Sie die schaurigen Seiten Münchens auf dem Viktualienmarkt, am Rathaus oder in den Innenhöfen der Residenz auf Ihren Bildern fest.

DAS KOMMT IN DIE TASCHE:

- Weitwinkelobjektiv und ein leichtes Teleobjektiv, am besten mit Bildstabilisator
- Unbedingt ein Stativ

Auf den ersten Blick klingt es fotografisch einfach. Vor der Linse stehen wild dreinblickende Figuren aus Stein. Sie bevölkern die Altstadt. Doch erst einmal muss man sie finden. Sie kleben an Häuserecken, klettern Wände hinauf oder speien Wasser. Zur Blauen Stunde bis zur vollkommenen Dunkelheit entwickeln diese Motive ein ganz besonderes Eigenleben. Stoische Archaik trifft auf die Lichter der Innenstadt.

Die Tour startet am Marienplatz, im Sommer frühestens gegen 19.30 Uhr.

Am Rathaus findet sich eine geballte Schar unheimlicher Figuren. Vor allem im Innenhof und an der Westseite ziehen sie ihre Fratzen. Einige der Fabelwesen können Sie nicht nur porträtieren, sondern auch mit einem Weitwinkelobjektiv in die Umgebung einbetten, wie zum Beispiel am Wurmeck, wo die Weinstraße in den Marienplatz mündet. Es gibt zwar große Hell-Dunkel-Kontraste bei Tageslicht, bei Mischlicht wird es aber einfacher.

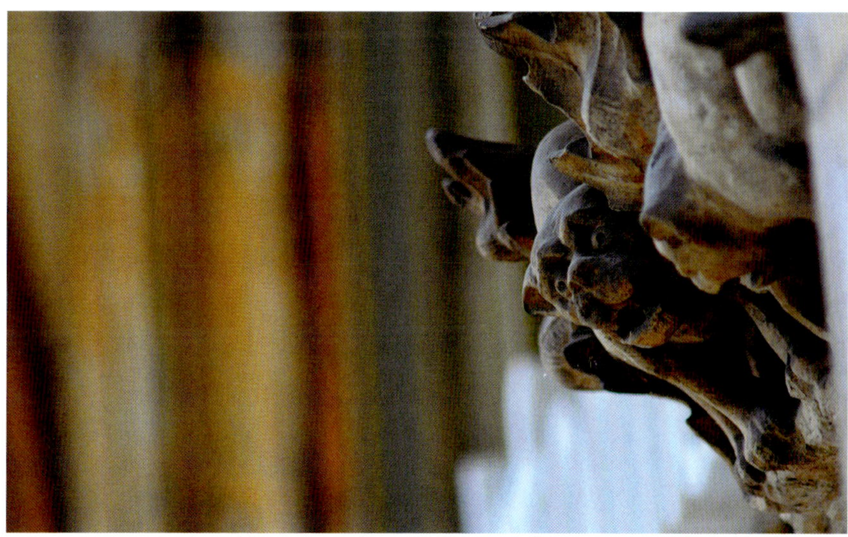

Danach sollten Sie sich in die Mitte des Marienplatzes, zur Mariensäule, begeben. Im Dreißigjährigen Krieg legte Kurfürst Maximilian I. das Gelübde ab, ein »gottgefälliges Werk« errichten zu lassen, falls München und Landshut vom Krieg verschont blieben. München wurde allerdings durch schwedische Truppen besetzt. Die Heerführung verlangte die Zerstörung – als Vergeltung für die Zerstörung Magdeburgs. Trotzdem entschied in dieser gefährlichen Situation der schwedische König Gustav II. Adolf gegen seine Heerführung. Nachdem beide Städte verschont geblieben waren – man sprach vom »Wunder von München« – ließ Maximilian 1638 die Säule errichten.

Bei Abendlicht und leichter Bewölkung haben Sie die Chance, die Maria auf der Säule vor einem theatralischen Himmel zu platzieren. Am Fuß der Säule findet man vier Heldenputti. Sie stehen im Kampf mit vier als Tieren dargestellten Menschheitsplagen. Der Löwe verkörpert den Krieg, der Basilisk – ein Fabelwesen – die Pest, ein Drache den Hunger und eine Schlange den Unglauben. Bei entsprechendem Restlicht gepaart mit Kunstlicht hebt sich die Schlange gut vom Abendhimmel ab. Vorteilhaft ist, dass die Augen des Tieres auch Licht abbekommen. Auf Licht in den Augen der spukenden Gestalten sollten Sie prinzipiell achten.

Alter Peter

Weiter geht es zur Südseite des Alten Peter (den kennen Sie vielleicht schon von der Tour *Auf den Alten Peter – 300 Stufen bis zum München-Panorama* ab Seite 17).

Die Epitaphien an der Kirche zeugen von Begräbnissen berühmter Münchner. Im Mittelalter war um die Kirche herum ein Friedhof. Auf den Grabsteinen an den Mauern des Alten Peter finden sich Totenköpfe und allerlei weitere markante Figuren. Sie können sie zum Teil so fotografieren, dass ihre Umgebung, wie die hell erleuchteten Schaufenster auf der gegenüberliegenden Seite, einbezogen wird. Fotografieren Sie die Gesichter frontal, probieren Sie den Zoomeffekt aus. Wählen Sie ein Zoomobjektiv und stellen Sie es auf ein stabiles Stativ. Setzen Sie den Kopf in die Mitte des Suchers und belichten Sie mindestens zwei Sekunden. Während dieser zwei Sekunden drehen Sie den Brennweitenring komplett durch – von einer langen Brennweite zu einer kurzen (siehe dazu das Bild auf Seite 99). Diese Technik bedarf einiger Belichtungsversuche.

MYTHISCHES (1)

Zum Friedhof des Alten Peter gibt es eine schaurige Geschichte aus der Mitte des 14. Jahrhunderts: Eine Magd kürzte ihren Heimweg über den Friedhof ab. Dort traf sie auf eine unheimliche Gestalt, unter deren Kapuze kein Gesicht zu sehen war. Die Magd erschrak und rannte in Richtung Marienplatz. Das Gespenst folgte ihr. Als sie in das Gesicht sah, erkannte sie einen grinsenden Totenschädel. In Panik lief sie nach Hause. Doch vergebens, das schreckliche Wesen folgte ihr weiterhin und verkündete: »Ich bin der Schwarze Tod. Von hier aus will ich Einzug in die Stadt halten.« Am nächsten Tag erkrankte einer der Bewohner an der Pest. Das große Sterben begann.

Vom Alten Peter aus geht es weiter in Richtung Residenz. Die Löwenschnauzen am westlichen Eingang zur Residenz, auf dem Weg zum Odeonsplatz, über die fast jeder Münchner beim Vorbeigehen streicht, dürfen auf dieser Tour nicht fehlen.

Residenz

Sie sind silbrig glänzend und heben sich dadurch gut von der Umgebung ab. Mit einer Telebrennweite und

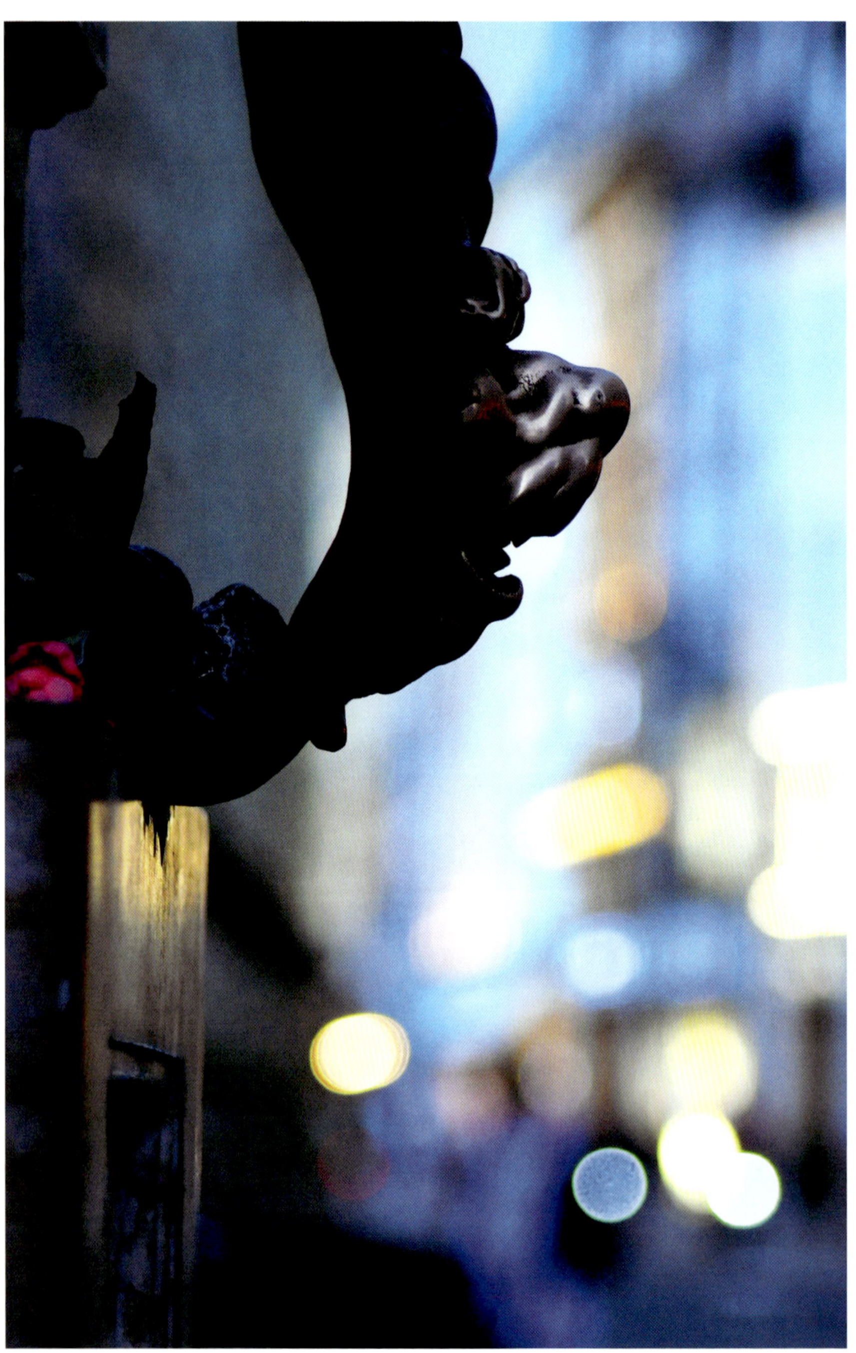

langer Belichtungszeit können Sie sie vom erleuchteten Hintergrund lösen.

MYTHISCHES (2)

Was hat es mit den geheimnisvollen Schnauzen der Löwen auf sich? Ein Grund dafür, dass die Löwenmäuler vom vielen Anfassen so schön glänzen, könnte die öffentliche Meinungsäußerung eines jungen Münchners aus dem Jahre 1848 gewesen sein. Der Student hatte eine Schmähschrift über die Geliebte von König Ludwig I., die Tänzerin Lola Montez, an der Residenz angebracht. Das fand der Monarch gar nicht amüsant. Er ließ nach dem Täter suchen. Der Student heftete ein Bekennerschreiben an das Schloss, wurde dabei ertappt und vor den König geführt. Zu aller Überraschung jedoch begnadigte Ludwig I. den Verfasser. Und es kam noch besser: Der König übergab ihm der Legende nach sogar das Kopfgeld. Der Student war überwältigt. Erst als er wieder auf der Straße stand, wurden seine Knie weich. Um nicht zu stürzen, hielt er sich an der Löwenschnauze eines der Standbilder neben dem Eingang fest. Da stand er nun mit einem Sack voll Geld und vor den Augen seiner Mitbürger. Die machten sich so ihre Gedanken und kamen zu dem Schluss, dem Löwen am Schild an die Nase zu fassen, verspräche Glück und Wohlstand.

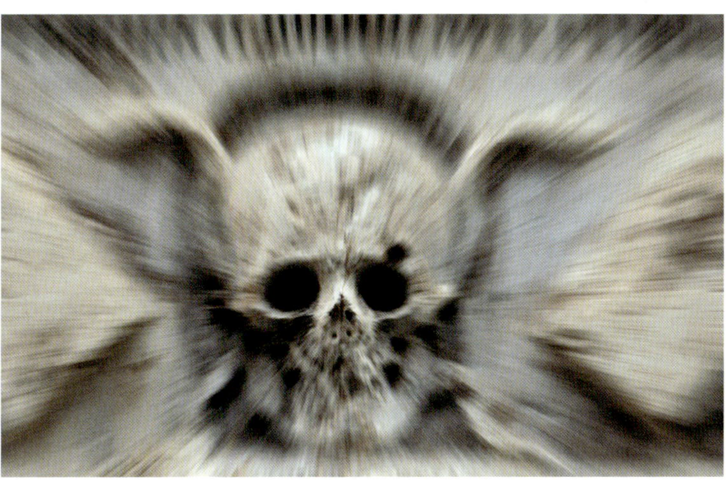

Das Ende findet der Rundgang an der Frauenkirche.

Auch hier hängen, wie am Alten Peter, die Epitaphien an den Kirchenmauern aus Backstein. Einige Totenköpfe grinsen dem Fotografen entgegen. Mittlerweile ist es komplett dunkel. Fotografieren sollten Sie nun mit Stativ und dabei die gelblich leuchtenden Straßenlaternen rund um das Gemäuer in Ihre Bilder einbeziehen. Die Geisterjagd findet hier ihr Ende.

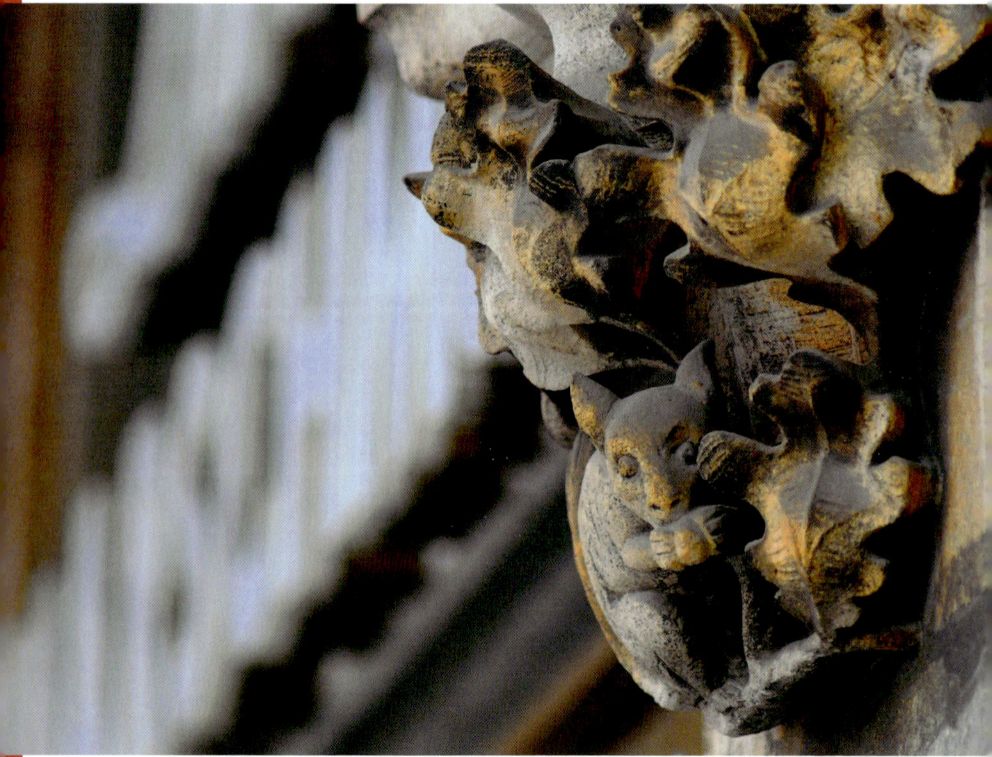

5 DER ALTE SÜDFRIEDHOF – DER CHARME DES VERGÄNGLICHEN

ANFAHRT:
Mit den Öffentlichen (U3, U6, U2 oder Tram: Haltestelle »Sendlinger Tor«), zu Fuß dann noch fünf Minuten. Unter der Woche kaum Parkmöglichkeiten, am Wochenende etwas besser.

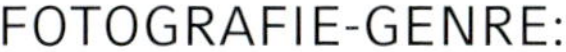

FOTOGRAFIE-GENRE:
Street, Architektur, Zeitgeschichte, Reportage

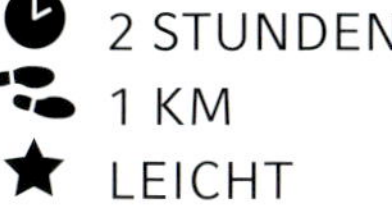

2 STUNDEN
1 KM
LEICHT

Mitten in der Isarvorstadt trennen hohe Backsteinmauern das tobende Leben von einer wohltuenden Ruhe: Der Alte Südfriedhof eröffnet seinen Besuchern eine Oase der Stille. Das historische Juwel liegt einige hundert Meter südlich des Sendlinger Tors, zwischen Thalkirchner Straße im Westen und Pestalozzistraße im Osten.

Kein anderer Friedhof bietet dem Fotografen so viele abwechslungsreiche Motive wie diese älteste noch erhaltene Begräbnisstätte Münchens. Schon beim Betreten des Geländes setzt die Entschleunigung ein. Im Herbst kann man sich kaum sattsehen an der

DAS KOMMT IN DIE TASCHE:

- Ein Weitwinkel- und ein leichtes Teleobjektiv
- Stabiles Stativ

Farbenpracht der Laubbäume. Eine faszinierende Atmosphäre präsentiert sich dem Besucher. Auf den grauen Gräbern liegen bunte Blätter, die von der tiefstehenden Sonne beleuchtet werden. Steinerne Engel trauern um die Toten, die Kreuze und Kunstwerke auf den Grabstätten werden von Efeu umrankt, dazwischen plätschern auf den zentralen Plätzen Brunnen.

GESCHICHTLICHES

Im Jahr 1563 wurde der Friedhof als Pestfriedhof vor den Toren Münchens angelegt. In den folgenden Jahrhunderten wurde die Anlage stetig erweitert und erhielt ihren sarkophag-ähnlichen Grundriss. Im Alten Südfriedhof fanden viele berühmte Münchner des 19. und beginnenden 20. Jahrhunderts ihre letzte Ruhestätte, so z.B. Andreas Michael Dall´Armi, der König Ludwig I. die Idee zum Oktoberfest gegeben haben soll, Klara Vespermann, eine Operndiva des vergangenen Jahrhunderts oder die Gebrüder Schlagintweit, die 1855 angeblich ohne Sauerstoff den Himalaya erkundet haben. Insgesamt wurden rund 24.000 Grabstätten angelegt. Im Jahr 1944 stellte man die Bestattungen auf dem Alten Südfriedhof ein. Heute steht das gesamte Areal unter Denkmalschutz.

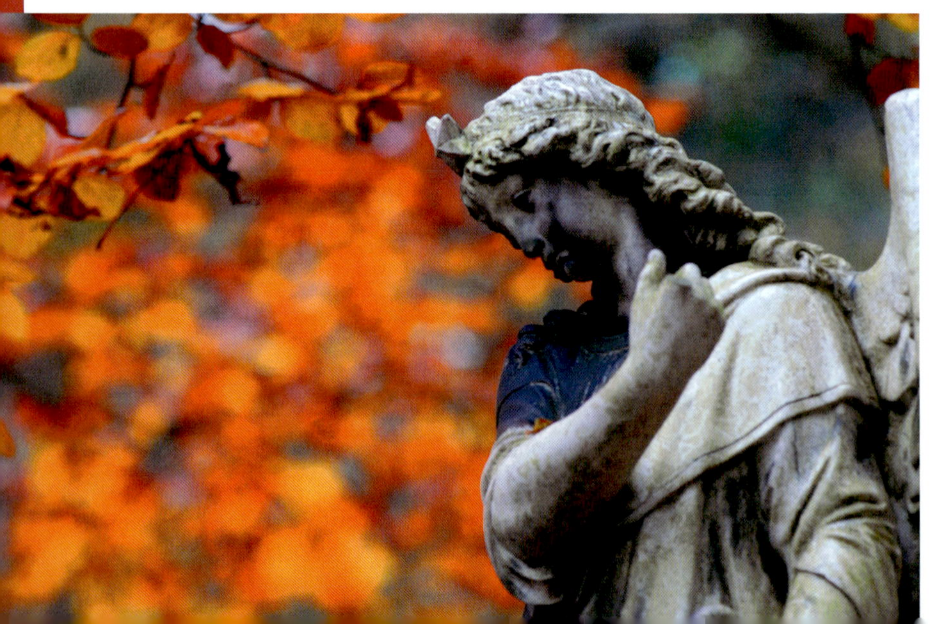

Als Fotograf lassen Sie sich treiben, wie so viele Münchner, die hier spazieren gehen und die Ruhe genießen. Wenn Sie im Herbst oder Winter fotografieren, sollten Sie nicht zu spät vor Ort sein. Die Sonne verschwindet schnell hinter den umgebenden hohen Häusern und Mauern. Betreten Sie das Areal von der Kapuzinerstraße aus durch das Tor in der rund zehn Meter hohen, mit wildem Wein überwucherten Mauer. Im Herbst fällt die Sonne von Süden bis ca. 17 Uhr auf die Mauer, die dann in einem starken Rot erstrahlt. Im Inneren des Geländes bieten sich Übersichtsaufnahmen von den mit Bäumen gesäumten Wegen aus an. Die Szenerie verbreitet eine leicht morbide Stimmung, die am besten mit einem leichten Weitwinkelobjektiv eingefangen wird. Setzen Sie die Wege zentral ins Bild, sie dienen damit als Führungslinie für die Augen des Betrachters.

Die Herausforderung liegt im Detail: Studieren Sie mit der Kamera die Gesteine der Grabdenkmäler. Sie sind sehr unterschiedlich, mit Moos überwuchert oder uneben mit kleineren zusätzlichen Gesteinsein-

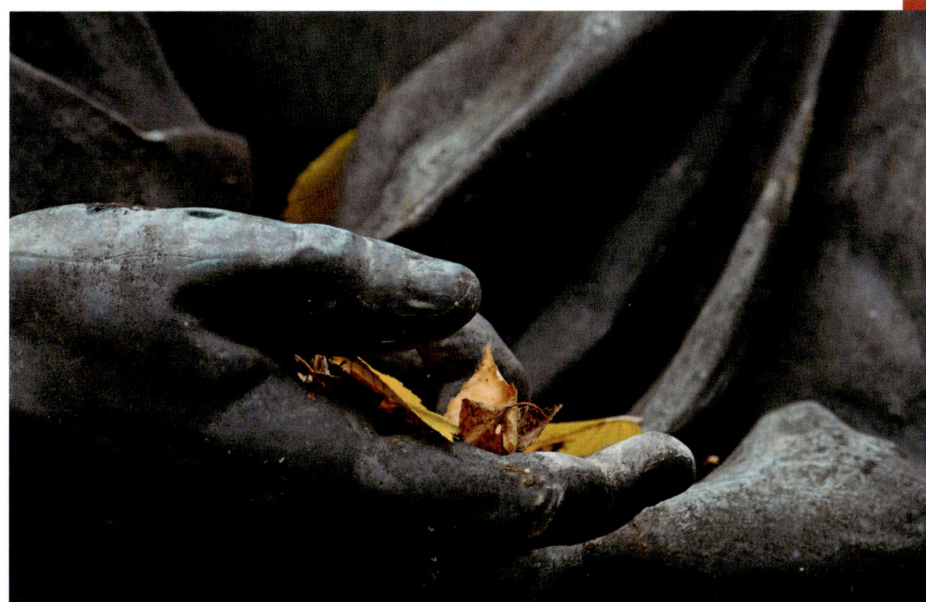

lagerungen, wie etwa im oft verwendeten Nagelfluh-Gestein, das ein Produkt der Gletschergeschichte des Voralpenlandes ist. Porträtieren Sie Gesichter von Engeln oder anderen Statuen mit dem farbenprächtigen Hintergrund der Laubbäume. Spielen Sie mit Schärfe und Unschärfe, indem Sie durch rostige Kreuze oder Öffnungen in größeren Grabmonumenten fotografieren. So geben Sie Ihren Bildern eine besondere Tiefe.

In vielen Ecken des Friedhofs ist es dunkel. Die Lichtverhältnisse sind teilweise nicht einfach zu handhaben, wie zum Beispiel in den komplett überdachten Neuen Arkaden auf der Innenseite der Friedhofsmauer im vorderen, quadratischen Abschnitt. Hier kann es von Vorteil sein, ein Stativ zu benutzen, will man nicht die Empfindlichkeit bis zum Anschlag nach oben drehen. Kontrollieren Sie Ihre Fotos sofort auf dem Bildschirm und zoomen Sie ins Bild – die Gefahr zu verwackeln ist groß.

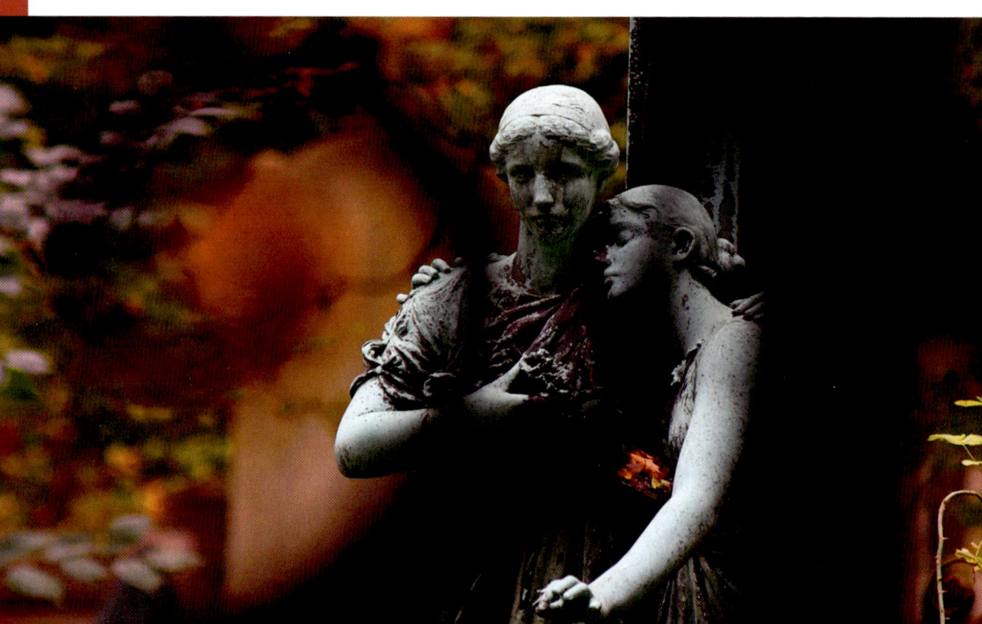

Auf Friedhöfen müssen Sie sich auf den morbiden Charme des Vergänglichen einlassen. Sie sollten es mögen, zwischen Gräbern zu wandern und auf Entdeckungstour zwischen längst verstorbenen Menschen zu gehen. Ein respektvoller Umgang mit dem »Ort des Todes« ist wichtiger als jedes Foto. Das bedeutet unter anderem, dass nichts zertrampelt wird, nur um eine ganz besondere Perspektive zu erhalten.

HINWEIS

Bei Fotoaufnahmen auf den Münchner Friedhöfen benötigt man für private Zwecke keine Genehmigung. Es gelten die Regeln der Friedhofsverwaltung. Wichtig ist, dass die Anonymität der Verstorbenen und Friedhofsbesucher gewahrt bleibt. Es dürfen keine Daten auf den Grabsteinen auf den Bildern zu lesen sein. Fotoaufnahmen für gewerbliche Zwecke sind kostenpflichtig. Kontaktadresse: Landeshauptstadt München, Referat für Gesundheit und Umwelt, Städtische Friedhöfe München, Damenstiftstr. 8, 80331 München, Tel.: 089-23199334, E-Mail: *sfm-betrieb.rgu@muenchen.de*.

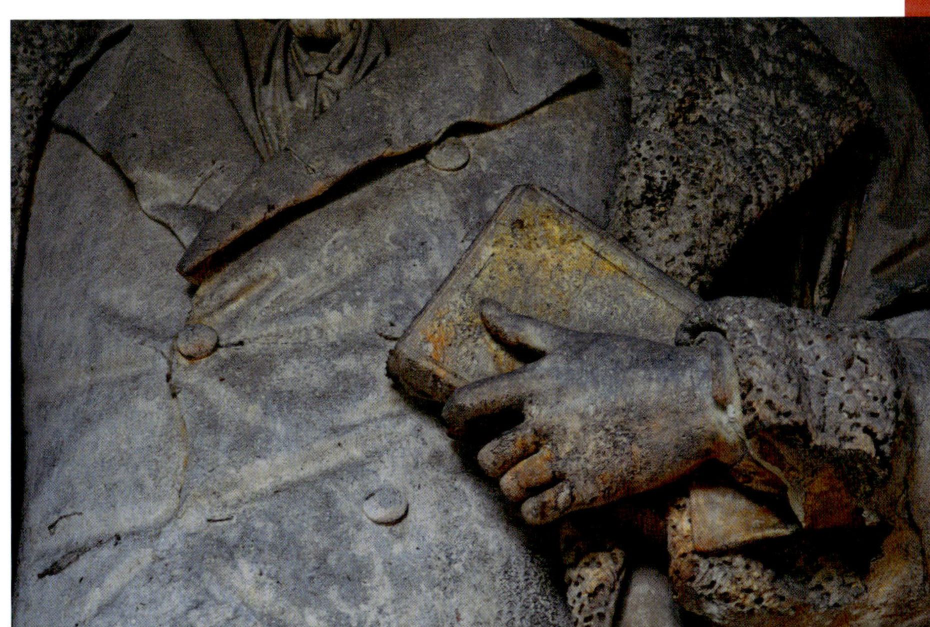

6 WINTER IN MÜNCHEN

Der Winter in München kommt und geht schnell. Es gibt nur wenige Tage im Jahr, an denen eine durchgehende Schneedecke die Stadt bedeckt. Diese Zeit sollten Sie unbedingt nutzen und sich in die Parks oder an die Isar begeben, um zu fotografieren. In der Innenstadt werden die Straßen sofort geräumt, nachdem der Schnee gefallen ist.

Selten kommt es vor, dass in der Region länger als eine Woche durchgehend Minusgrade herrschen. Eiszapfen haben daher meist eine kurze Halbwertszeit. Sollte es doch einmal längere Zeit klirrend kalt sein, bilden sich am Fischbrunnen auf dem Marienplatz wunderbare Eiszapfen um die Skulpturen herum. Der Brunnen ist das ganze Jahr in Betrieb. Bei einer längeren Kälteperiode sollten Sie dem Brunnen also unbedingt einen Besuch abstatten. Das Gleiche gilt für das »Brunnenbuberl« am oberen Ende der Neuhauser Straße, Ecke Herzog-Max-Straße.

»Brunnenbuberl«

Minustemperaturen kleiden es in einen dicken Eispanzer.

DAS KOMMT IN DIE TASCHE:

- Weitwinkel- und Teleobjektiv
- Stativ

Denken Sie daran, Ihre Ersatzakkus im Winter am Körper zu tragen, um einen zu frühen Leistungsabfall zu vermeiden.

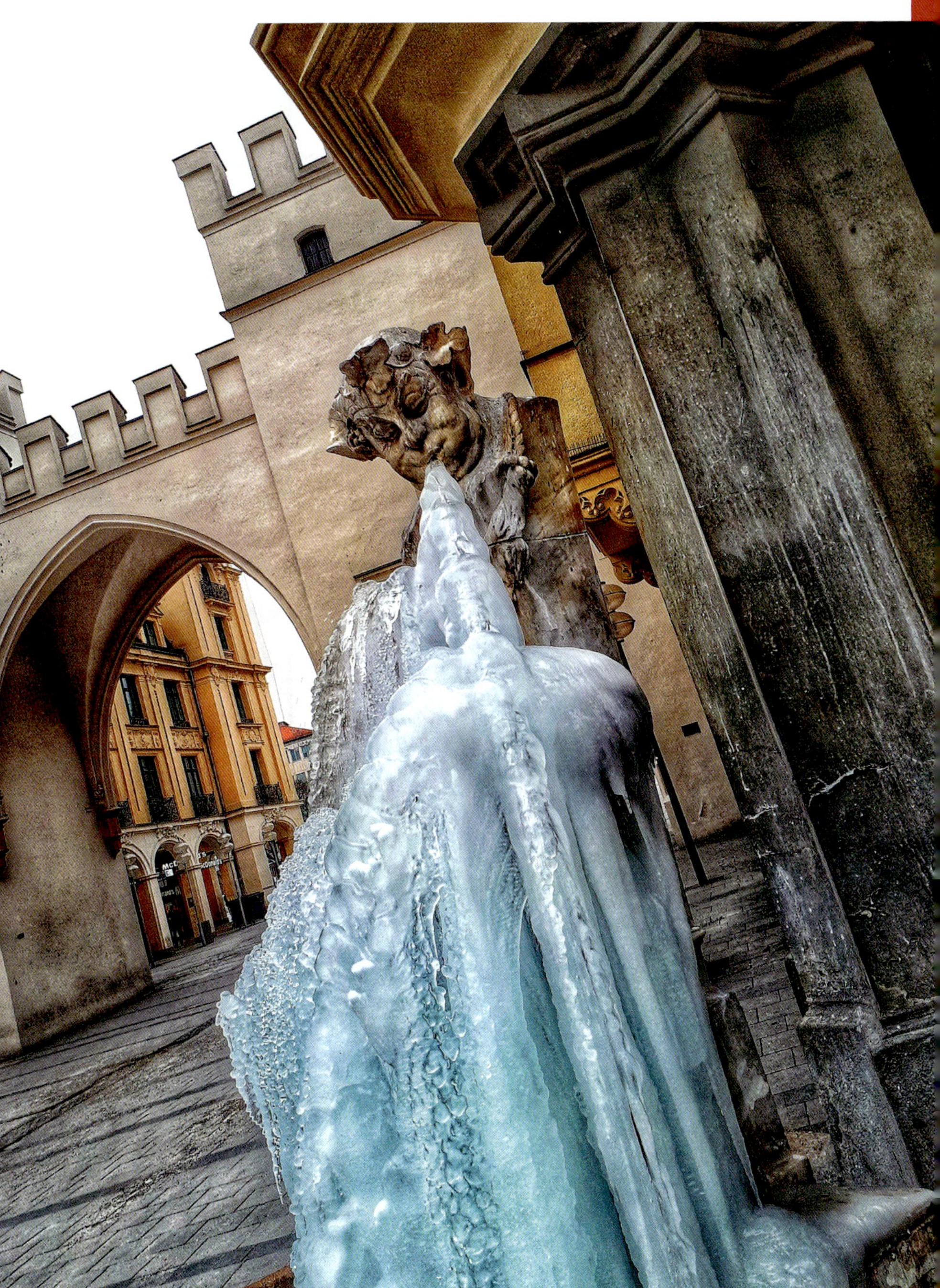

Wenn möglich sollten Sie an einem Morgen, nachdem Neuschnee gefallen ist, auf Motivsuche gehen. Dann bietet München ein komplett verwandeltes Gesicht. Besuchen Sie den Westpark mit seinem asiatischen Ensemble (mehr dazu in der Tour *Im Westpark – Asien kompakt* ab Seite 123) oder den Englischen Garten mit dem Monopteros. Auch der Nymphenburger Park mit seinen vielen kleinen Schlösschen wird zur Märchenlandschaft (mehr dazu in der Tour *Schloss Nymphenburg – ein Spaziergang durchs Barock ab Seite 109)*. In der Innenstadt kann man auf dem Viktualienmarkt mit viel Glück gute Fotos schießen, sofern das Schneeräumkommando nicht schon ganze Arbeit geleistet hat.

Müllersches Volksbad

An der Isar sollten Sie mit der Kamera rund um das Müllersche Volksbad in Richtung Praterinsel spazieren.

Die verschneiten Sandbänke mit dem dunklen Flusswasser, dahinter die markanten Gebäude Münchens, wie etwa die Kirche St. Lukas, das Maximilianeum und etwas weiter flussabwärts der Friedensengel bieten winterliche Motive.

HINWEIS

Haben Sie Ihren Ausflug beendet, sollten Sie die ausgekühlten Kameras und Objektive zu Hause zunächst in der Tasche lassen, bis sie sich an die Zimmertemperatur akklimatisiert haben, andernfalls beschlagen sie. In der Regel macht das Kamera und Objektiven nicht viel aus, aber sollte doch etwas Wasser eindringen, kann dies Schäden an der Elektronik oder der Optik oder Korrosion an den Bauteilen verursachen.

7 SCHLOSS NYMPHENBURG – EIN SPAZIERGANG DURCHS BAROCK

ANFAHRT:
Mit der Trambahn Linie 12 und 16 zum Romanplatz. Mit der Linie 17 zum Schloss Nymphenburg. Mit dem Auto direkt zum Schloss. Es sind viele Parkplätze vorhanden. Im Sommer ist es mit dem Rad immer noch am schönsten. Aber: Im Schlosspark herrscht absolutes Radfahrverbot! Hier müssen Sie alles zu Fuß erkunden.

FOTOGRAFIE-GENRE:
Architektur, Zeitgeschichte, Reportage

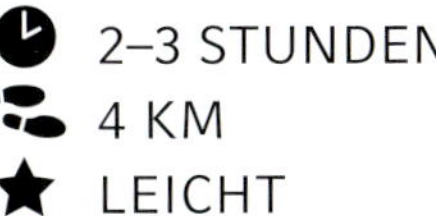

Beim ersten Schnee sollten Sie sich Zeit nehmen und zu einem der schönsten Schlossparks Deutschlands fahren, um ein Wintermärchen zu fotografieren. Schloss Nymphenburg und seine Gartenanlagen warten geradezu darauf, mit der Kamera erkundet zu werden. Mächtige alte Bäume, dazwischen kleine Schlösschen, ein Monopteros und halb zugefrorene kleine Seen erwarten den Fotografen.

DAS KOMMT IN DIE TASCHE:

- Weitwinkel und leichtes Tele

Wer gerne Wasservögel fotografieren möchte, hat dort alle Möglichkeiten mit Brennweiten zwischen 200 und 500 mm. Diese können auch gut eingesetzt werden, wen man über die langen Sichtachsen des Parks das Schloss fotografieren möchte.

Direkt neben dem Eingang zum Schloss befindet sich der Zugang zum Park. Der Eintritt in diese akribisch gepflegte Barockanlage ist kostenlos. In Ost-West-Achse verläuft der lange mittelaxiale Kanal, den man direkt nach dem Betreten erreicht. Rechts und links davon, hinter den Wäldchen, wartet mit mehreren kleinen Schlössern ein Idyll aus längst vergangenen Zeiten. Während hier im Sommer sehr viele Besucher anzutreffen sind, findet man im Winter Ruhe und Einsamkeit.

GESCHICHTLICHES

Nymphenburg blickt auf eine lange Geschichte zurück. Der bayerische Kurfürst Ferdinand Maria freute sich so sehr über seinen Nachwuchs, dass er seiner Gemahlin Henriette Adelaide 1663 die Schwaige Kemnat schenkte. Die Kurfürstin baute das Kleinod aus zu ihrem »borgo delle ninfe«. Es entstand ein Sommerschloss mit Garten. Anfang des 18. Jahrhunderts ließen die bayerischen Regenten die Anlage weiter ausbauen, mit Sichtachsen und pavillonartigen Schlössern. Es entstanden die Badenburg, die Pagodenburg, die künstliche Ruine Magdalenenklause und die Amalienburg. Im Jahr 1865 wurde der klassizistische Monopteros am großen See errichtet.

Den genauen Plan, wo welche Sehenswürdigkeit zu finden ist, finden Sie direkt an einer der Torbogensäulen am Eingang zum Park. Sie können sich aber auch treiben lassen und den kleinen Nebenwegen folgen, die vom Hauptkanal abzweigen. Diese führen unweigerlich zu den Gebäuden im Park.

Schneeflächen verleitet die Belichtungsautomatik Ihrer Kamera dazu, das Bild unterzubelichten – der Schnee erscheint dann nicht weiß, sondern eher grau. Sie können dem mit einer Korrektur um ein oder zwei Drittel Blendenstufen nach oben entgegenwirken. Zusätzlich schwierig wird es, wenn im Lauf des Vormittags direktes Sonnenlicht dazukommt und

Teile des Bildes im Schatten, andere im hellen Sonnenschein liegen. Kontrollieren Sie Ihre Bilder nach jedem Auslösen und experimentieren Sie mit unterschiedlichen Belichtungseinstellungen, wenn Sie sich Ihrer Sache nicht ganz sicher sind. Idealerweise nehmen Sie sich die Zeit, mit Stativ zu fotografieren.

Ein Fotorundgang durch den Park ist zeitlich beliebig ausbaubar. Wenn Sie alle Schlösser und den Monopteros besuchen möchten, sollten Sie sich mindestens drei Stunden Zeit nehmen. Zum Aufwärmen bieten sich das Schlosscafé im Palmenhaus oder die kleinen Cafés an der Ecke Notburgastraße/Südliche Auffahrtsallee an.

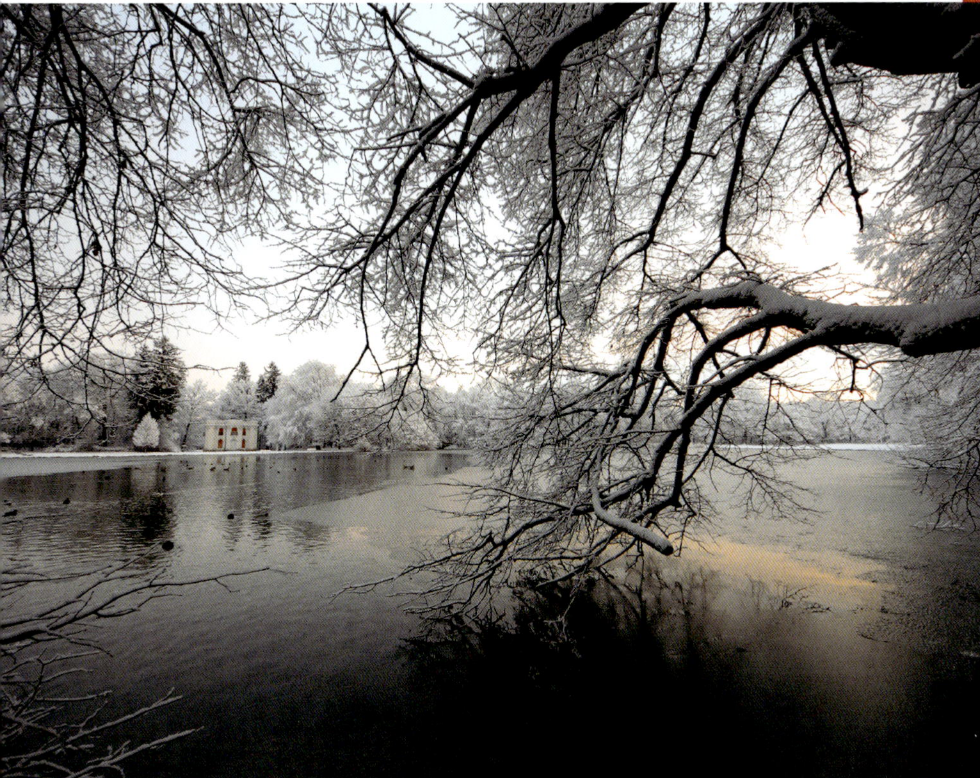

Im Sommer zeigt der Nymphenburger Park ein ganz anderes Bild. Die Statuen und Brunnen sind von den Holzverkleidungen befreit, die sie im Winter schützen. Im Abendlicht machen sich Gegenlichtaufnahmen sehr gut. Auch die vergoldeten Laternen an den Treppenstufen zum Schloss erstrahlen im vollen Glanz. Das Gold bietet einen tollen Kontrast zu dem satten Grün der dahinter liegenden tiefgrünen Wälder. Und nicht zuletzt bietet der Herbst einzigartige Motive. Die Wälder bestehen vor allem aus Laubbäumen, die ab Mitte September in allen möglichen Farben leuchten. Wenn auf den Wiesen zwischen den Wäldchen abends Nebelschwaden aufziehen und dort Rehe äsen, ist die märchenhafte Stimmung ein weiteres Mal perfekt.

HINWEIS

Der Schlosspark gehört zur Bayerischen Schlösserverwaltung. Kommerzielles Fotografieren ist dort nur mit ausdrücklicher Genehmigung erlaubt – mailen Sie an *foto@dsv.bayern.de.*

TIPP: IM PANORAMA-MODUS ZU SPEKTAKULÄREN ANSICHTEN

Vielleicht gehen Sie im Schlosspark einmal unkonventionelle fotografische Wege und probieren den Panoramablickwinkel

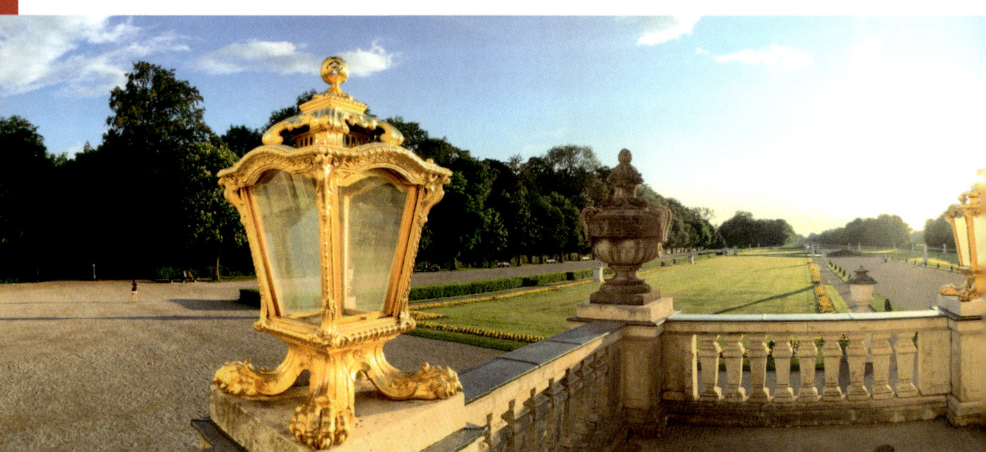

aus. Über eine Panoramafunktion verfügen fast alle Kameras in Smartphones oder Tablets. Aber auch Systemkameras bieten dieses Format an. Sie können im Panoramamodus Bilder anfertigen, die einen Blickwinkel von rund 180 Grad zeigen, ganz anders, als unser Auge die Umgebung wahrnimmt. Ausgedruckt schauen diese Bilder spektakulär aus. Suchen Sie sich einen Standpunkt, der in alle Richtungen spannende Objekte vor der Linse garantiert. Das Auge sollte sich auch in den Randbereichen der Bilder nicht langweilen – ganz im Gegenteil, davon lebt ein gutes Panorama.

Bevor Sie die Panoramafunktion Ihrer Kamera oder Ihres Smartphones aktivieren, sollten Sie sich Ihren Standort gut überlegen. Probieren Sie es erst in Trockenübungen aus, ob das Bild funktioniert. Sie sollten allzu große Helligkeitsunterschiede bei der Motivwahl vermeiden. Große Helligkeitsunterschiede auszugleichen, schaffen nicht alle Belichtungsmesser gleich gut. Anschließend aktivieren Sie Ihre Kamera und drehen sich langsam. Bleiben Sie mit der Kamera auf einer Höhe und einem Winkel. Auch dabei hilft Ihnen bei den meisten Modellen ein künstlicher Horizont im Display. Die Kamera sagt Ihnen, ob Sie sich im oder gegen den Uhrzeigersinn drehen sollen. Kleine Verwacklungen sind aber nicht schlimm, diese gleicht die Software ohne Probleme aus.

Haben Sie das Panorama fertiggestellt, sollten Sie es am Computer nachbearbeiten, um vielleicht doch Helligkeitsunterschiede zu minimieren und etwas nachzuschärfen. Die digitalen Dateien sind meistens relativ groß und lassen sich gut ausdrucken.

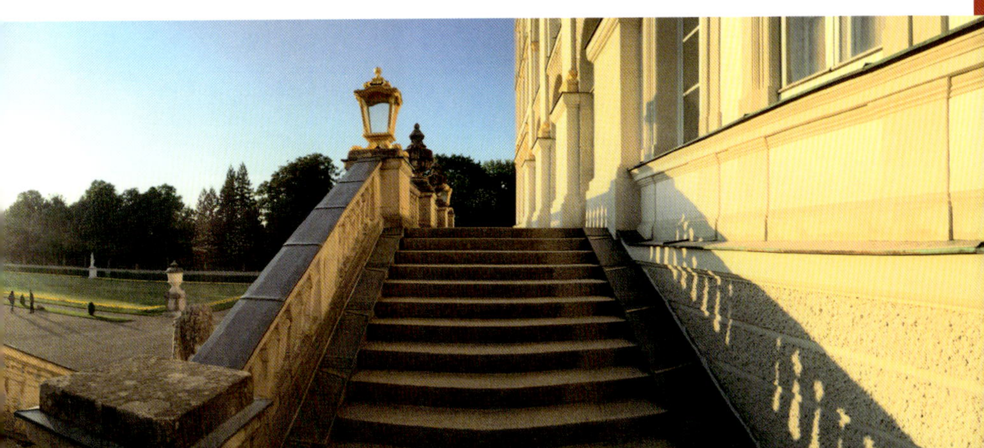

8 DIE ABGUSSSAMMLUNG – ARCHAISCHE KÄMPFER UND ANMUTIGE GÖTTINNEN

ANFAHRT:
Zum Königsplatz mit der U2. Es gibt ausserhalb der Semesterferien kaum Parkmöglichkeiten, also sollten Sie die Anfahrt mit dem Auto besser vermeiden. Viele Fahrradständer stehen zur Verfügung, den Studenten sei Dank.

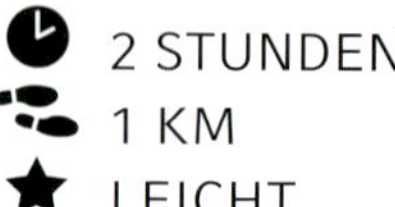

2 STUNDEN
1 KM
LEICHT

FOTOGRAFIE-GENRE:
People, Zeitgeschichte, Reportage

DAS KOMMT IN DIE TASCHE:

- Weitwinkelobjektiv und lichtstarkes Telezoom, am besten mit Bildstabilisator
- Optional Stativ (mit Genehmigung des Museums)

ADRESSE UND ÖFFNUNGSZEITEN:

Haus der Kulturinstitute, Katharina-von-Bora-Straße 10
(http://www.abgussmuseum.de/)

- Mo. Di. Mi. Fr. 10 – 18 Uhr
- Do. 10 – 20 Uhr
- Sa/So/Feiertag geschlossen

Eintritt frei

Ein Hauch von Antike weht durch die beiden Hallen des Museums für Abgüsse Klassischer Bildwerke. Gestählte Körper griechischer und römischer Helden, archaische Kämpfer und anmutige Göttinnen recken sich dem Besucher in allen erdenklichen Posen entgegen. Die Statuen dienen als Forschungsobjekte für die Archäologie und die Kunstgeschichte. Über rund 2000 Abgüsse, meist aus Gips, verfügt die Sammlung des Museums. In den imposanten Lichthöfen (den zweiten erreichen Sie über einen Verbindungsgang neben dem Eingang) finden Sie sich wieder in einem Labyrinth von Statuen und Büsten. Das neoklassizistische Gebäude, in dem das Museum beheimatet ist, gestaltete Paul Ludwig Troost im Auftrag der Nationalsozialisten im Jahr 1934.

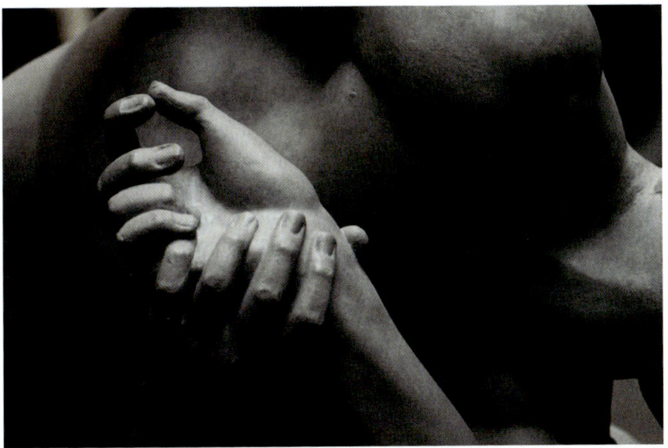

Für Fotografen bietet sich hier ein breites Betätigungsfeld. Die Modelle sind geduldig, mit der Kamera können ungestört und in aller Ruhe Körperstudien betrieben werden. Es herrschen schwierige Lichtbedingungen, vor allem im Winter gibt es nur wenig Licht – diffuses Tageslicht von oben und Kunstlicht von der Seite. Blitzlicht sollte dennoch vermieden werden, es raubt den im Vergleich zur Umgebung extrem hellen Gipsabgüssen jegliche Tiefe in den Bildern. Die Fotomodelle überstrahlen sehr leicht. Ohne Blitz jedoch bleiben dem Fotografen nur zwei Möglichkeiten: die ISO-Empfindlichkeit hochzudrehen, bis Belichtungszeiten erreicht werden, die ein verwacklungsfreies Fotografieren ermöglichen, oder ein Stativ zu verwenden (für Letzteres müssen Sie allerdings vorab eine Genehmigung im Haus einholen).

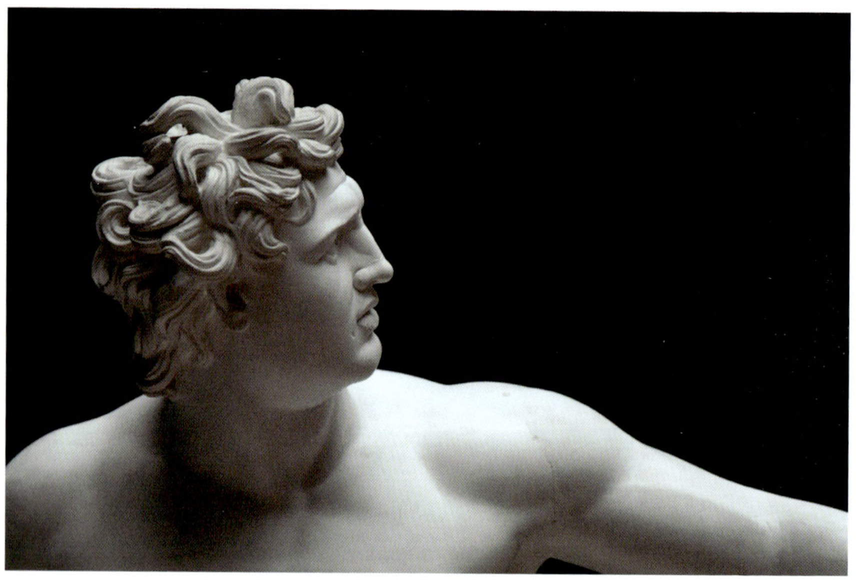

Machen Sie sich auf die Suche nach ausdrucksstarken Gesichtern. Wandeln Sie durch die beeindruckende Sammlung lebensgroßer Figuren. Sie werden echte Charakterköpfe finden. Lösen Sie die Köpfe mit einem starken Teleobjektiv vom Hintergrund. Probieren Sie verschiedene Blendenwerte aus. Mit dem Teleobjektiv sind Sie in der Lage, Schärfe und Unschärfe sehr schön zu kombinieren. Lassen Sie den Vordergrund in der Unschärfe verschwimmen und stellen Sie auf ein Objekt im Hintergrund scharf. Das schafft Tiefe und ein Gefühl für den Raum.

Reizvoll sind zudem Studien der Hände. Jetzt ist das knappe Licht von Vorteil, denn es macht Konturen und Abstufungen besonders gut sichtbar. Versuchen Sie, knapp auf den Gips zu belichten, um so das Umgebungslicht zu drücken und das ein oder andere Motiv vor einen dunklen Hintergrund zu stellen. Nicht zuletzt sollten Sie auch das Weitwinkelobjektiv einsetzen. In der Panoramaansicht sind beide Räume mit ihren Statuen eine echte Augenweide.

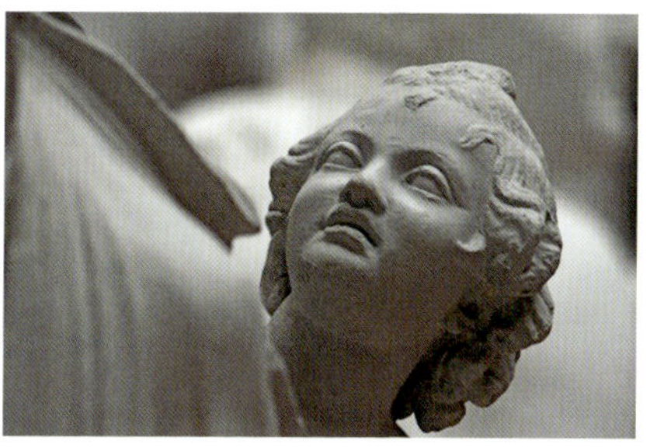

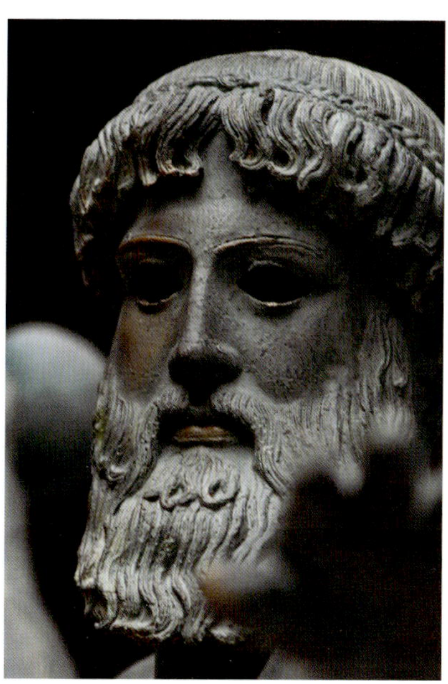

Und noch ein Tipp: Bevor Sie die Sammlung betreten, studieren Sie in der Vorhalle Poster und Flyer, die auf vergangene und kommende Ausstellungen des Museums hinweisen. Auf den Postern sind zahlreiche professionelle Aufnahmen zu sehen, von denen Sie sich sicher für Ihre eigenen Aufnahmen inspirieren lassen können.

HINWEIS

In diesem Museum dürfen Sie für private Zwecke fotografieren. Sollten Sie jedoch Bilder kommerziell verwenden wollen, müssen Sie sich mit der Museumsleitung in Verbindung setzen. Gleiches gilt, wenn Sie mit Stativ fotografieren oder wenn Sie als Gruppe kommen möchten.

9 DIE SCHELLINGSTRASSE – FREIGEIST IM HERZEN SCHWABINGS

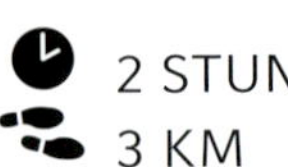

2 STUNDEN
3 KM
LEICHT

ANFAHRT:
Mit der U6 oder U3 zur Haltestelle »Universität«. Mit dem Fahrrad ebenso direkt zur Uni. Auto ist nicht empfehlenswert.

FOTOGRAFIE-GENRE:
Street, People,
Zeitgeschichte, Reportage

DAS KOMMT IN DIE TASCHE:

- Weitwinkel und leichtes Tele

Die Tour können Sie auch gut mit einer System- oder Kompaktkamera absolvieren. Auch das Smartphone bietet sich durchaus an.

Die Schellingstraße ist das Herz der Maxvorstadt. Die Traditionsrestaurants in dieser Straße waren bekannte Treffpunkte der Münchner Boheme, die in den Hinterhof-Ateliers rauschende Feste feierte. Man traf Künstler, Schriftsteller und Revolutionäre. Darunter Wassily Kandinsky oder Franz Joseph Strauß, die den Schelling-Salon bevorzugten. Thomas Mann, Frank Wedekind, Franz Marc, ja sogar Lenin begegnete man eher im Café Altschwabing. Die Schellingstraße war zur vorletzten Jahrhundertwende eine wahre Ideenschmiede.

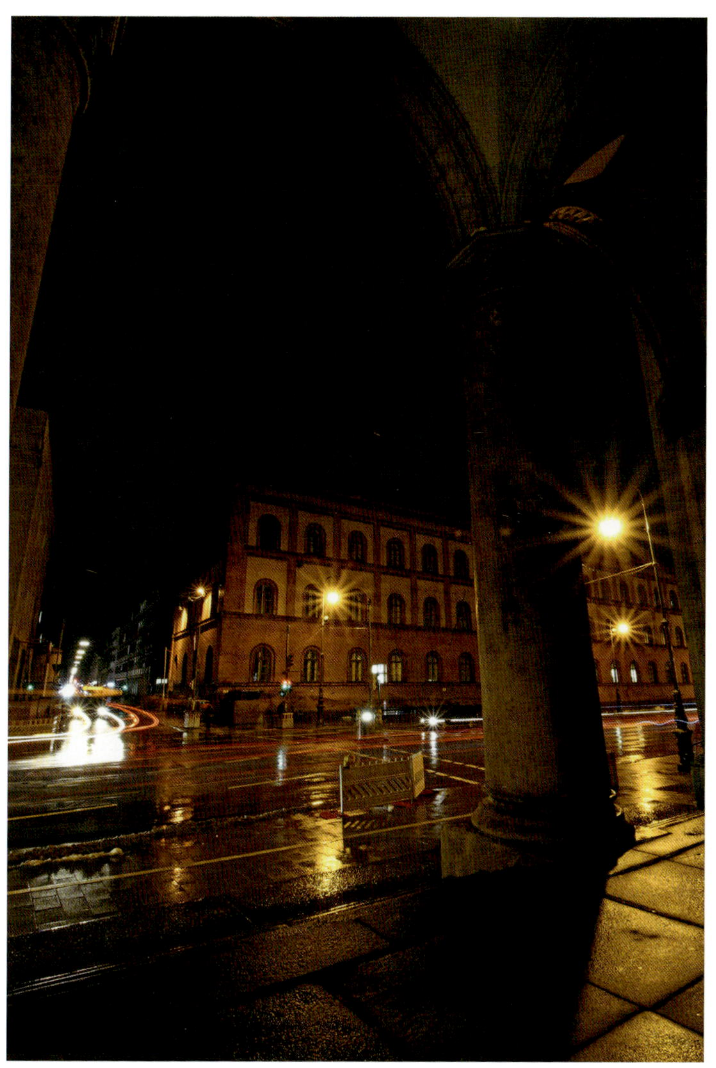

Viel davon ist leider über die letzten Jahrzehnte verloren gegangen. Auch in der Schellingstraße regiert mittlerweile das Geld. Mode- und Restaurantketten haben viele alteingesessene Läden übernommen. Die Künstler sind weitergezogen. Die Schellingstraße hat trotzdem ein Flair von Freigeist und Studentenleben behalten.

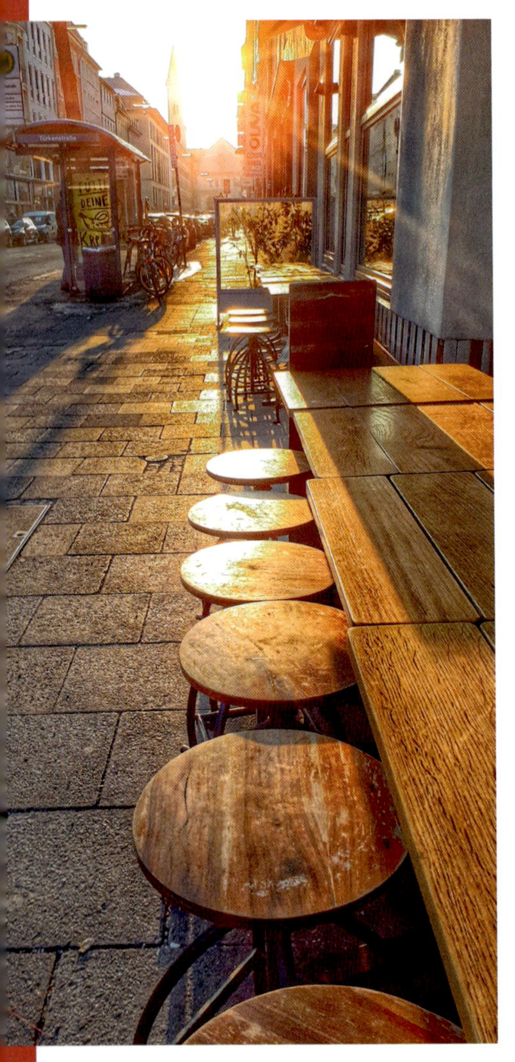

Diese besondere Stimmung sollten Sie bei einem Spaziergang mit der Kamera oder einem Smartphone einfangen. Das Sammeln der Eindrücke beginnt an der Ecke Schelling-/Ludwigstraße. Dort ist ein Mahnmal aus dem Zweiten Weltkrieg zu sehen: Einschusslöcher an der Backsteinwand im ehemaligen Salinengebäude, das heute zur Universität gehört, zeugen von den Kämpfen um die Stadt.

Heute wird die Gegend von den Studenten der umliegenden Universitätsfakultäten geprägt. Bunte Flyer hängen an den Hauswänden. Kopierläden erfreuen sich ihrer Kundschaft, die nicht selten auf den letzten Drücker ihre Abschlussarbeit binden lässt. Fahrräder säumen die Gehsteige. Weiter westwärts, Richtung Amalienstraße, liegen die ersten Restaurants und Cafés mit ihren einladend gestalteten Sitzmöglichkeiten auf den Gehsteigen. Danach zieren einige Antiquariate das Straßenbild, eher eine Seltenheit in Münchens Innenstadt. Die Fronten der Geschäfte sind holzvertäfelt und ein echter Blickfang.

Lassen Sie sich auf Ihrem weiteren Spaziergang inspirieren von dem, was auf der Straße los ist. Bis zur Schraudolphstraße ist die Schellingstraße in allen Ecken sehenswert und voller Flair. Stuckverzierte Türen zu Hinterhöfen, in die Sie ungehindert schauen können, finden sich ebenso wie Schaufenster zahlreicher Traditionsgeschäfte. An der Ecke Schraudolphstraße liegt die legendäre Osteria Italiana. Das Haus wurde in den Jahren 1889 und 1890 vom Architekten Johann Lihm errichtet. Noch im Fertigstellungsjahr eröffnete Joseph Deutelmoser das italienische Restaurant »Osteria Bavaria«. Das Restaurant wurde schnell zum Treffpunkt von Studenten, Professoren und Künstlern. Zu den wiederkehrenden Gästen zählte zum Beispiel Oskar Maria Graf, der sich dort mit Redakteuren des »Simplicissimus« traf. Nach der Schraudolphstraße können Sie umkehren – hier ist es dann vorbei mit der besonderen Atmosphäre.

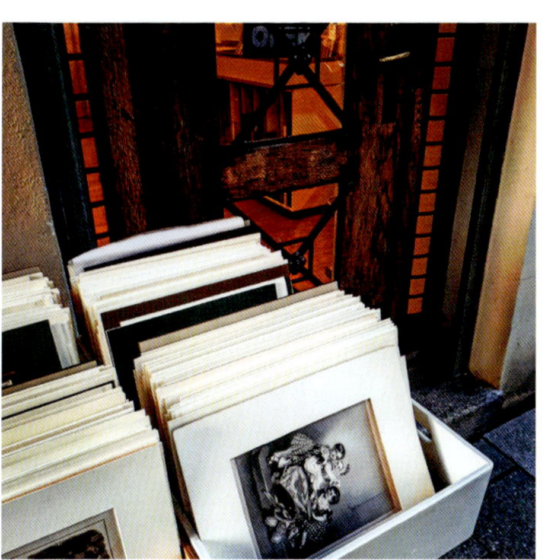

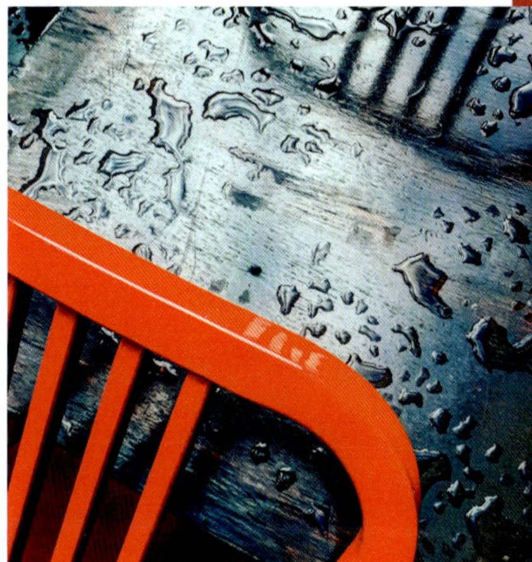

Am Ende der Tour werden Sie überrascht sein, wie viele spannende Ecken und ungewöhnliche Motive Sie entdeckt haben. Das Gesicht der Schellingstraße ist im ständigen Wandel. Gehen Sie die Tour wenig später noch einmal und Sie werden wieder Neues auf den Bürgersteigen entdecken.

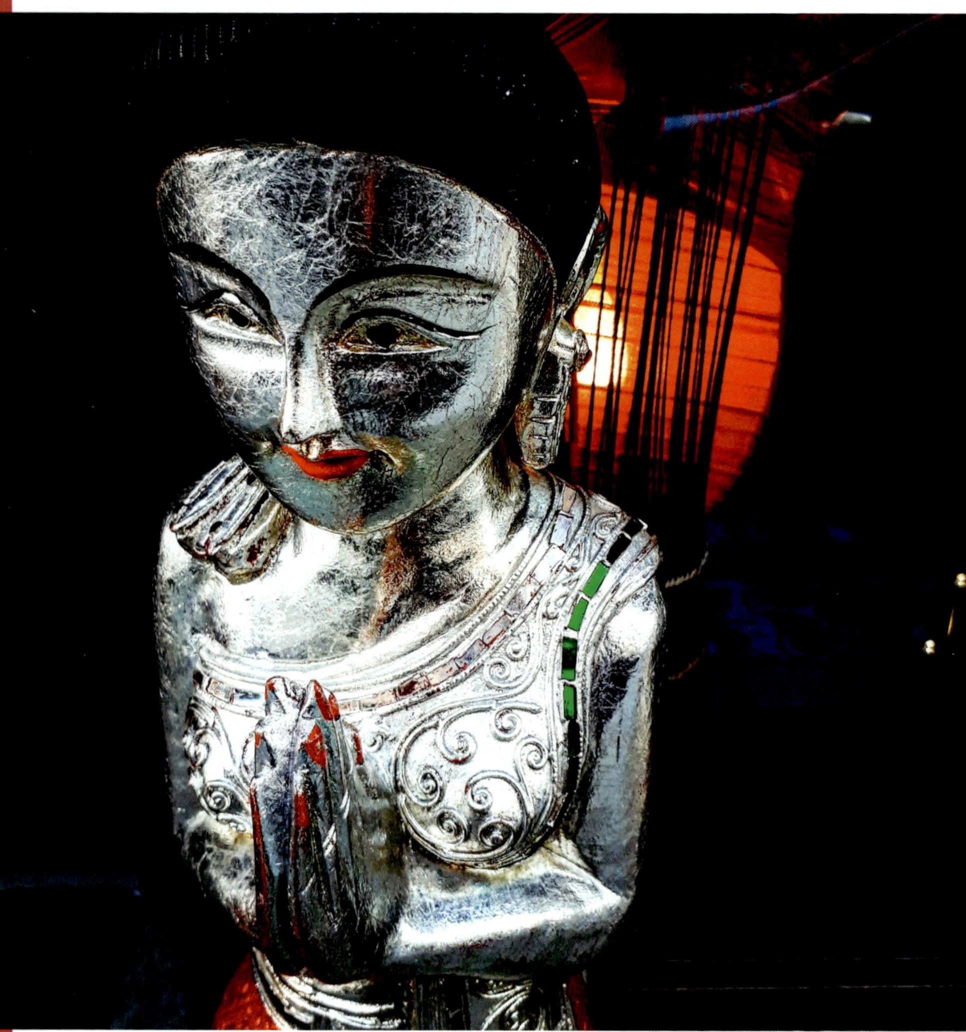

10 IM WESTPARK – ASIEN KOMPAKT

ANFAHRT:
Besonders leicht mit dem Fahrrad. Auch mit dem Auto gut zu erreichen, über den Parkplatz am Rosengarten (Gilmstraße). Mit der Trambahnlinie 18 zum Stegener Weg, von dort etwa zehn Minuten zu Fuß.

FOTOGRAFIE-GENRE:
Architektur, Reportage

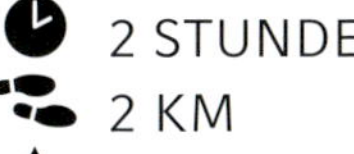

2 STUNDEN
2 KM
LEICHT

Nirgendwo in München bekommt man einen so kompakten Eindruck von Asien wie im Westteil des Westparks. Dort liegen in direkter Nachbarschaft ein China- und Japangarten, eine Nepalesische Pagode und eine Thailändische Sala mit Buddha-Statue.

Während sich die Touristenströme im Englischen Garten tummeln, gehört der Westpark eher den Münchnern. Doch in punkto fotogener Attraktivität und Motivspektrum steht dieser Park dem Englischen Garten in nichts nach.

DAS KOMMT IN DIE TASCHE:

- Weitwinkel- und leichtes Teleobjektiv. Wer zur Kirschblüte fotografiert, sollte auch ein Makroobjektiv einpacken.
- Eventuell Pol- und Grauverlaufsfilter

Entstanden ist das asiatische Ensemble für die Internationale Gartenausstellung im Jahr 1983, der Westpark war damals Ausstellungsgelände. Der japanische Garten war ein Beitrag der Partnerstadt Sapporo. Er ist zusammengestellt aus verschiedenen Elementen japanischer Garten-Traditionen, wie sie um das Jahr 800 entwickelt wurden. Es gibt einen flachen Teich mit einer Terrasse, einen Steg zu einer Aussichtsplattform und einen Tee-Pavillon.

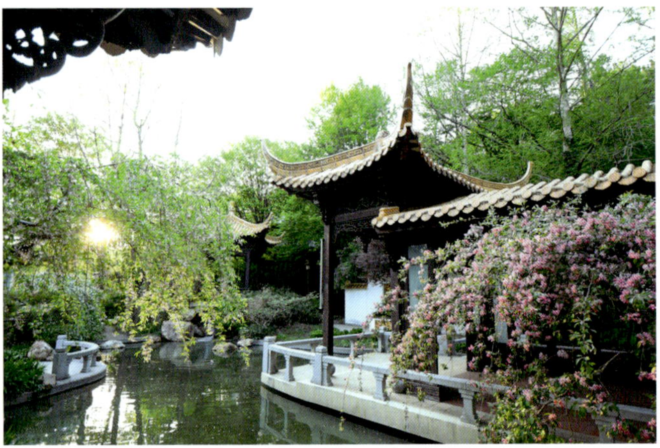

Gleich nebenan liegt der chinesische Garten. Unter dem Motto »Garten von Duft und Pracht« war er die erste Beteiligung Chinas an einer europäischen Gartenausstellung. Vor allem im Frühling, wenn die Kirschbäume und Forsythien blühen, ist die Anlage ein Traum für Asienliebhaber. Betreten Sie das hervorragend gepflegte Gelände, fühlen Sie sich wie in einer anderen Welt. Ein Rundweg verläuft über Steinbrücken um ein Wasserbecken. Der Besucher wandert entlang einer Felswand, über die Wasser sprudelt, durch Tore an einem Pavillon, der ein Hausboot darstellt, hinauf zu einem weiteren, holzgeschnitzten Pavillon. Der Weg symbolisiert den Jahreslauf und das Leben. Im Winter ist der chinesische Garten nicht zugänglich.

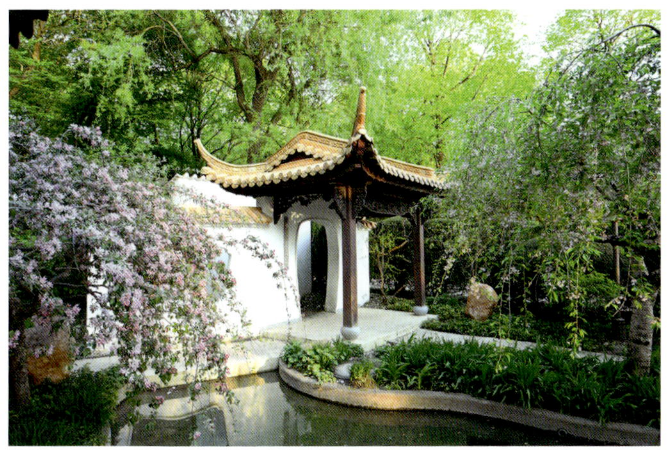

Am Hang neben der chinesischen Anlage steht eine nepalesische Pagode. Sie wurde in Nepal von 300 Handwerkern in siebenmonatiger Arbeit geschnitzt. Besonders interessant (und durchaus amüsant) sind die eingearbeiteten Holzfiguren an der Fassade des Gebäudes.

Eine besondere Farbenpracht bietet die neun Meter hohe thailändische Sala mit einer Buddha-Statue auf einer Plattform mitten in einem Wasserbecken. Die Statue war das erste freistehende Buddha-Heiligtum in Europa. Diese Pagode macht sich fotografisch besonders gut von Ende März bis Anfang April, zur Kirsch- und Magnolienblüte. Wenn Sie durch die Blüten hindurch fotografieren, fangen Sie ein im Frühling von den Münchner Zeitungen gern abgedrucktes Motiv ein. Die Pagode lässt sich gut als Spiegelung im Wasser abbilden. Dieses Motiv sollten Sie im Winter zur Mittagszeit ausprobieren, wenn die Sonne tief im Süden steht und die goldenen Elemente im Dach direkt anstrahlt.

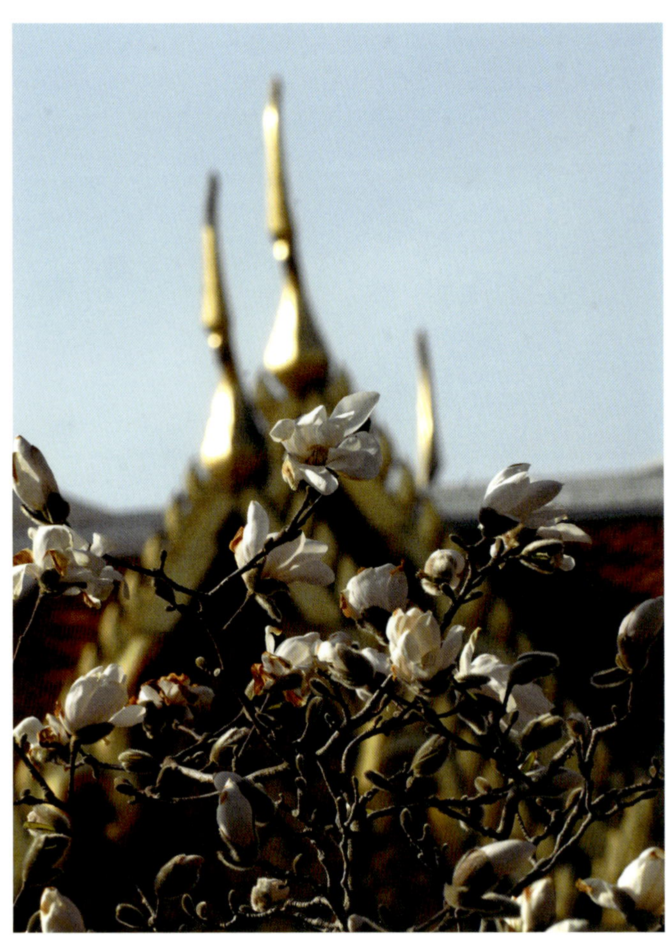

TIPP: DIE PAGODEN IM RETRO- UND VINTAGE-LOOK

Probieren Sie doch mal aus, das asiatische Ensemble im Westpark im Retro- und Vintage-Look zu zeigen. Mit der asiatischen Architektur und Gartenkunst haben Sie Motive aus alten Kulturen vor der Kamera. Da bietet es sich an, diesen Effekt mit einer entsprechenden Nachbearbeitung zu verstärken. Retro- und Vintage-Look schaffen eine nostalgische Atmosphäre, sie wecken Gefühle und Erinnerungen. Man ist nicht mehr gefangen in der digitalen Welt, sondern hat das Gefühl, ein altes Fotoalbum oder einen alten Schuhkarton voller schöner Erinnerungen in der Hand zu halten. Retro und Vintage wurden stark von ihrer Zeit geprägt. Während sich der Retro-Look auf den Stil der 1910er- bis 1930er-Jahre konzentriert, erinnert der Vintage-Look an die 1950er- bis 1980er-Jahre.

Natürlich müssen Sie die Bilder für das München-Asien-Portfolio zunächst normal fotografieren. Doch dann steht zum Beispiel mit der kostenlosen App Snapseed ein tolles Werkzeug zur Verfügung, um die Bilder wie aus einer anderen Zeit erscheinen zu lassen. Am besten gelingt der Workflow, wenn Sie die unbearbeiteten Daten aus der Kamera auf das Smartphone laden. Das geht bei vielen Kameras über Bluetooth oder WiFi. Oder Sie wählen den klassischen Transfer über den Computer, um die Bilder von dort auf das Smartphone zu syncen oder zu kopieren.

Spielen Sie mit den Bildern in der App und probieren Sie die vielen Retro- und Vintage-Optionen aus, die Ihnen angeboten werden. Wenn Sie die Filter angewendet haben, passen Sie danach noch Helligkeit und Kontrast sowie die Schärfe an. Heraus kommt dabei ein sehenswertes Portfolio an Bildern eines Asiens wie aus einem anderen Jahrhundert – mitten in München.

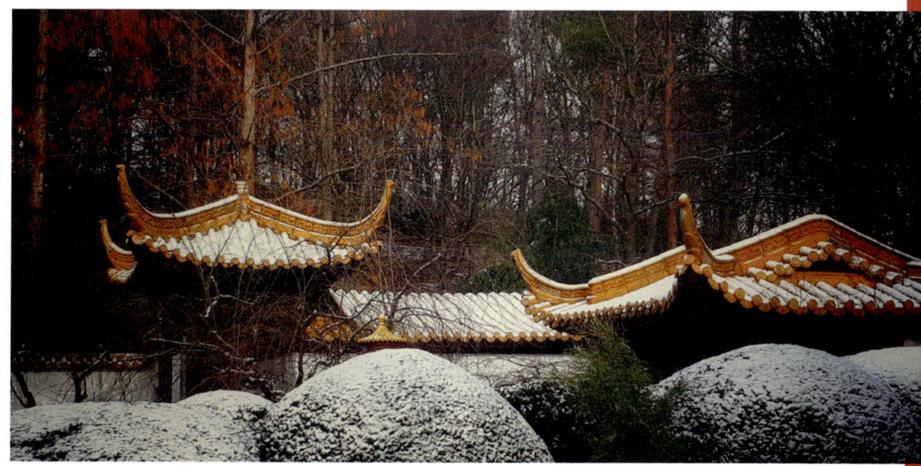

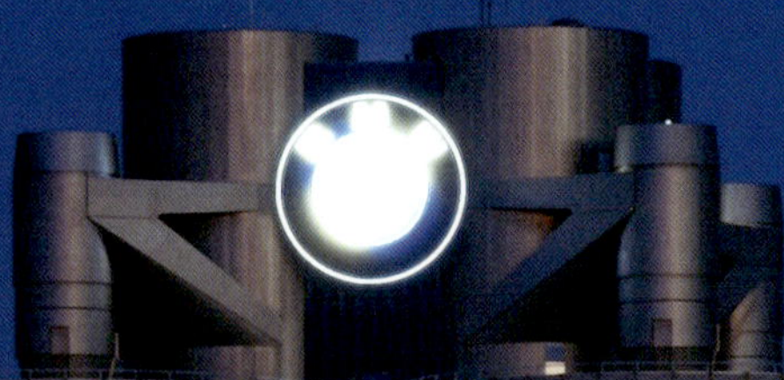

TECHNIK UND MOBILITÄT

TOUR 4

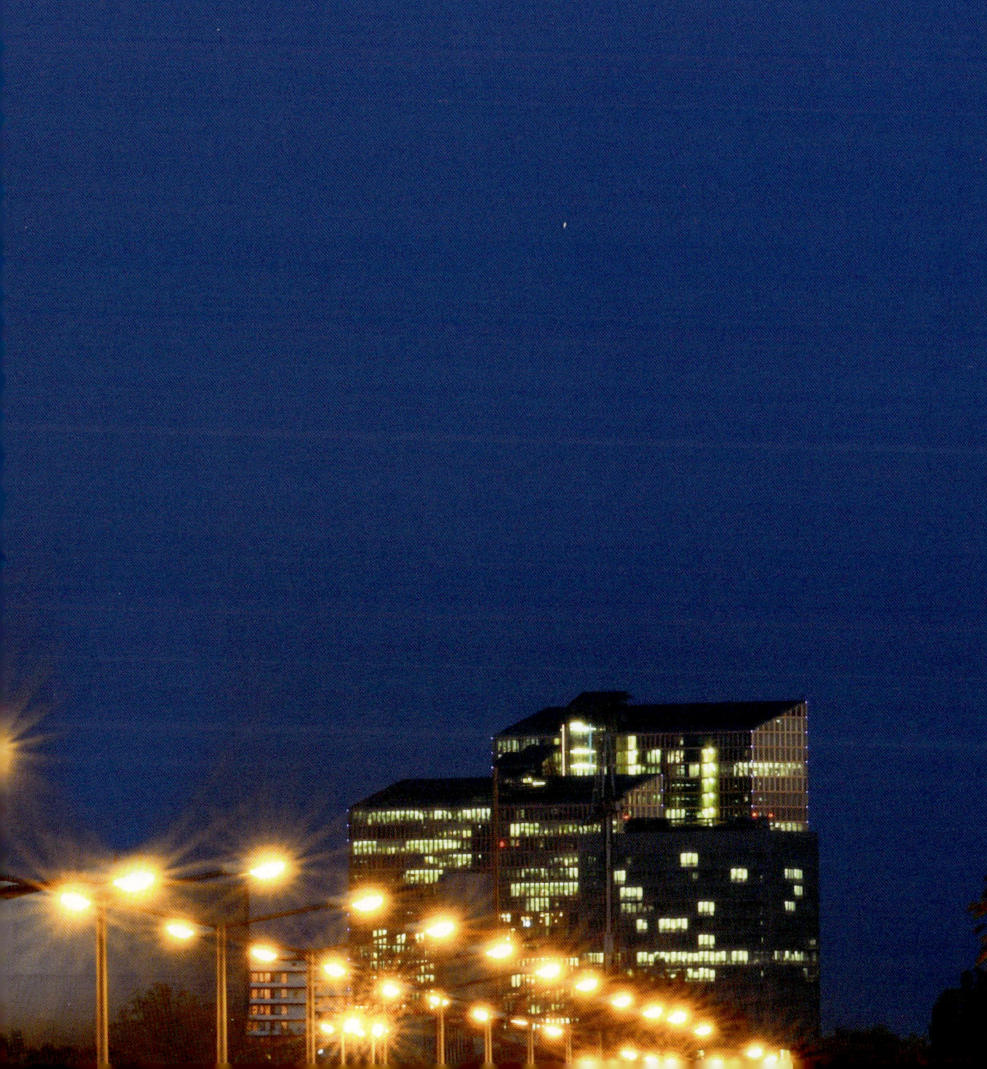

1 DER MITTLERE RING – AN DER LEBENSADER DER STADT

3 MVG MUSEUM

4 AN DER ISAR – KANÄLE, SCHLEUSEN UND KRAFTWERKE

5 FLUGHAFEN MÜNCHEN – FLUGZEUGE SPOTTEN

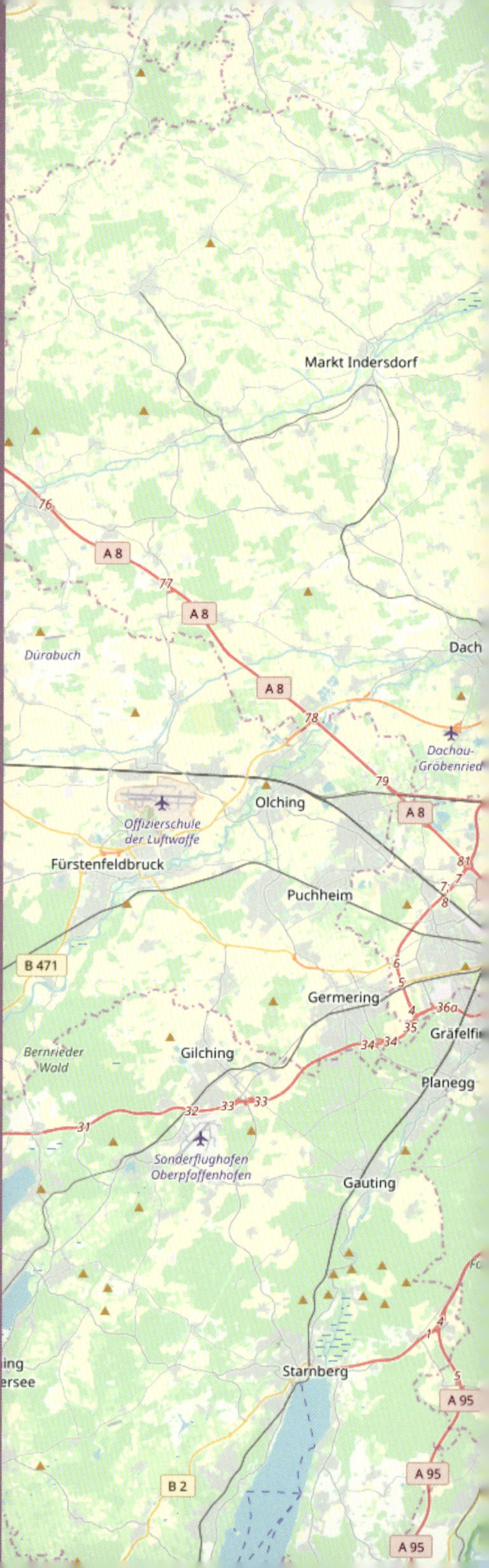

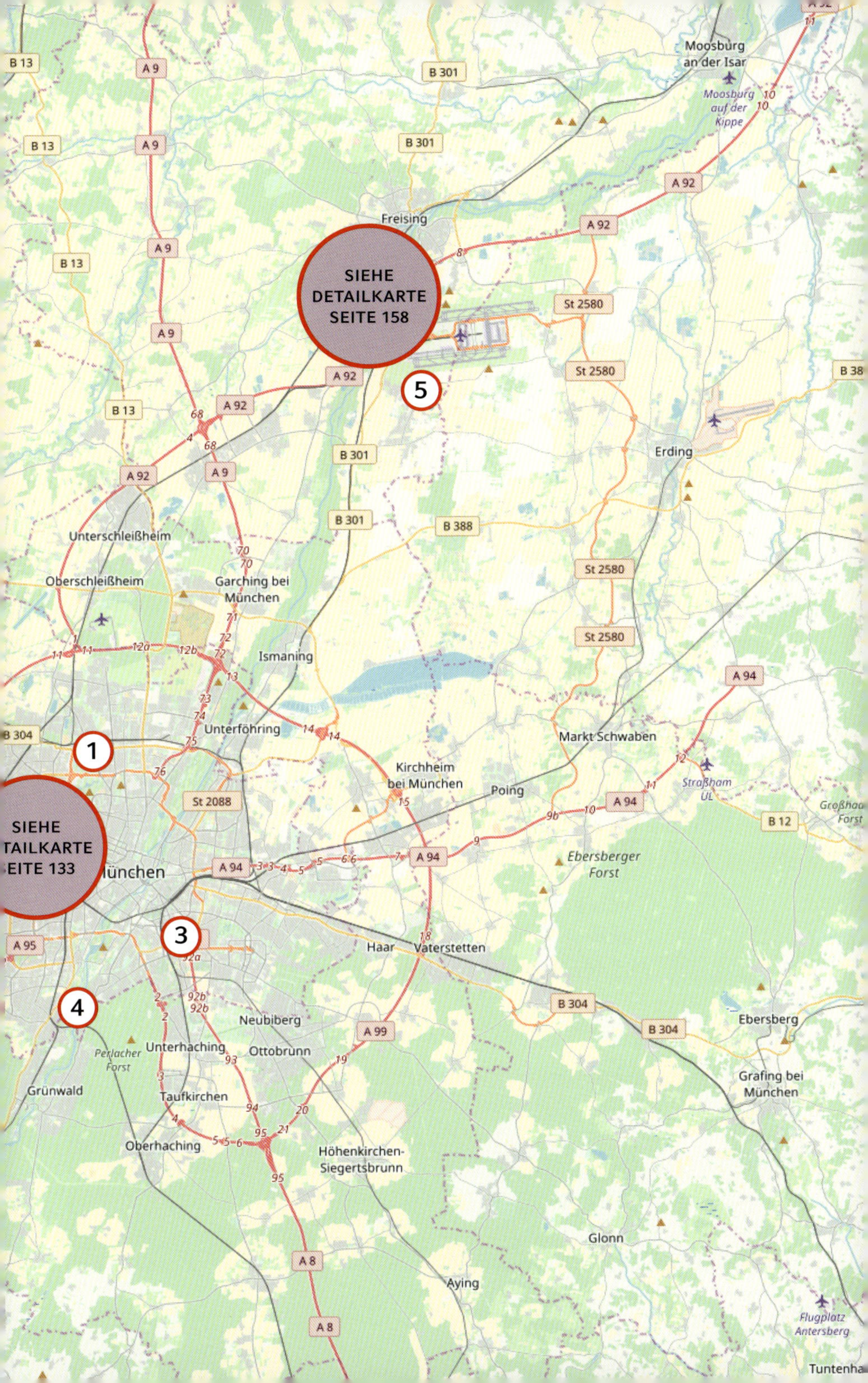

Moosburg an der Isar
Moosburg auf der Kippe
B 13
A 9
B 301
Freising
A 92
SIEHE DETAILKARTE SEITE 158
St 2580
5
B 38
Erding
B 388
Unterschleißheim
Oberschleißheim
Garching bei München
Ismaning
Unterföhring
1
Markt Schwaben
A 94
Straßham UL
Kirchheim bei München
Poing
B 304
St 2088
SIEHE DETAILKARTE SEITE 133
München
Ebersberger Forst
B 12
Großhaar Forst
A 95
3
Haar
Vaterstetten
4
Neubiberg
A 99
Ebersberg
Perlacher Forst
Unterhaching
Ottobrunn
Grafing bei München
Grünwald
Taufkirchen
Oberhaching
Höhenkirchen-Siegertsbrunn
Glonn
A 8
Aying
Flugplatz Antersberg

DER MITTLERE RING – AN DER LEBENSADER DER STADT

(QR-Codes im Tour-Verlauf)

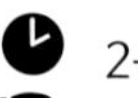 2–3 STUNDEN

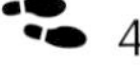 4 KM

★ MITTEL

ANFAHRT:
Diese Tour ist relativ lang. Wollen Sie die ganze Route absolvieren, empfiehlt sich das Fahrrad. Wollen Sie nur einzelne Punkte ansteuern, ist das mit dem Auto zwar gut möglich. Nur sollten Sie Ihre Tour dann nicht in die Stoßzeiten (Berufsverkehr) legen. Mit den öffentlichen Verkehrsmitteln ist man in diesem Fall leider auch schlecht beraten, da es hier keine direkten Verbindungen gibt.

FOTOGRAFIE-GENRE:
Street, Architektur, Zeitgeschichte, Reportage

Autos gehören zu einer Großstadt wie der Sand zum Meer. Sie treiben München an und sorgen für den Sound der Metropole. Dem Fotografen stehen sie jedoch meist unnötig im Bild herum. Ähnlich verhält es sich mit Straßen: Sie sind die Lebensadern der Stadt. Aber gute Motive in der Landeshauptstadt findet man in der Regel eher an anderen Stellen.

DAS KOMMT IN DIE TASCHE:

- Weitwinkel- und optional leichtes Teleobjektiv
- Eventuell Grauverlaufsfilter
- Stativ für Fotos zur Blauen Stunde

In München dominiert der Mittlere Ring das Straßennetz. Diese große Umfahrung der Altstadt gehört zu den am meisten befahrenen Straßen Europas. Warum also nicht die städtische Mobilität in ihrer extremsten Ausprägung fotografisch in Szene setzen – an einem Wochentag zur abendlichen Rush Hour?

Der Start ist im Olympiapark, auf der Hanns-Braun-Brücke Ⓐ.

Hanns-Braun-Brücke

Sie führt vom Olympiastadion direkt über den Mittleren Ring. Dort geht die Sonne im Herbst gegen sieben Uhr unter. Unter der Brücke stehen die Autos auf dem Georg-Brauchle-Ring abends meist im Stau. Im warmen Abendlicht mit bunten Laubbäumen im Vordergrund ist von hier aus der »Vierzylinder«, das gut 100 Meter hohe BMW-Hochhaus zu fotografieren.

BMW-Hochhaus

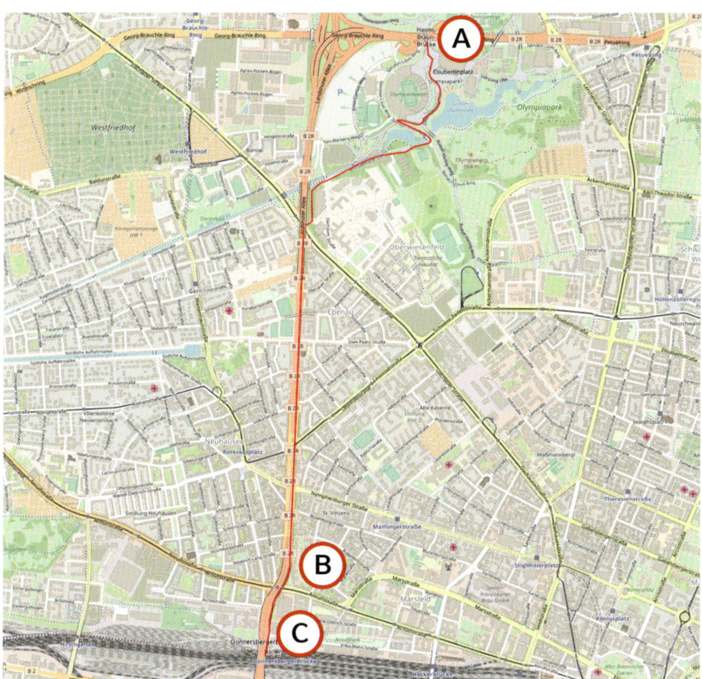

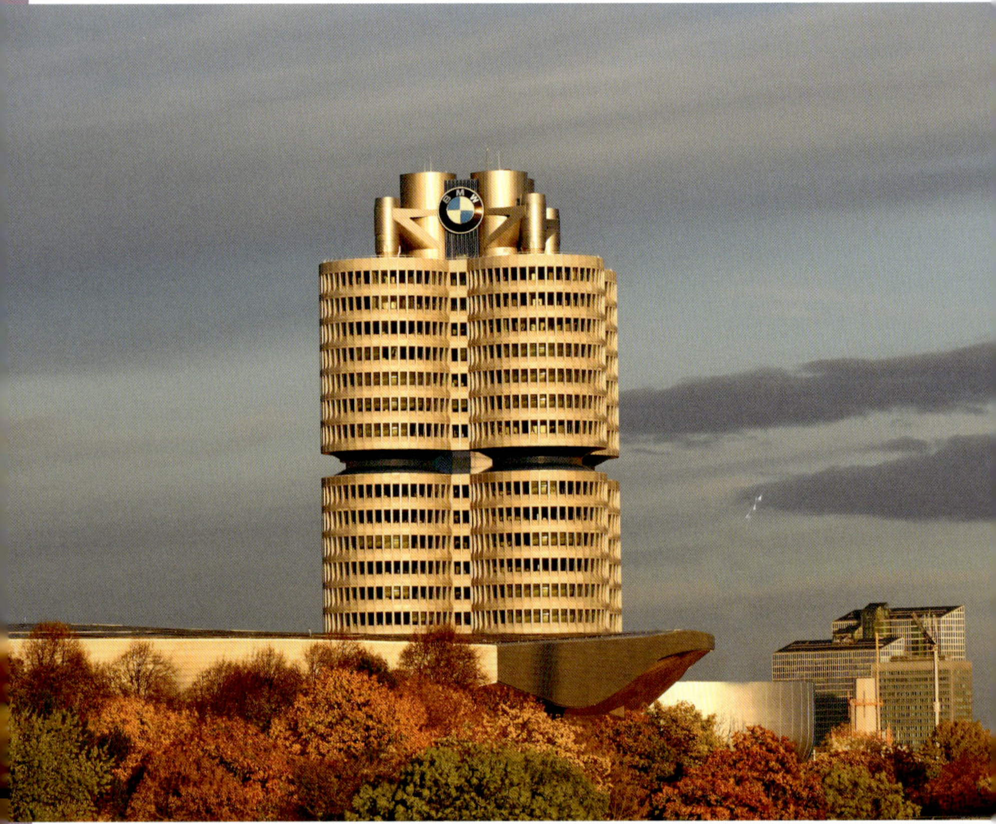

Dahinter stehen die Zwillingstürme der Highlight Towers im Norden Schwabings. Der Ausflug geht weiter zur BMW Welt.

BMW-Welt

Dieses Gebäude besticht durch seine wuchtige Architektur. Im Abendlicht erstrahlt die gekachelte Fassade rötlich, während sich im Hintergrund das BMW-Hochhaus erhebt. Mit dem Teleobjektiv lassen sich hier und am benachbarten BMW Museum schöne architektonische Details fotografieren, die den Baustil der späten 1960er-Jahre zeigen.

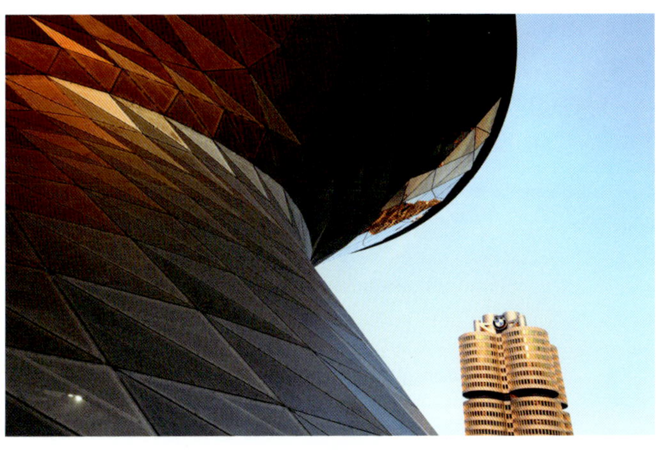

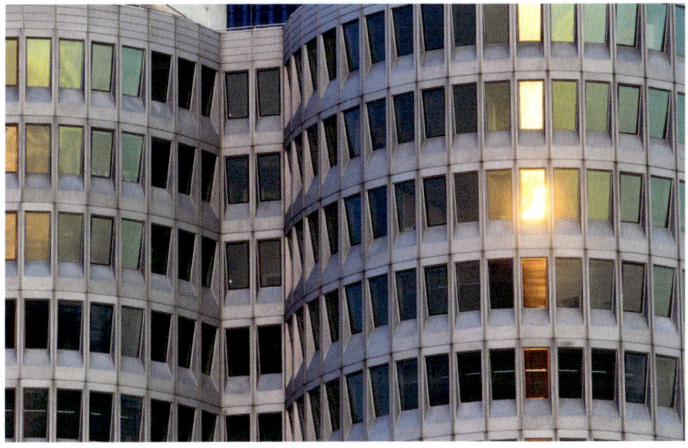

Zur Blauen Stunde geht es zurück auf die Hanns-Braun-Brücke. Der Abendhimmel erstrahlt jetzt in tiefen Blau- und Rottönen. Im 146 Meter hohen O_2-Hochhaus, das eigentlich »Uptown Munich« heißt, sind die Lichter in den Büros angegangen (mehr hierzu in der Tour *Uptown Munich – ein Hauch von Manhattan* ab Seite 50). Auf dem Ring macht es ihnen die Straßenbeleuchtung nach. Die Architektur dieser Beleuchtung stammt aus der Zeit der Olympischen Spiele. Wählen Sie für diese Szene eine Langzeitbelichtung von etwa acht Sekunden oder länger, verschwimmen die langsam fahrenden Autos sogar im Stau. Gleichzeitig schaffen Sie so eine weitere tolle Beleuchtung auf der Straße, eine jeweils rote und weiße Lichtspur.

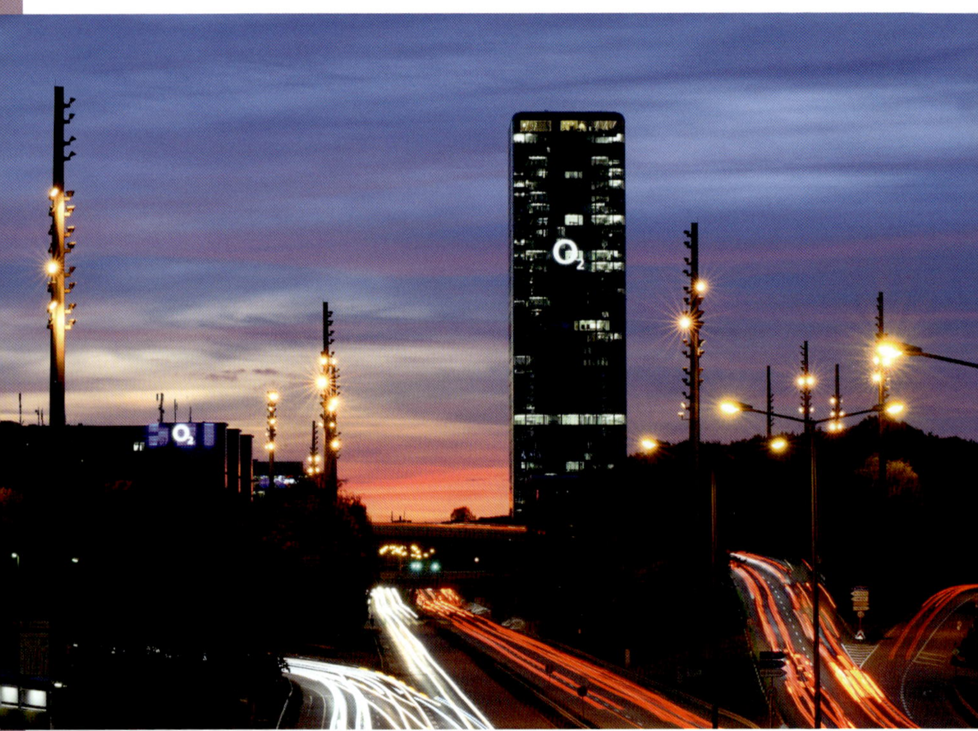

HINWEIS

Am besten funktionieren Langzeitbelichtungen mit der Zeitautomatik »A« (wie »Aperture«, also Blendenvorwahl) als Belichtungsmodus. Die Belichtungszeit steuern Sie hier über die Blendeneinstellung. Je größer die eingestellte Blendenzahl, desto länger wird die Belichtungszeit. Zudem können Sie die ISO-Zahl nach unten drehen, was die Belichtungszeit zusätzlich verlängert.

Anschließend geht es am Mittleren Ring entlang in Richtung Platz der Freiheit an der Landshuter Allee. Von hier aus haben Sie erstmals den freien Blick über den Mittleren Ring in Richtung Mercedes-Hochhaus (B).

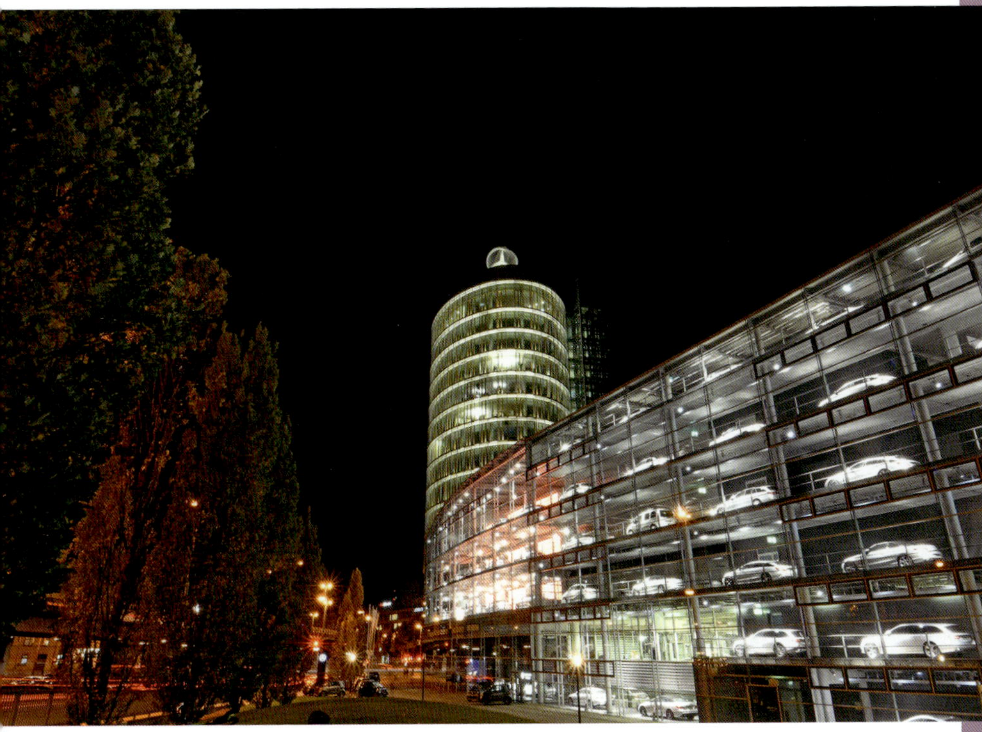

Dort angelangt werden Autofans große Augen machen: Das imposanteste Schaufenster der Stadt, gefüllt mit Luxuskarossen, schmiegt sich mit 145 Metern Länge an den Verlauf des Mittleren Rings. Im Dezember ist hier der größte Adventskalender der Welt zu bestaunen, hinter jedem Türchen verbirgt sich ein Auto, meist ein Oldtimer aus der Geschichte des Autobauers. Auf dem Dach des Hochhauses dreht sich der Mercedesstern, was lange Zeit strittig war, da man in München keine Werbung auf den Dächern dulden wollte. Doch Mercedes konnte sich durchsetzen und verleiht der Umgebung mit dem Stern ein bisschen kosmopolitisch-internationales Flair.

Donners-
berger
Brücke

Weiter vorn, auf der Donnersbergerbrücke bietet sich ein ungewohnter Blick in Richtung Innenstadt zur Frauenkirche Ⓒ.

Denn zwischen der Brücke und dem berühmten Wahrzeichen liegen die Bahngleise zum Hauptbahnhof. Mit einem Teleobjektiv von mindestens 300 Millimetern verdichten Sie die Gleise und im Hintergrund die Frauenkirche zu einer eher ungewohnten Ansicht. Es scheint, als würden die Züge direkt zur Frauenkirche fahren.

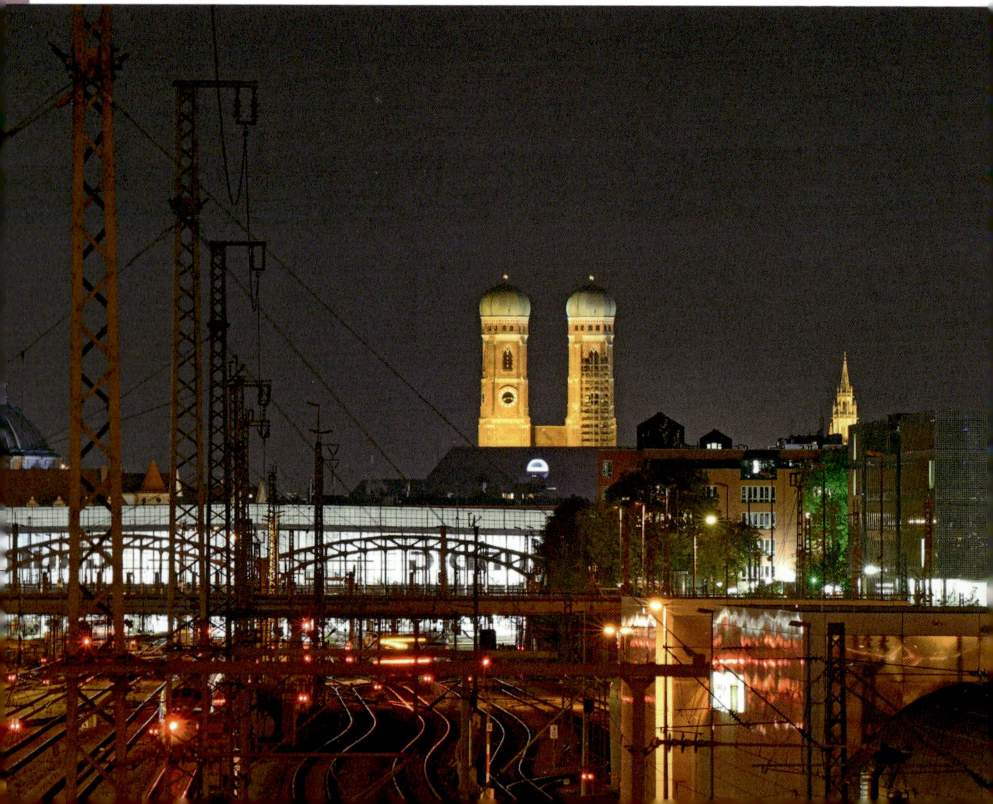

Abschließen können Sie die Tour entlang des Mittleren Rings an einem weiteren Hochhaus, der Zentrale der Fraunhofer-Gesellschaft an der Hansastraße (direkt neben der ADAC-Zentrale, die Sie schon aus Tour 4 auf Seite 54 kennen).

Fraunhofer-Gesellschaft

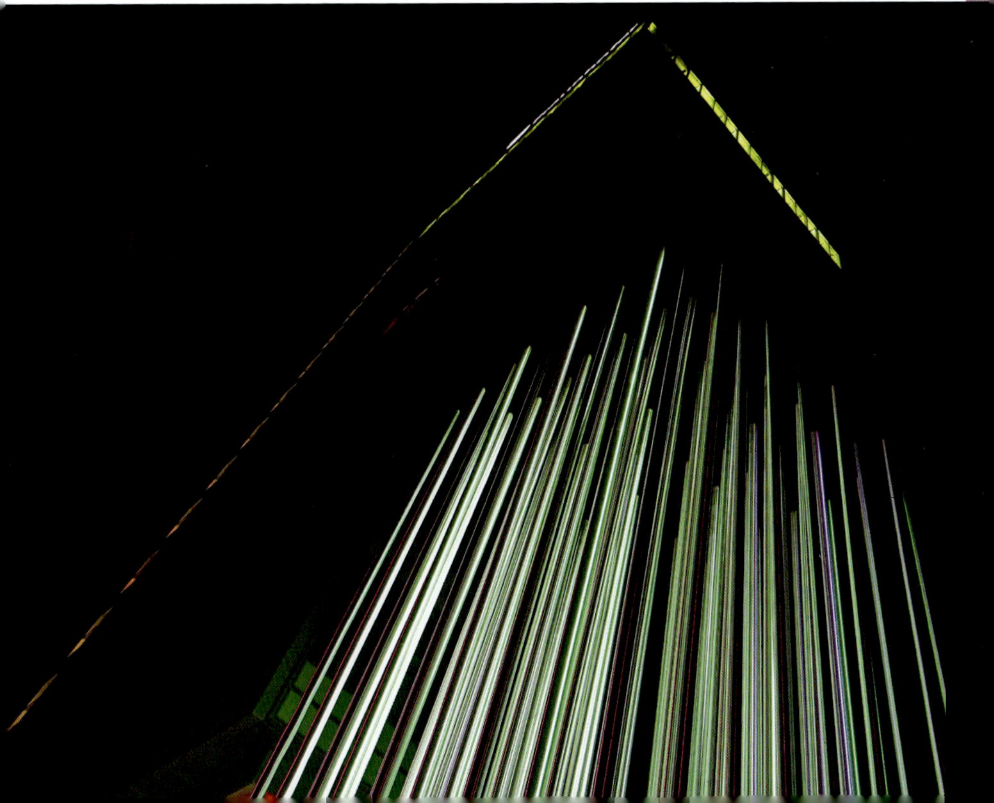

2 DIE U-BAHNSTATIONEN – AM SPÄTEN ABEND IN DEN UNTERGRUND

(QR-Codes im Tour-Verlauf)

ANFAHRT:
Alle U-Bahnstationen in diesem Kapitel liegen auf den Linien U1/U7 und U3/U6.

4 STUNDEN
2 KM
LEICHT

FOTOGRAFIE-GENRE:
Street, Architektur, Reportage

DAS KOMMT IN DIE TASCHE:

- Kurze Brennweiten sind hier besonders gefragt, ein leichtes Teleobjektiv bis 120 mm schadet aber nicht
- Fernauslöser
- Ein stabiles Stativ muss unbedingt mit!

Planung vorab: Hier können Sie sich kundig machen und Ihren Ausflug in den Untergrund planen: *https://www.u-bahn-muenchen.de/netz/u1/*. Es gibt auch viele geführte Touren für Fotografen. Auch hier weiß das Internet mehr.

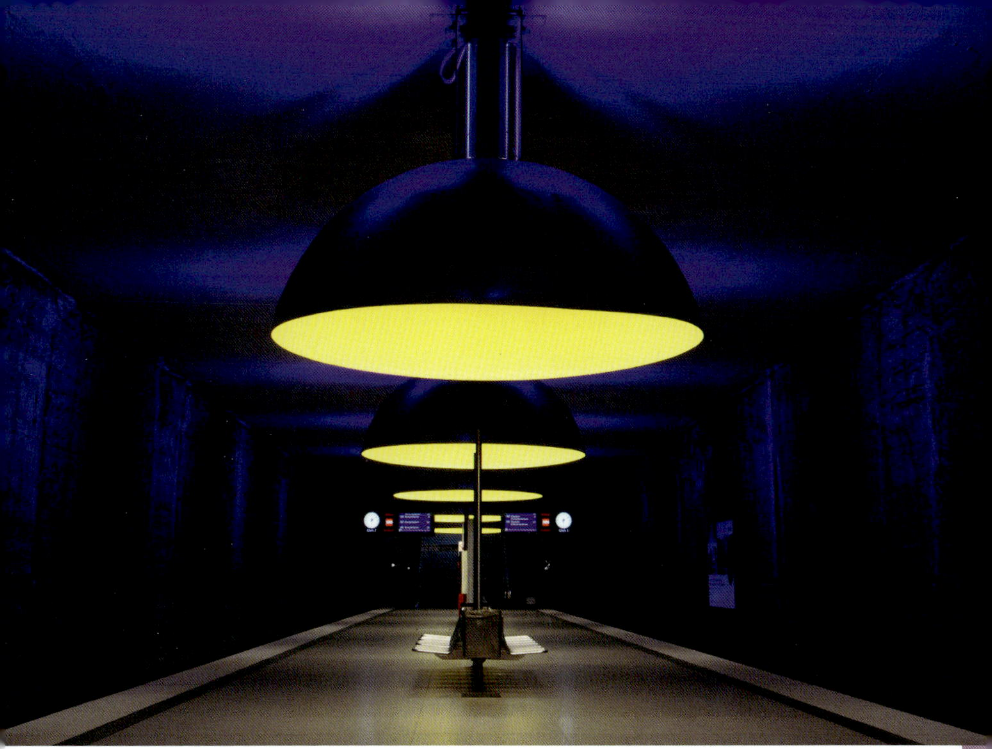

Münchens Untergrund ist ein faszinierendes Spiel aus Formen und Farben. Einige U-Bahnstationen der Isarmetropole sind ein Augenschmaus für Architektur- und Kunstliebhaber. Seit der Eröffnung der ersten Strecke am 19. Oktober 1971 wurde ein Netz mit 103,1 km Streckenlänge und 100 Bahnhöfen errichtet. Viele ältere Stationen wurden in den letzten Jahren optisch aufgemöbelt, die neueren fantasievoll geplant.

Vor allem die »Münchener Freiheit« (U3/U6) besticht im neuen Gewand. Neonfarbene Wände, blaue Mittelsäulen und verspiegelte Decken nach einem Licht- und Farbkonzept des bekannten Lichtdesigners Ingo Maurer machen diese U-Bahnstation zu einem Pflichttermin. Die U-Bahnen rauschen alle paar Minuten über die vier Gleise zurück in die Dunkelheit der Tunnel. Auch die Bahnsteigbeleuch-

»Münchner Freiheit«

tung der Station »Am Westfriedhof« (U1/U7) wurde von Ingo Maurer konzipiert und besticht durch das klare Lichtdesign.

»Am Westfriedhof«

Große Leuchtschirme hängen von der Decke, sie strahlen in Gelb, Blau und Rot. Sie hüllen den gesamten Bahnsteig in ein gedämpftes, mystisch anmutendes Licht. Die Sitzbänke erscheinen in einem klaren silbrigen Ton. Eine gewisse Club-Atmosphäre stellt sich ein. An der Station »Garching-Forschungszentrum« (nördliche Endstation der U6) erzählen großartig gestaltete Wandtafeln von der Arbeit berühmter Forscher. Und auch der »Marienplatz« (U3/U6) hat sich von einem eher schmuddeligen U-Bahnhof zu einem tollen Foto-Spot gemausert.

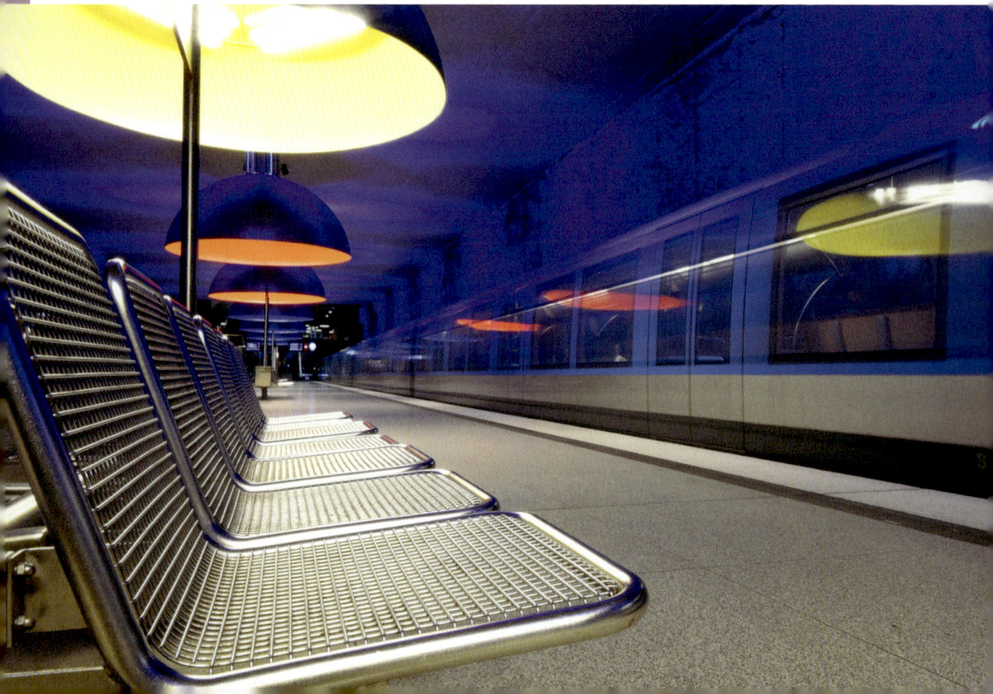

Die von Alexander von Branca entworfene Haltestelle liegt direkt im Zentrum. Der Marienplatz ist der am stärksten frequentierte Bahnhof im ganzen U-Bahnnetz. Durch knallorange gekachelte Tunnels im Retro-Look geht man hier unterirdisch zu den verschiedenen Linien der U-Bahn. Fast fühlt man sich wie in Gängen eines Raumschiffs, wenn man dort alleine ist, was allerdings nicht oft vorkommt.

»Marienplatz«

Wer sich auf die Architektur und die Farbenvielfalt der Bahnhöfe konzentrieren und die Menschenmassen nicht auf seinen Bildern haben will, dem bietet sich die Chance nur nachts und besonders gut an einem Sonntag zwischen 20.30 und 1.30 Uhr. Das U-Bahnnetz ist vollkommen überlastet. München hat in den letzten Jahren viele zehntausend neue Einwohner dazugewonnen. In diesem Maß konnte der öffentliche Nahverkehr mit seinen Kapazitäten nicht mithalten. Doch spätabends wird es ruhig im Untergrund. Die Zeit für Fotografen ist gekommen.

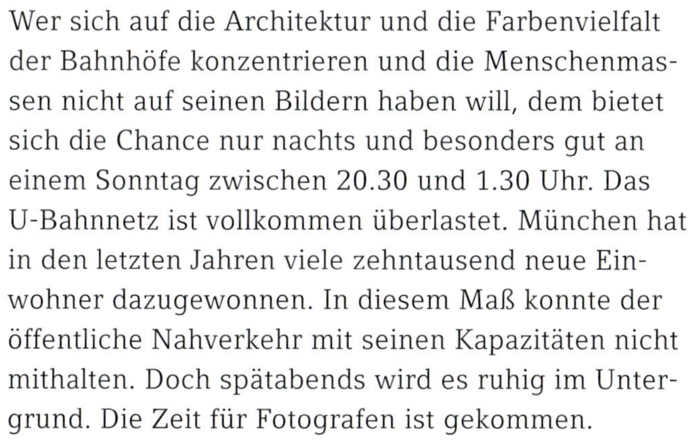

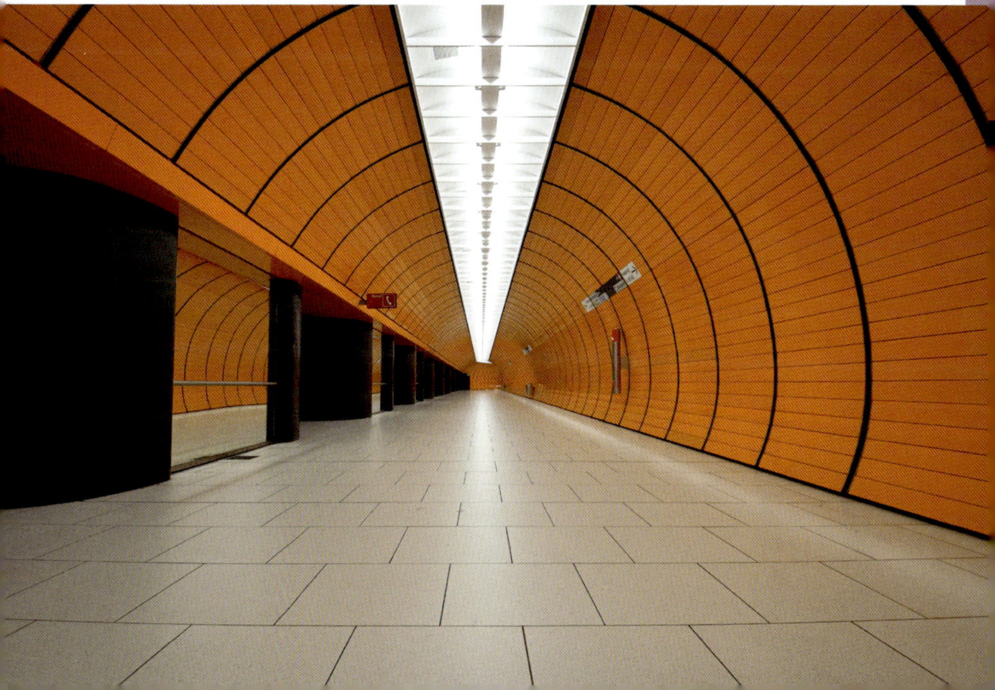

HINWEIS

Denken Sie allerdings daran, dass Sie hier bei unterschiedlich gefärbtem Kunstlicht fotografieren und der automatische Weißabgleich Ihrer Kamera unter Umständen nicht richtig funktioniert – was zu Farbverfälschungen führen kann. Sie können versuchen, das vor Ort über einen manuellen Weißabgleich (idealerweise, indem Sie im gewünschten Licht eine Graukarte fotografieren) oder nachträglich in der Bildbearbeitung in den Griff zu kriegen (auch hier hilft ein Foto der Graukarte).

Für eine Fototour kaufen Sie sich am besten ein Tagesticket für den Stadtbereich und starten an einer der äußeren Stationen. Dort kehrt abends als Erstes Ruhe ein. Diese Stationen sind auch die neuesten und warten durch innovatives Design auf, während die in der Innenstadt noch auf klassische Kacheloptik setzen. Als guter Startpunkt bietet sich beispielsweise der U-Bahnhof »Am Westfriedhof« (U1/U7) an.

»Am Westfriedhof«

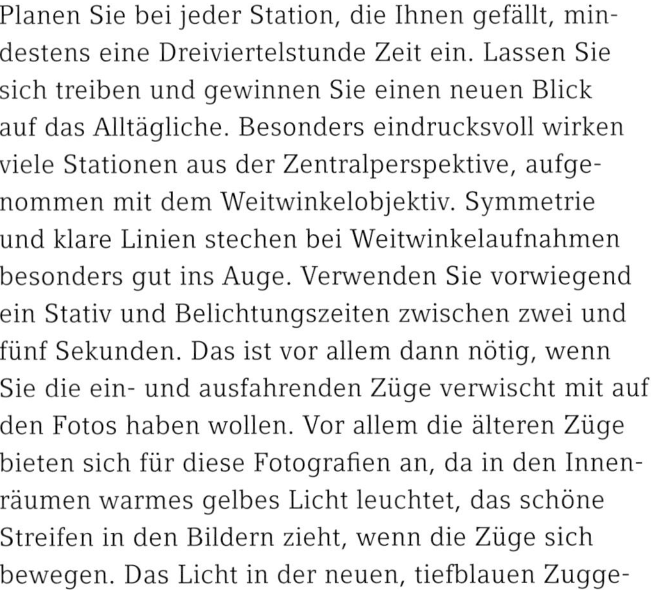

Planen Sie bei jeder Station, die Ihnen gefällt, mindestens eine Dreiviertelstunde Zeit ein. Lassen Sie sich treiben und gewinnen Sie einen neuen Blick auf das Alltägliche. Besonders eindrucksvoll wirken viele Stationen aus der Zentralperspektive, aufgenommen mit dem Weitwinkelobjektiv. Symmetrie und klare Linien stechen bei Weitwinkelaufnahmen besonders gut ins Auge. Verwenden Sie vorwiegend ein Stativ und Belichtungszeiten zwischen zwei und fünf Sekunden. Das ist vor allem dann nötig, wenn Sie die ein- und ausfahrenden Züge verwischt mit auf den Fotos haben wollen. Vor allem die älteren Züge bieten sich für diese Fotografien an, da in den Innenräumen warmes gelbes Licht leuchtet, das schöne Streifen in den Bildern zieht, wenn die Züge sich bewegen. Das Licht in der neuen, tiefblauen Zuggeneration dagegen ist sehr kalt. Und einen weiteren Vorteil haben die langen Belichtungszeiten: Sich bewegende Menschen verschwinden auf den Fotos.

Nach einigen Stationen hat sich der Rhythmus eingestellt: aussteigen, erkunden, fotografieren, einsteigen... und durch die dunklen Tunnel weiterfahren. Ganz alleine ist man allerdings so gut wie nie. Man fällt auf mit ausladendem Stativ und Kamera. Gelegentlich werden Sie sicher von Fahrgästen angesprochen, die sich mit Ihnen über Fotografie unterhalten möchten oder sich für Ihre Arbeit interessieren. Bitte denken Sie auf jeden Fall daran, die Privatsphäre der Fahrgäste zu achten und machen Sie ihnen deutlich, dass nicht sie im Interesse stehen, sondern die Station.

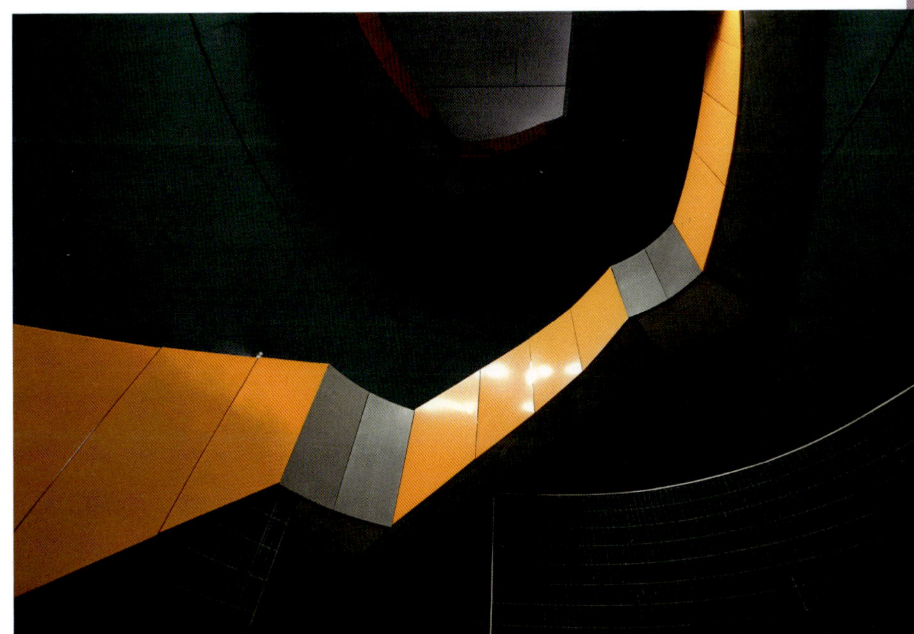

DAS WICHTIGSTE ZUM SCHLUSS

Für alle gewerblichen Foto- und Filmaufnahmen in den U-Bahnen oder den U-Bahnhöfen benötigen Sie eine schriftliche Genehmigung der Münchner Verkehrsgesellschaft. Bilder, auch mit Stativ angefertigt, für ausschließlich private Zwecke liegen im Ermessen des Betriebspersonals, werden aber normalerweise nicht beanstandet. Sollten Sie sich unsicher sein, dann können Sie über den Link: *https://www.mvg.de/services/ kontakt/foto-und-film.html* Kontakt zur Öffentlichkeitsarbeit der Münchner Verkehrsgesellschaft aufnehmen (E-Mail: *film@mvg.de*). Wenn Sie eine größere Fotoaktion starten wollen, holen Sie also vorher auf jeden Fall eine Genehmigung ein – das erspart Ärger.

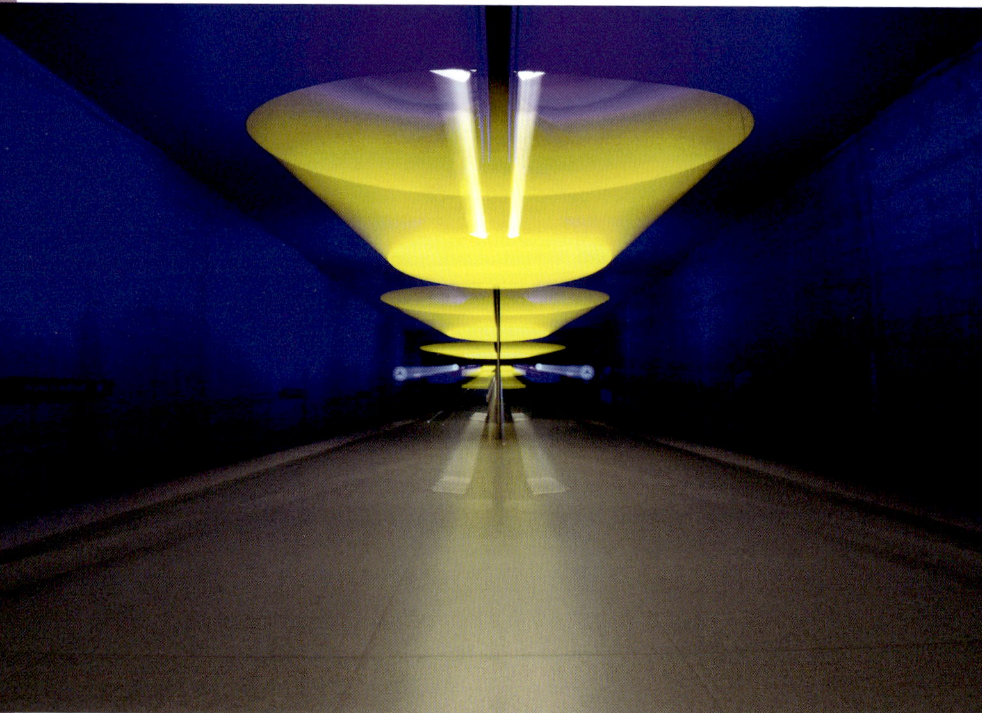

3 DAS MVG MUSEUM – TRAMBAHNGESCHICHTE ERLEBEN

ANFAHRT:
Mit der Trambahn Linie 18 zur Schwanseestraße. Bus 139, 145, Haltestelle »Ständlerstraße«. Kommen Sie mit dem Auto, gibt es gute Parkmöglichkeiten in der Ständlerstraße und Umgebung. An allen Öffnungstagen verkehrt außerdem ein halbstündlicher Shuttle-Bus ab Giesing Bahnhof (in den Sommermonaten je nach Witterung und Verfügbarkeit sogar mit Oldtimerbussen).

Das MVG Museum (Ständlerstraße 20) ist jeden 2. und 4. Sonntag im Monat geöffnet. Internet: *https://www.mvg.de/services/freizeittipps/mvg-museum.html*. Fotografieren dürfen Sie ohne Stativ und für private Zwecke.

FOTOGRAFIE-GENRE:
Zeitgeschichte, Reportage

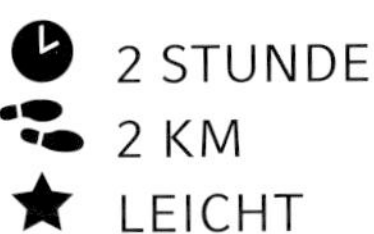

DAS KOMMT IN DIE TASCHE:

- Weitwinkel- und leichtes Teleobjektiv. Lichtstarke Objektive sind zu empfehlen (es herrscht Mischlicht).

Bilder können ohne Probleme in sozialen Netzwerken veröffentlicht werden. Wer kommerziell fotografieren will, muss das mit den Museumsbetreibern abklären. Eintritt 3 Euro.

Die Münchner lieben ihre Trambahnen. Mit ihnen können sie gemütlich die Stadt erkunden. Sie sitzen hinter großen Fenstern und lassen die Stadt langsam an sich vorbeiziehen. Seit 1876 fahren Trambahnen durch München. Am Anfang von Pferden gezogen, wurden sie bis 1900 elektrifiziert. Die Geschichte der Trambahnen kann man hautnah und mit der Kamera im Trambahnmuseum der Münchner Verkehrsgesellschaft (MVG) erkunden. Das Museum ist in der einst als Kriegsmetallwerk erbauten Trambahn-Hauptwerkstätte in Ramersdorf beheimatet. Hier bieten sich tolle Motive für Technikbegeisterte und Geschichtsinteressierte.

Rund 25 historische Straßenbahnen, Busse und Arbeitsfahrzeuge aus unterschiedlichen Epochen des Münchner Nahverkehrs warten darauf, mit der Kamera erkundet zu werden. Aufgestellt sind die Triebwagen auf zwei parallel geführten Gleisen auf einer Länge von 110 Metern in der Mitte der denkmalgeschützten Halle.

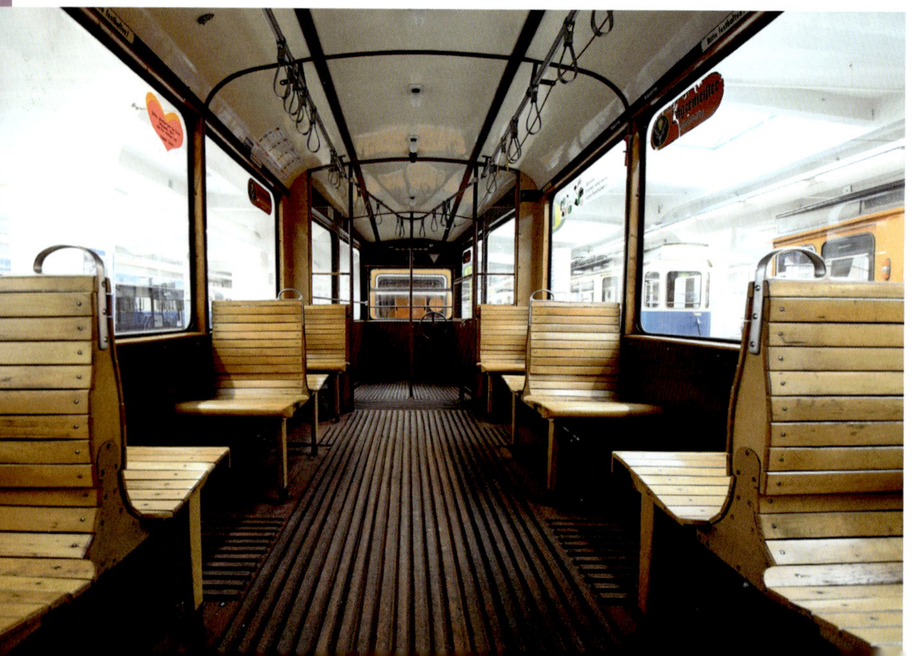

Viele der historischen Wagen sind begehbar. Fotografieren Sie in die Fluchten der Gänge. Nutzen Sie die hölzernen Strukturen von Sitzen und Böden als Leitlinie, um den Blick des Betrachters durchs Bild zu führen. Sie können auch gut die Frontansichten der Wagen fotografieren. Dramatisch werden die Fotos, wenn Sie dazu eine Froschperspektive wählen.

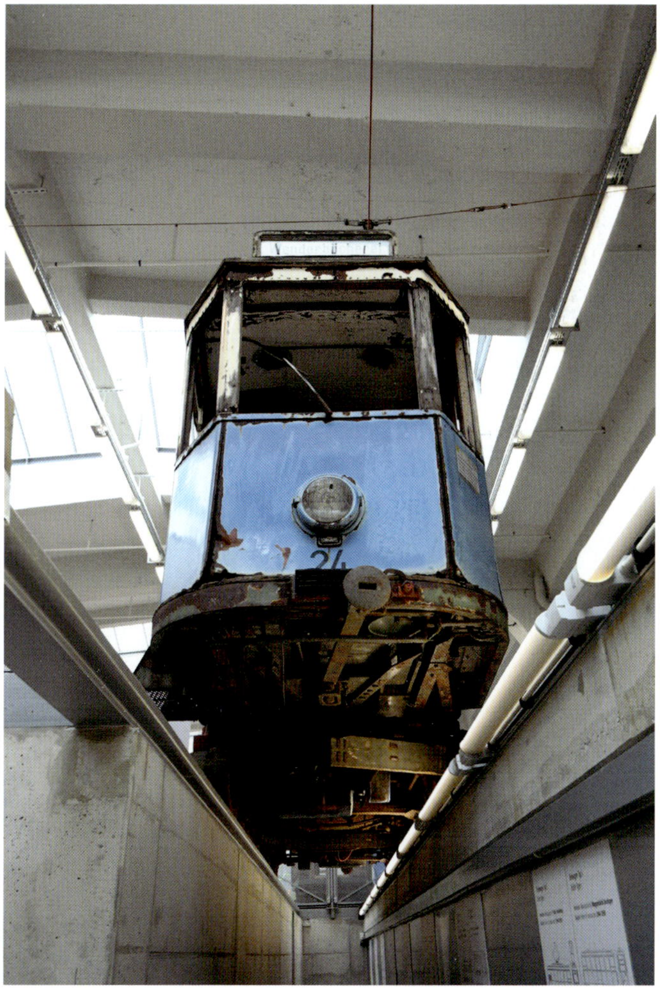

Sie sollten auch in die Details gehen. Die Führerstände mit ihren Hebeln und Knöpfen bieten dafür zahllose Motive. Ebenso finden sich vor allem an den orangen Werkstattwägen viele technische Details wie Lampen, Hebel und Rollen, die Sie schön in Szene setzen können.

Nicht zuletzt bieten sich Smartphones, Tablets oder Systemkameras an, um Panoramen zu fotografieren. Das ist mittlerweile sehr gut aus der Hand möglich. Die Software rechnet fast jede Verwacklung perfekt aus dem Bild heraus. Stellen Sie sich mit Ihrem Gerät zwischen die beiden Gleise mit den Trambahnen und drehen Sie sich während der Aufnahme einmal um die eigene Achse. Die Wagen werden leicht verzerrt dargestellt, da Sie sehr nahe an den Objekten stehen. Aber der Aha-Effekt aufgrund der ungewöhnlichen Perspektive ist garantiert.

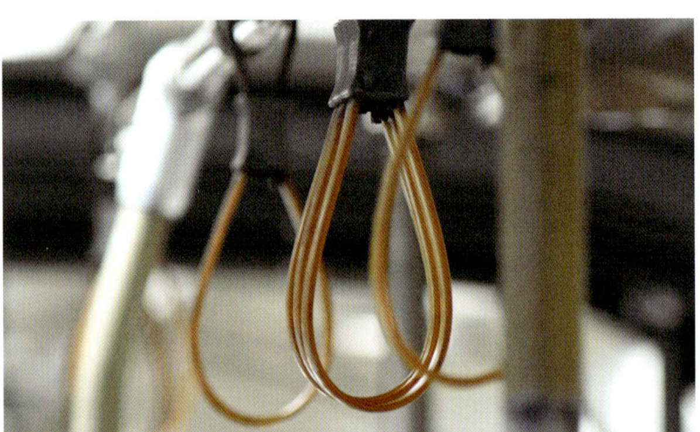

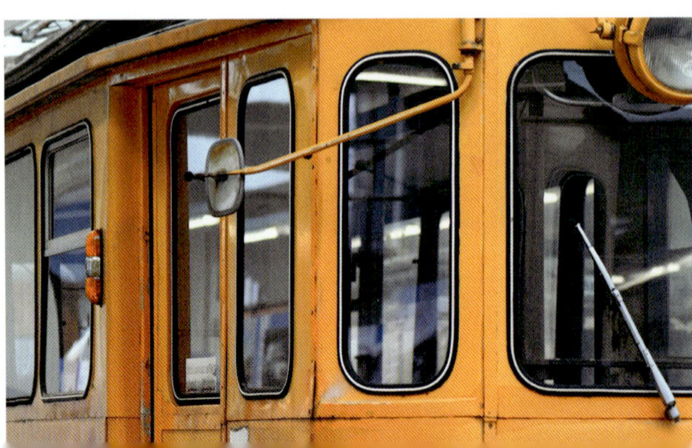

AN DER ISAR – KANÄLE, SCHLEUSEN UND KRAFTWERKE

ANFAHRT:
Am besten mit dem Fahrrad.

(QR-Codes
im Tour-Verlauf)

FOTOGRAFIE-GENRE:
Architektur, Zeitgeschichte, Reportage

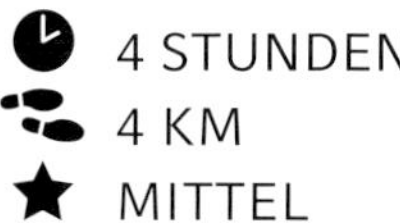

4 STUNDEN
4 KM
MITTEL

Das Wasser der Isar fließt durch München nicht nur als großer Fluss. Der Mensch hat in den Wasserlauf an vielen Stellen eingegriffen. Überall im Stadtgebiet trifft man auf Schleusen, Kanäle und sogar Wasserkraftwerke. In ihrer Gesamtheit bieten sie ein abwechslungsreiches Spektrum an Fotomotiven. Ein Bilder-Portfolio zu erstellen, wie der Mensch den Fluss leitet und nutzt, bietet sich geradezu an. Am besten erkunden Sie die Kanäle, Schleusen und Wehre im Sommer mit dem Rad in einzelnen Etappen oder mit den öffentlichen Verkehrsmitteln.
Los geht es an der Großhesseloher Brücke, südlich von München.

DAS KOMMT IN DIE TASCHE:

- Weitwinkel- und leichtes Teleobjektiv
- Verpflegung

GESCHICHTLICHES

Großhesselohe ist eines der ältesten Ausflugsziele der Münchner. Der Ort taucht erstmals in einer Urkunde aus dem Jahr 776 auf: Der Bayernherzog Tassilo III. schenkte sein Landgut »Hesinlohe« dem Benediktinerkloster Schäftlarn.

Großhesseloher Brücke

Gleich etwas hinter der Großhesseloher Brücke befindet sich das erste Stauwehr Ⓐ. Es ist verantwortlich für die Durchflussmengen des Wassers des Isarkanals und des Hauptflusses. Wenn Sie das Stauwehr am Abend besuchen, können Sie stimmungsvolle Langzeitbelichtungen des fließenden Wassers gepaart mit den mächtigen Betonverbauungen fotografieren. Achten Sie auch auf Details wie in den Beton eingelassene Stahlringe oder Kiesbänke im Wasser, die sich gut als Vordergrund in die Bildkompositionen einbeziehen lassen.

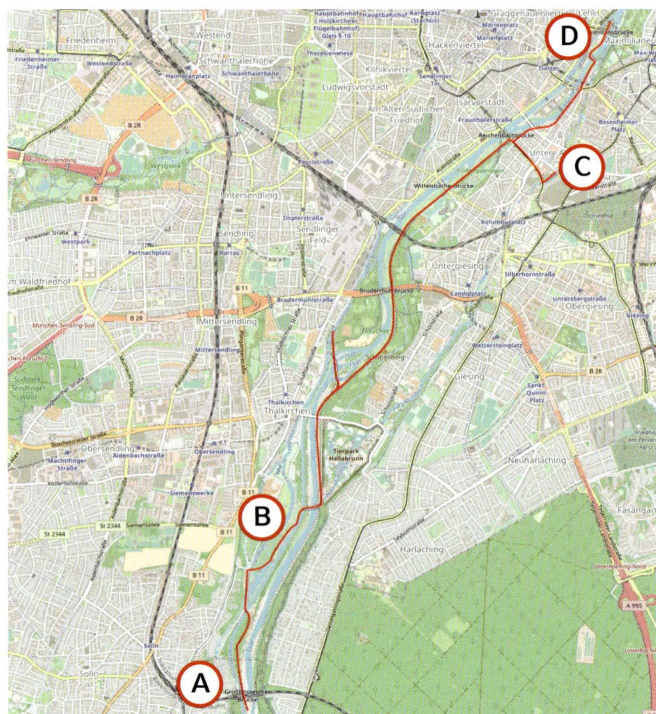

Rund einen Kilometer weiter nördlich, am Isarkanal, treffen Sie dann auf das Wasserkraftwerk Isarwerk 1 (B).

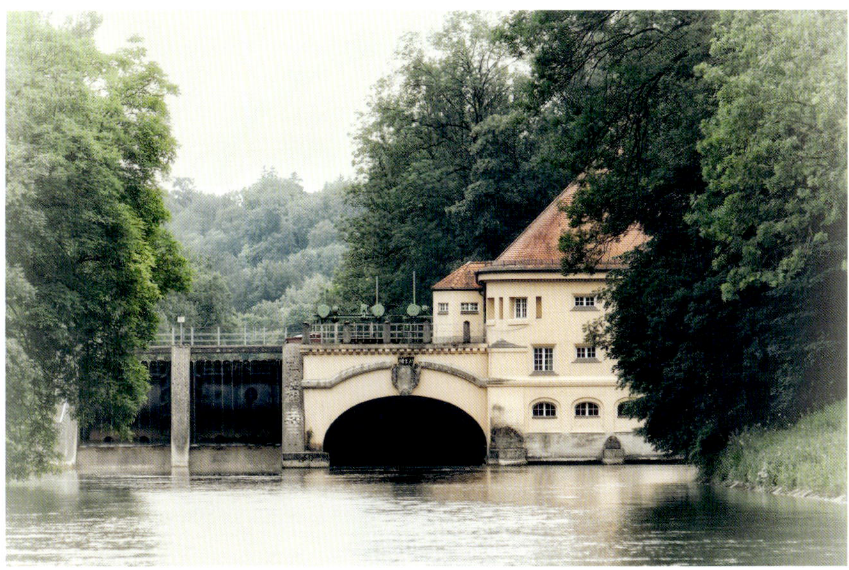

Es ist das älteste noch betriebene Isarkraftwerk in München. Das Gebäude ist ein Baudenkmal. Den besten Blick auf das historische Gebäude haben Sie von der rund 300 Meter weiter im Norden gelegenen Marienklausenbrücke, die über den Kanal führt.

Isarwerk 1

Stimmungsvoll fügt sich das Kraftwerk in das Grün der Bäume ein (übrigens ein beliebtes Werbemotiv der Stadtwerke München für saubere Energie).

Weiter gehts in Richtung Innenstadt und zwar über das Ostufer der Isar am Auer Mühlbach entlang. Der Kanal entnimmt das Wasser aus der Isar an der Marienklausenbrücke und fließt erst einmal durch den Tierpark. Dann fließt er am östlichen Isarhochufer Richtung München. Bereits im 14. Jahrhundert

Marienklause-brücke

zweigte man hier das Wasser ab und kanalisierte es, um seine Kraft mit Mühlen über das gesamte Stadtgebiet zu nutzen. Heute kann man lange Teile des Kanals erwandern oder mit dem Rad entlangfahren. Richtig fotogen wird es allerdings nur selten. Ein optischer Leckerbissen ist das Wehr am Alten Eiswerk (dort, wo der Kanal die Ohlmüllerstraße unterquert) Ⓒ.

Altes Eiswerk

Hier am Nockherberg produzierte man seit 1881 für die Paulaner Brauerei Eis zur Kühlung des Biers. Heute dient das Wasser zum Betrieb der Klimaanlage des Gebäudes. Rote und grüne Zahnräder zähmen am Alten Eiswerk das Wasser. Am Abend werden sie von der tiefstehenden Sonne beleuchtet.

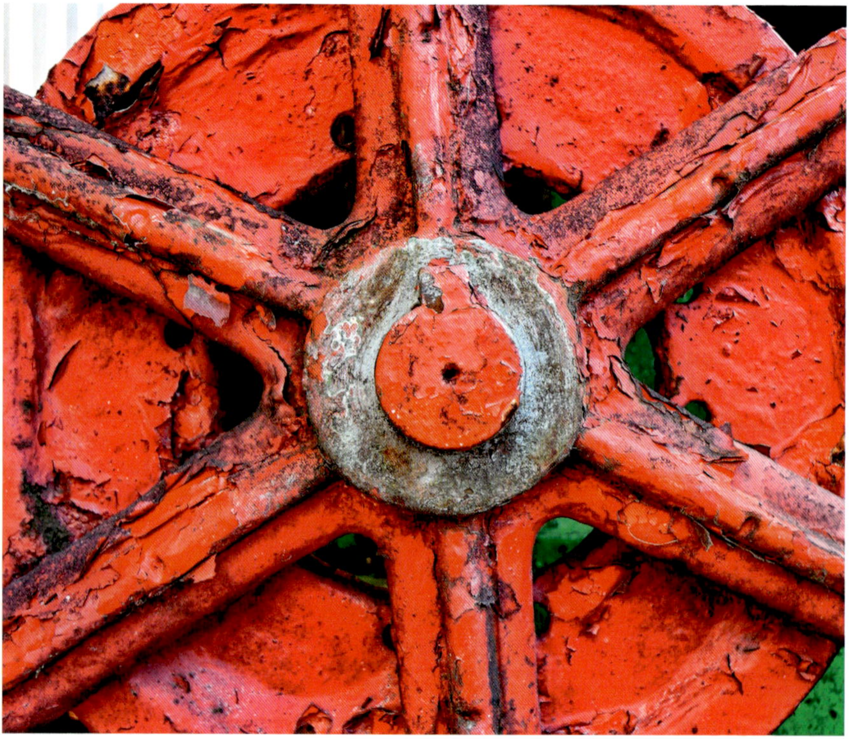

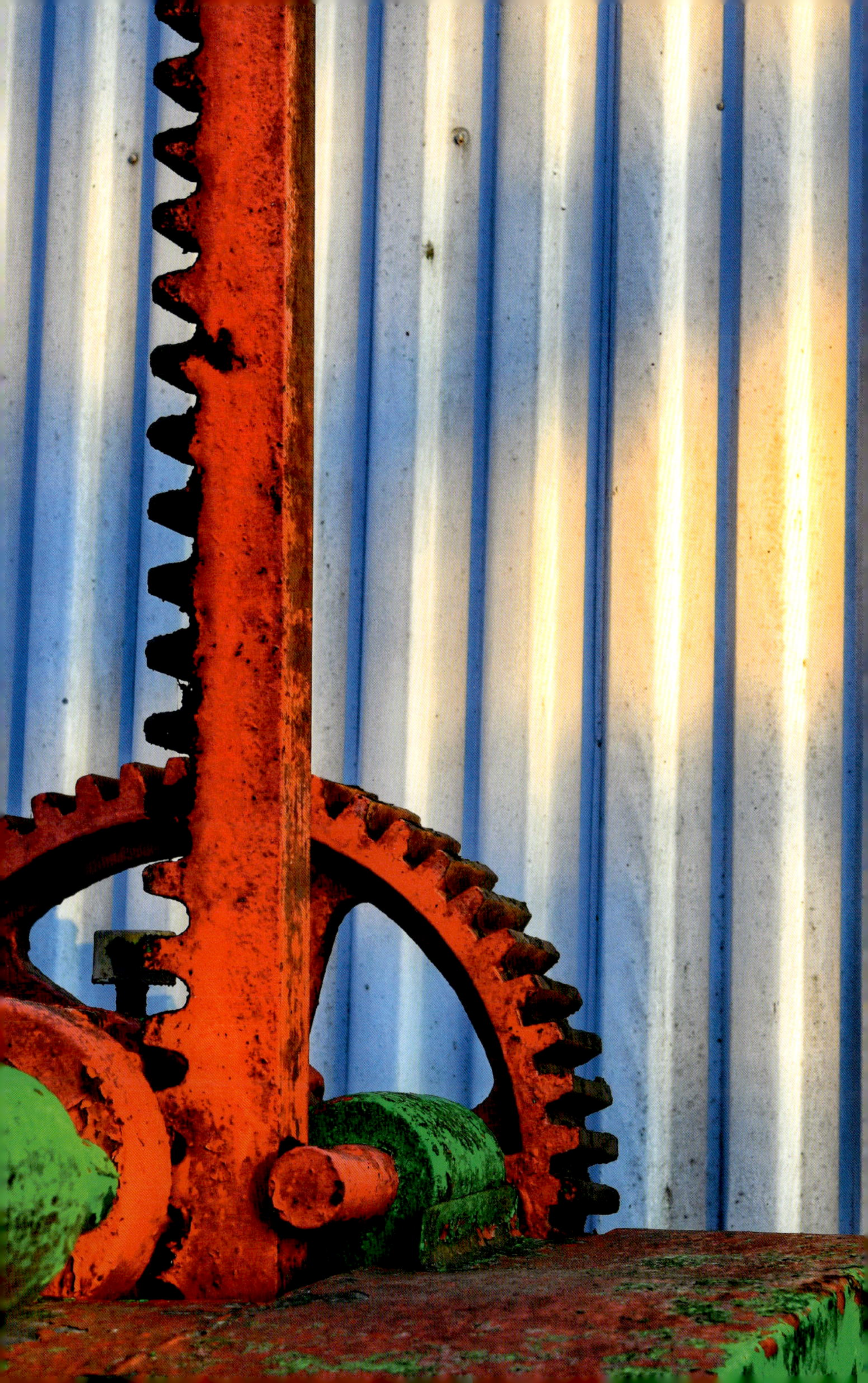

Müllersches Volksbad

Bis zum Müllerschen Volksbad können Sie dem Kanal weiter folgen.

Dann geht es weiter an der Isar bis zum Praterkraftwerk an der Maximiliansbrücke Ⓓ.

Praterkraftwerk

Vom Wasserkraftwerk selbst ist wenig zu sehen. Man sieht und hört nichts. Es gibt keine imposanten Maschinenhallen, keine dröhnenden Turbinen, keine summenden Generatoren. Das Kraftwerk ist komplett unterhalb des Kanalbetts angelegt. Die Kaskaden im westlichen Flussarm sind die einzigen Zeugen, dass hier etwas vor sich geht. Diese Kaskaden sind es, die Fotografen besuchen sollten. Über ein kleines Wäldchen auf der Praterinsel gelangen Sie dorthin. Hier bieten sich tolle Langzeitbelichtungen. Das Wasser fällt sanft über das Betonbett im Fluss. Eine hervorragende Vorlage übrigens für Schwarz-Weiß-Bilder.

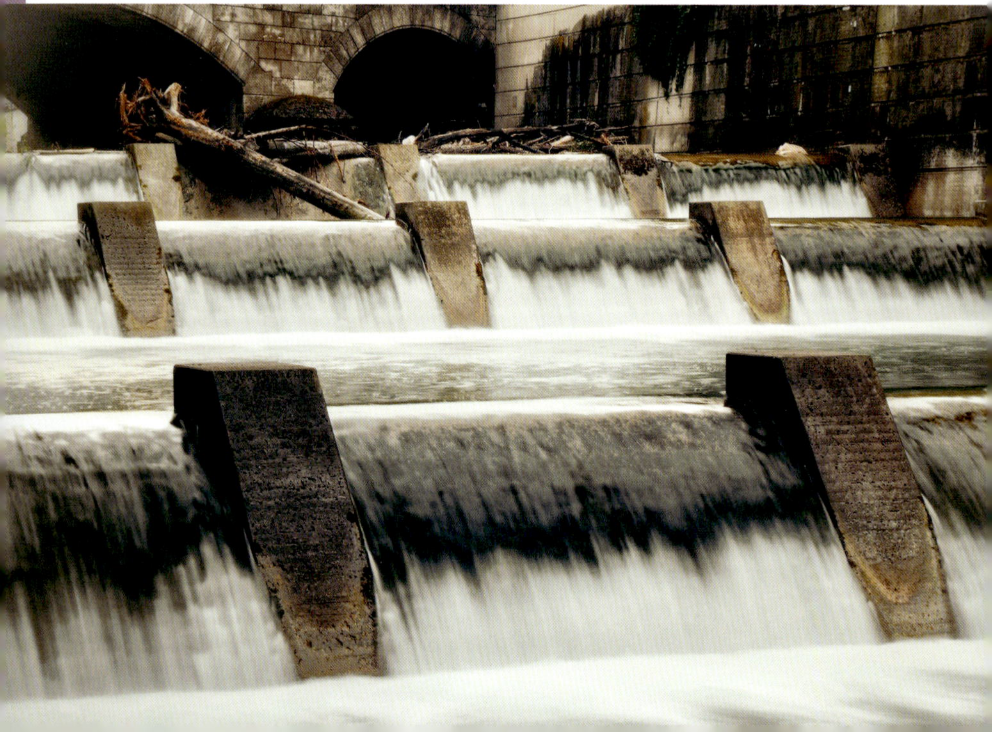

ANFAHRT:
Mit dem Auto ist der Aufnahmestandpunkt am südlichen Abfanggraben sehr gut zu erreichen. Nördlich von Hallbergmoos gibt es überall gute Parkmöglichkeiten. Am Besucherpark sind die Parkplätze kostenpflichtig. Mit dem Fahrrad kann man Hallbergmoos über die Isarradwege von München aus ansteuern – rund 35 Kilometer sind es von der Innenstadt aus. Auch auf dem Flughafenareal kann man alles gut mit dem Rad erkunden. Der Besucherpark ist mit der S-Bahn ebenfalls gut zu erreichen (Haltestelle »Besucherpark«).

(QR-Codes im Tour-Verlauf)

FOTOGRAFIE-GENRE:
Technik, Zeitgeschichte, Reportage

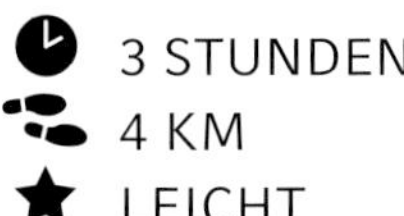

DAS KOMMT IN DIE TASCHE:

- Lange Telebrennweiten von 100 bis 500 Millimetern (Smartphones sind hier leider völlig ungeeignet)
- Brotzeit
- Sonnenschutz

Ein Hauch von Fernweh kommt auf, wenn das Röhren der Turbinen lauter wird und die Flugzeuge auf der Startbahn anrollen. Fast hautnah können Sie das erleben am Flughafen München, an der südlichen Startbahn bei Hallbergmoos. Den besten Blick auf die Flieger haben Sie am Südlichen Abfanggraben bei Mariabrunn, nördlich von Hallbergmoos Ⓐ.

Südlicher Abffang-graben

Am Nachmittag rollen die Flugzeuge von hier auf die Startbahn. Sie kommen von Westen und landen in östlicher Richtung. Am Vormittag ist es genau anders herum. Als Fotograf ist man hier nie allein. Man trifft immer auf Planespotter, jene Flugzeugenthusiasten, die schon fast alles abgelichtet haben, was fliegen kann, und die Flugpläne in- und auswendig kennen. Planespotter sind gut ausgerüstet mit Campingstühlen und Leitern, um über den Zaun zu fotografieren, manchmal sogar mit Sonnenschirmen.

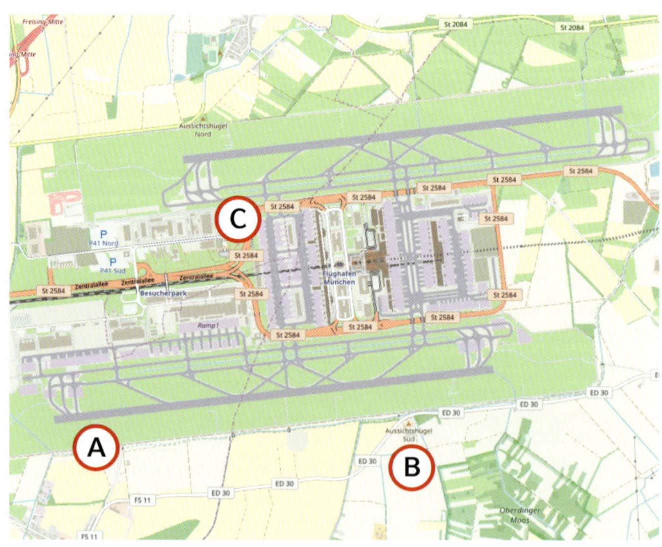

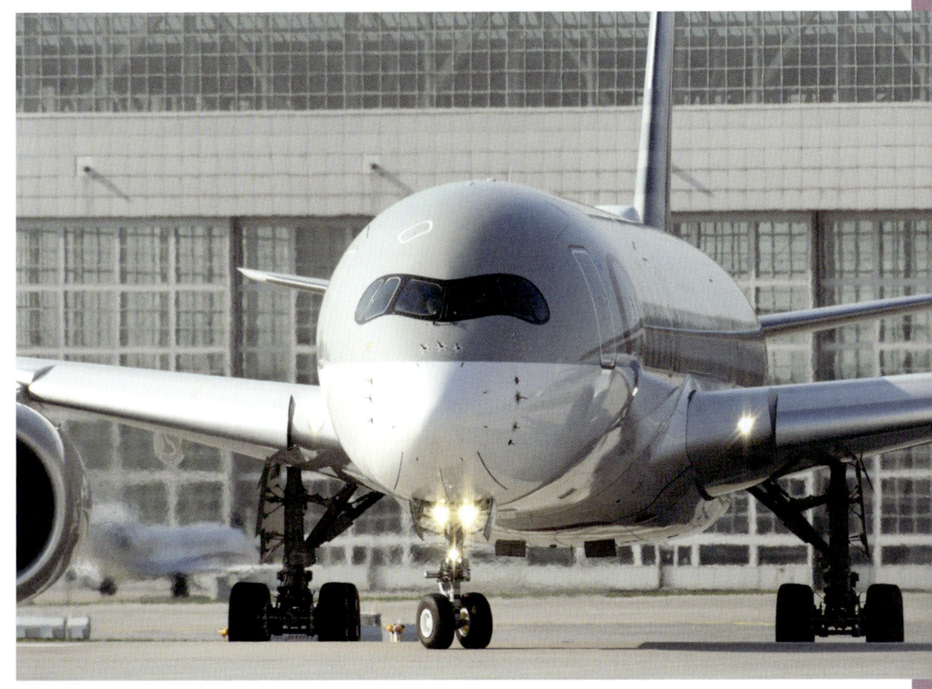

Es geht aber auch etwas rudimentärer. Sie sollten unbedingt ein Teleobjektiv in der Tasche haben mit einer Brennweite ab 100 Millimeter, manchmal sind auch 500 Millimeter Brennweite angebracht. Auf der Runway starten und landen die Flieger im Minutentakt. Langeweile kommt also nie auf. Sie können den Zaun an der südlichen Landebahn komplett entlanglaufen und sich den besten Standpunkt aussuchen, beispielsweise auf Höhe der aufsetzenden Flugzeuge. Mit einem Telezoom können Sie ohne Probleme durch die Maschen des Zauns fotografieren.

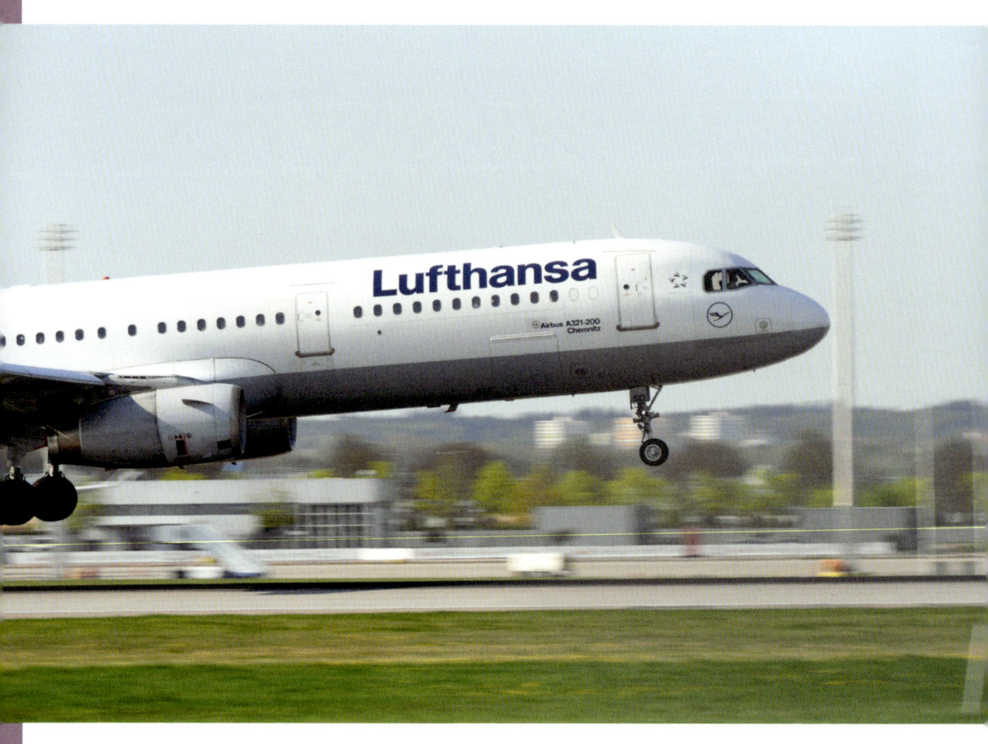

Die große Kunst ist es, die Kamera mitzuziehen, während die Flugzeuge landen oder beschleunigen. Dann erscheint der Flieger scharf und der Hintergrund unscharf. Auf diese Weise können Sie Flugzeuge besonders gut porträtieren. Belichtungszeiten sollten um die 1/100 Sekunde gewählt werden, um möglichst scharfe Bilder zu erhalten. Etwas experimentieren ist dabei aber notwendig. Schwenken Sie die Kamera gleichmäßig und flüssig mit der Bewegungsrichtung des Flugzeugs und lösen Sie währenddessen aus. Ruckartige Bewegungen sollten Sie vermeiden. Bei dieser Art der Fotografie werden sicher viele Fotos unscharf, deswegen prüfen Sie immer wieder am Display, wie das Ergebnis aussieht. Über ein scharfes Foto werden Sie sich hier doppelt freuen.

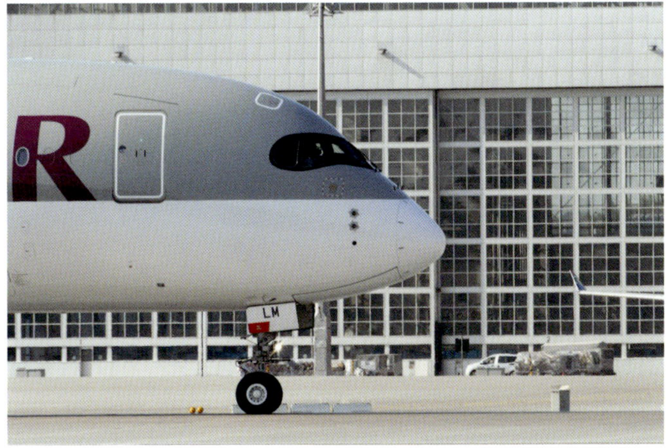

Etwas weiter östlich von Mariabrunn liegt der südliche Aussichtshügel Ⓑ.

Von dort aus haben Sie eine schöne Aussicht auf die Startbahn und den dahinterliegenden Flughafen. Der Aufstieg ist kostenlos. Vor allem abends herrscht hier eine tolle Stimmung, auch wenn der Hügel sich nur bedingt zum Fotografieren eignet. Sie können bis ans Ende der Startbahn wandern, ganz im Osten der Anlage. Leider ist man von diesem Punkt aus sehr weit entfernt von den Flugzeugen, sodass es schwierig wird, gute Bilder von ihnen zu bekommen. Selbst mit einem 500-Millimeter-Objektiv ist wenig zu holen.

Südlicher Aussichtshügel

Wer Lust hat, der kann dem Besucherpark mitten im Flughafengelände einen Besuch abstatten. Hier befindet man sich direkt am Vorfeld. Auf dem kostenpflichtigen, 28 Meter hohen Aussichtshügel hat man auch einen guten Blick auf beide Start- und Landebahnen Ⓒ.

»Besucherhügel«

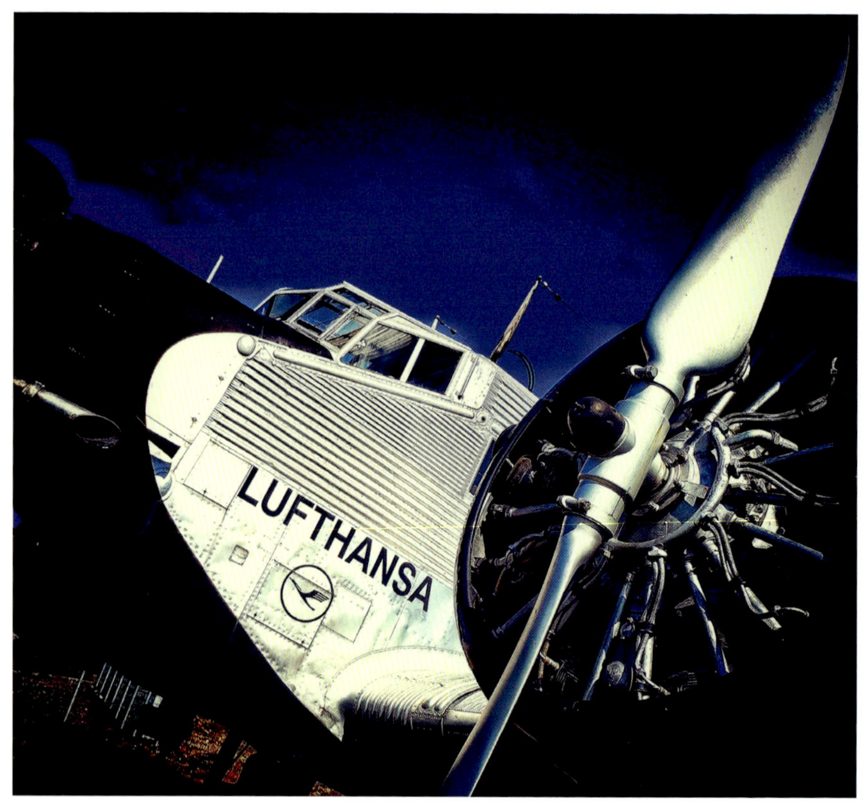

Fünf Mal täglich zu Besuch ist der Airbus A380, das größte Passagierflugzeug der Welt. Wer den Riesenvogel nicht nur aus der Ferne sehen möchte, kann ihm hier näherkommen. Für Flugzeugnostalgiker gibt es auf dem Gelände einige Meilensteine der Luftfahrtgeschichte zu bewundern. Sie können in die Kabinen der Super Constellation, der Douglas DC-3 und der Junkers Ju 52 einsteigen und das Gefühl des Fliegens aus vergangenen Zeiten erleben. Für private Zwecke darf hier fotografiert werden, für alle anderen Zwecke benötigen Sie eine Genehmigung des Flughafens.

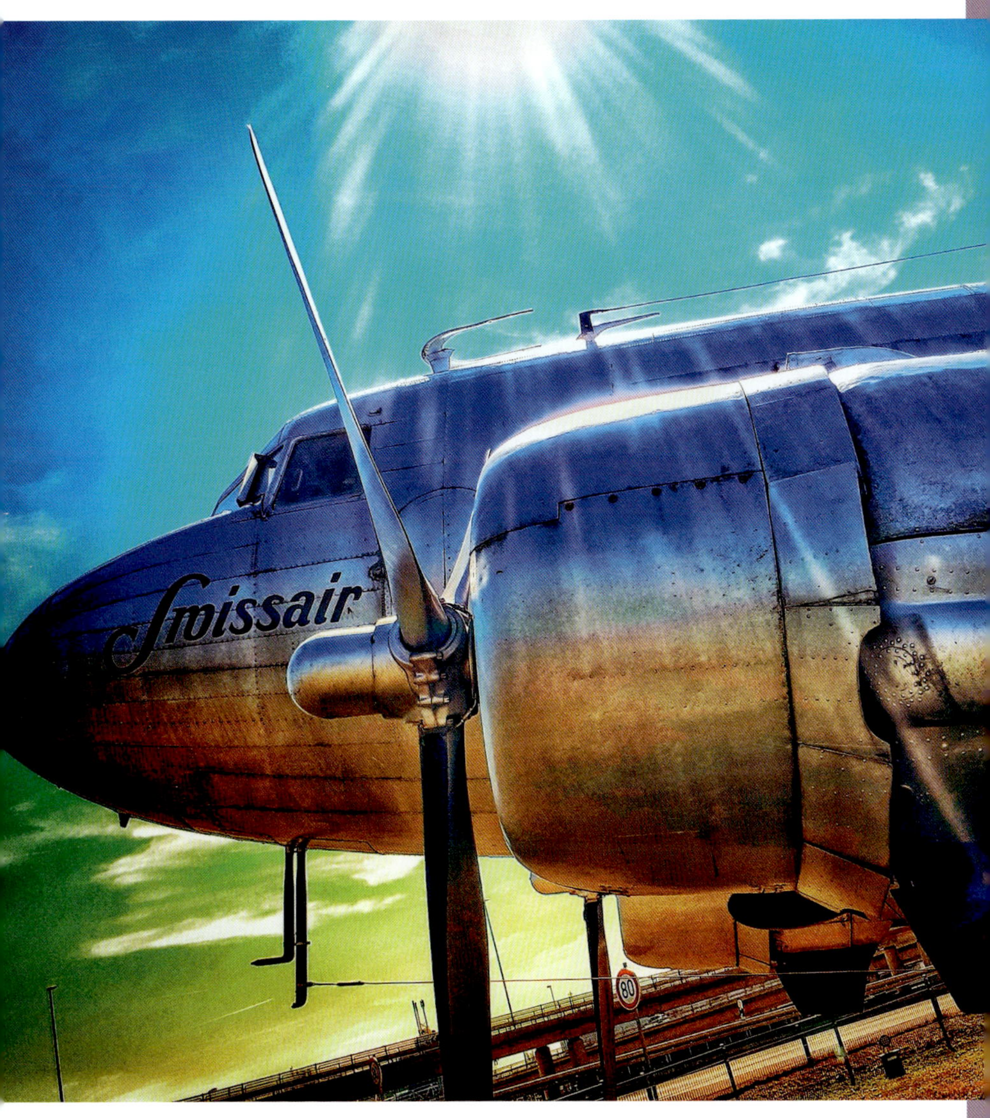
Swissair
80

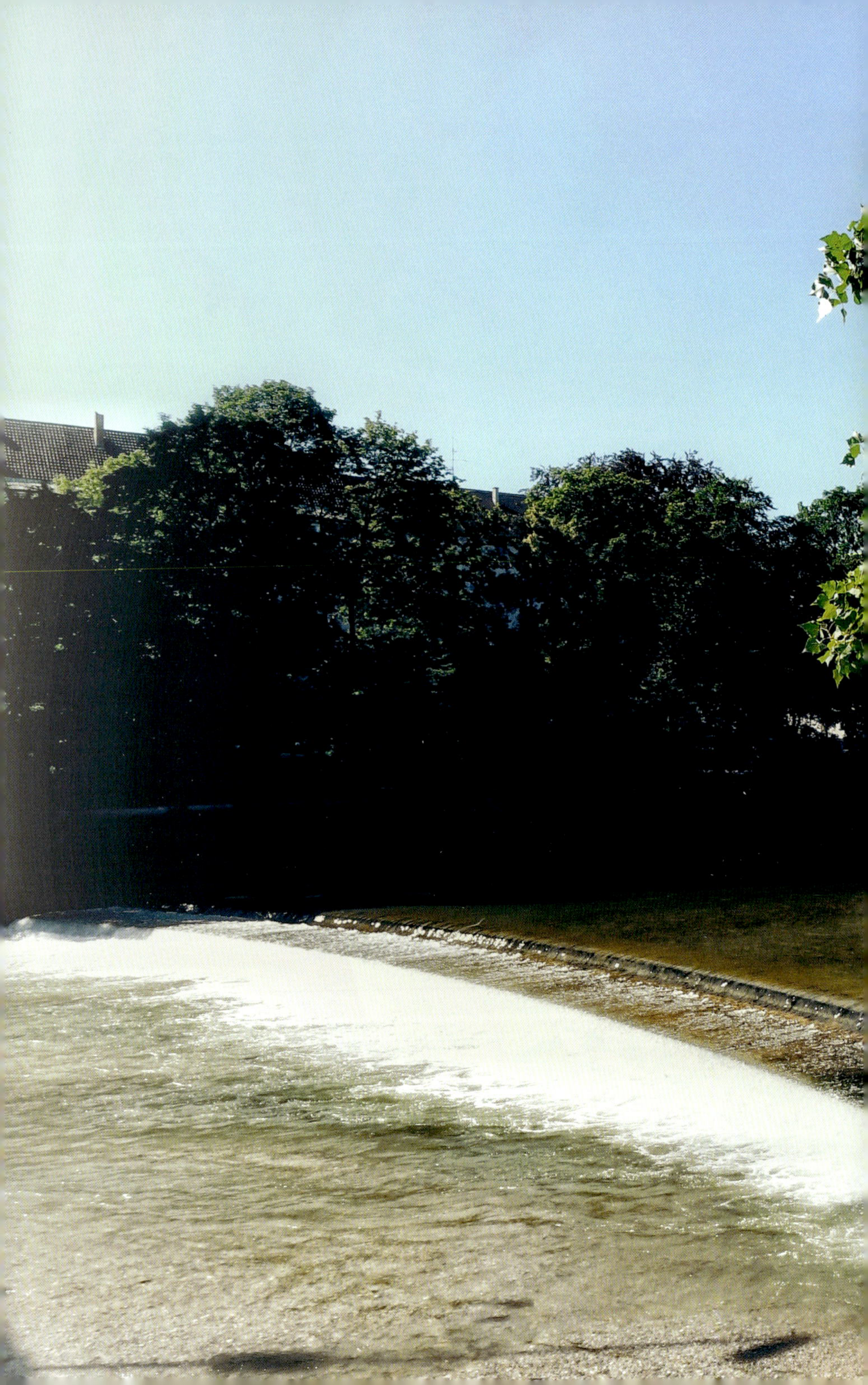

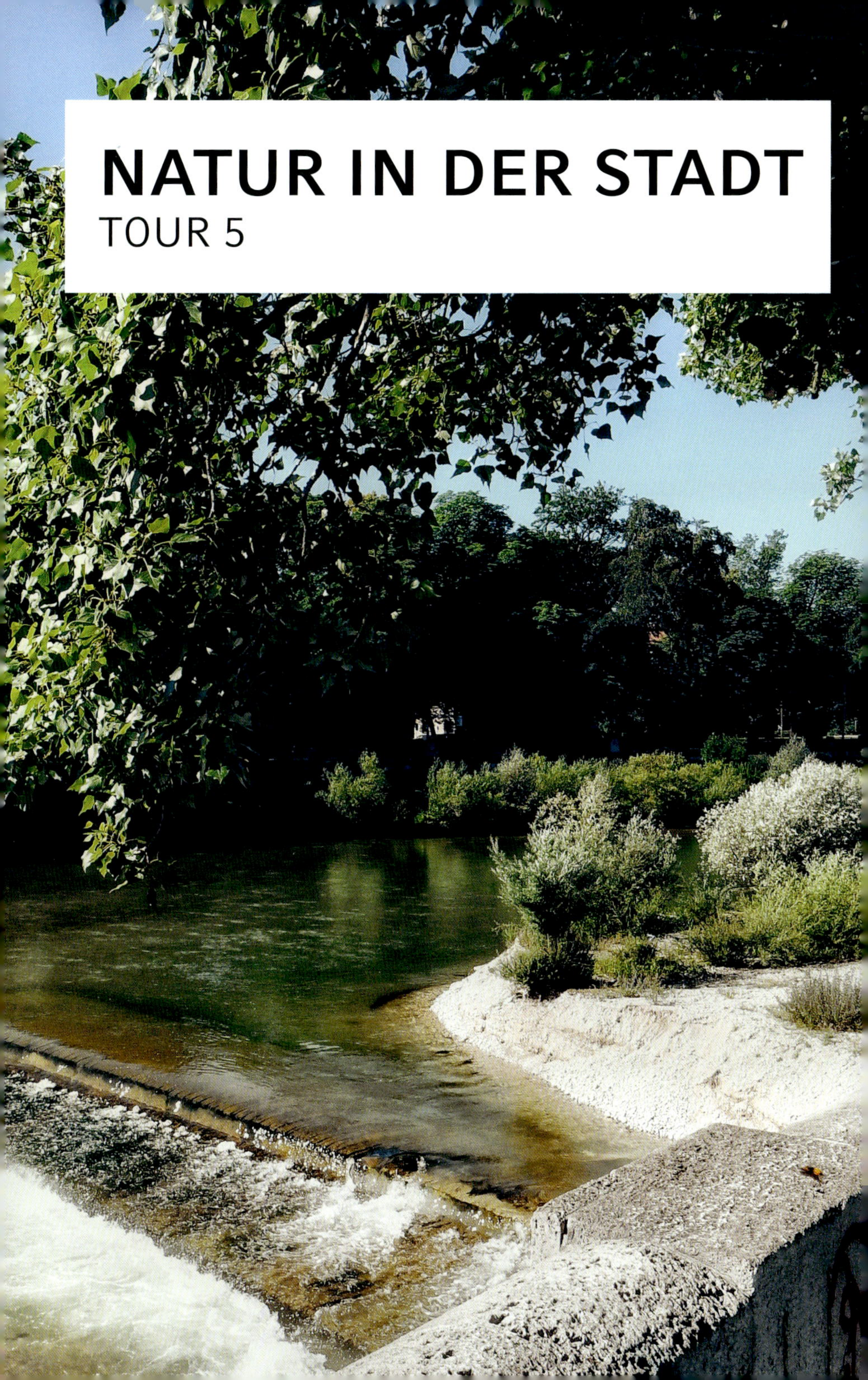

NATUR IN DER STADT

TOUR 5

1 HIRSCHGARTEN

2 ISARAUEN

3 POSCHINGER WEIHER

4 DACHAUER MOOS/ DACHAUER SCHLOSS

5 FORSTENRIEDER PARK

6 BOTANISCHER GARTEN

7 ALTER BOTANISCHER GARTEN

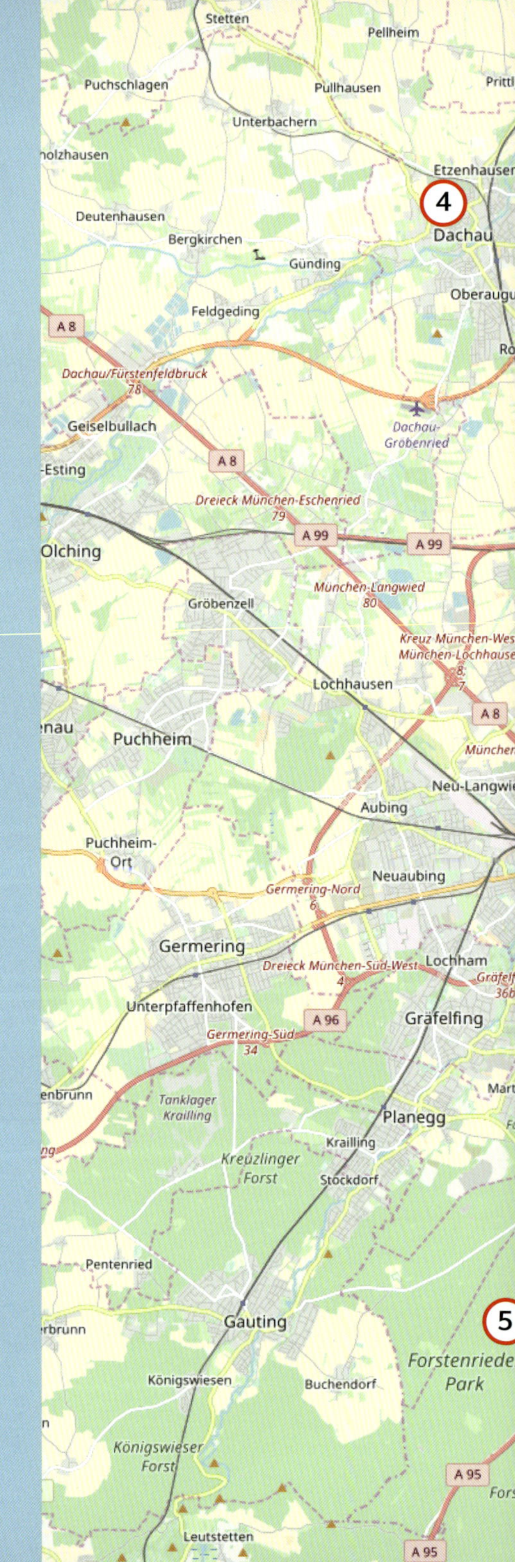

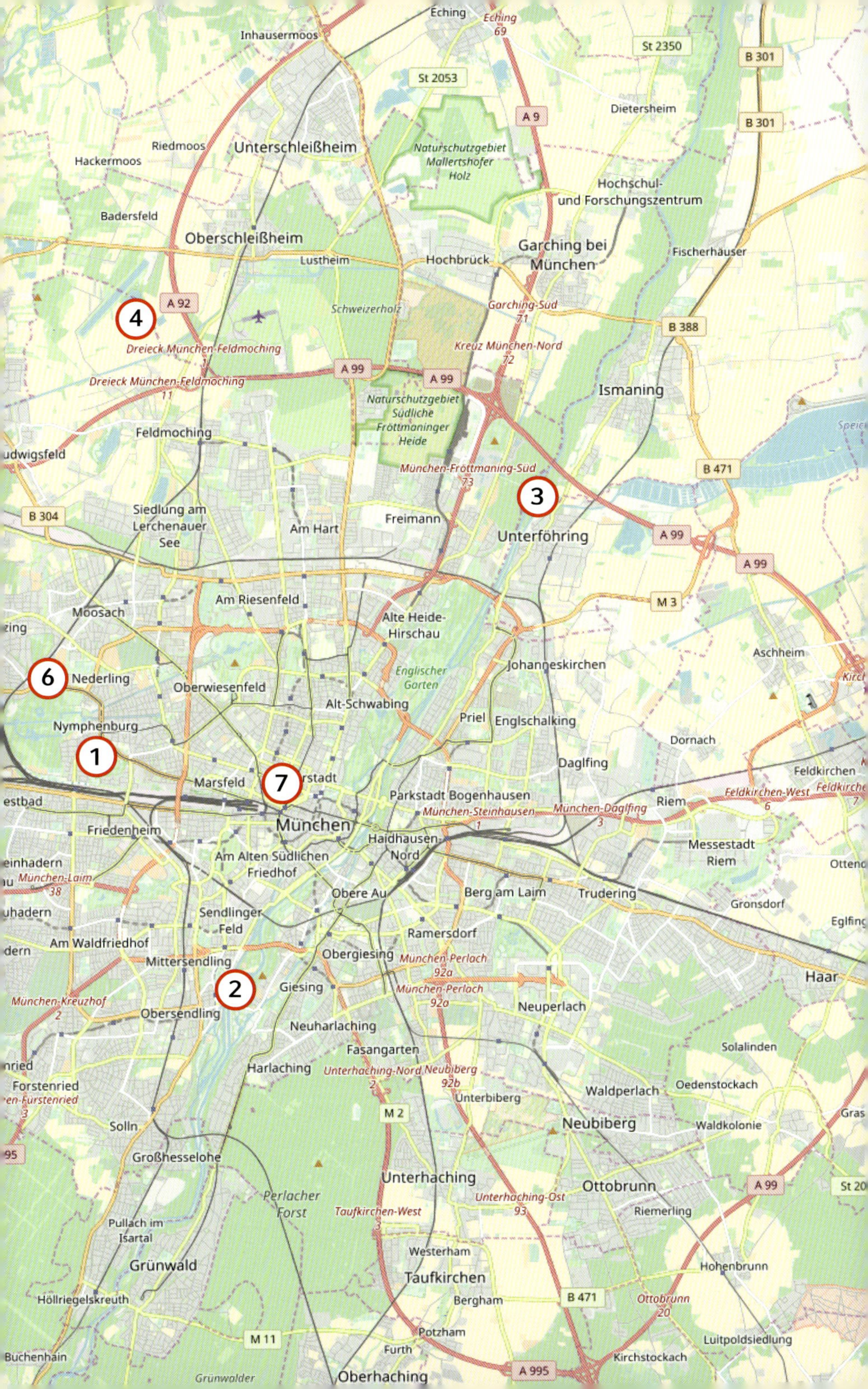

Eching
Echingd
69
Inhausermoos
St 2350
B 301
St 2053
A 9
Dietersheim
B 301
Naturschutzgebiet
Mallertshofer
Holz
Riedmoos
Unterschleißheim
Hackermoos
Hochschul-
und Forschungszentrum
Badersfeld
Oberschleißheim
Garching bei
München
Fischerhäuser
Lustheim
Hochbrück
Schweizerholz
A 92
4
Garching-Süd
71
B 388
Kreuz München-Nord
72
Dreieck München-Feldmoching
1
A 99
A 99
Dreieck München-Feldmoching
11
Naturschutzgebiet
Südliche
Fröttmaninger
Heide
Ismaning
Feldmoching
udwigsfeld
München-Fröttmaning-Süd
73
B 471
3
B 304
Siedlung am
Lerchenauer
See
Am Hart
Freimann
Unterföhring
A 99
A 99
Am Riesenfeld
M 3
Moosach
Alte Heide-
Hirschau
zing
Aschheim
Englischer
Garten
Johanneskirchen
6
Nederling
Oberwiesenfeld
Alt-Schwabing
Nymphenburg
Priel
Englschalking
Dornach
1
Daglfing
Feldkirchen
7
rstadt
Marsfeld
Parkstadt Bogenhausen
Riem
Feldkirchen-West
6
estbad
München-Steinhausen
1
München-Daglfing
3
München
Friedenheim
Haidhausen-
Nord
Messestadt
Riem
einhadern
Am Alten Südlichen
Friedhof
München-Laim
38
Oberе Au
Berg am Laim
Trudering
Gronsdorf
uhadern
Sendlinger-
Feld
Ramersdorf
Am Waldfriedhof
Obergiesing
München-Perlach
92a
dern
Mittersendling
Haar
2
Giesing
München-Perlach
92a
München-Kreuzhof
2
Obersendling
Neuperlach
Neuharlaching
Solalinden
Fasangarten
Harlaching
Unterhaching-Nord
2
Neubiberg
92b
nried
Forstenried
Oedenstockach
Waldperlach
Unterbiberg
M 2
Solln
Neubiberg
Waldkolonie
95
Großhesselohe
Unterhaching
Ottobrunn
A 99
Perlacher
Forst
Unterhaching-Ost
93
Taufkirchen-West
3
Riemerling
Pullach im
Isartal
Westerham
Grünwald
Taufkirchen
Hohenbrunn
Höllriegelskreuth
Bergham
B 471
Ottobrunn
20
M 11
Potzham
Luitpoldsiedlung
Furth
Buchenhain
Grünwalder
Oberhaching
A 995
Kirchstockach

1 DER HIRSCHGARTEN

ANFAHRT:
Mit den S-Bahnen über die Stammstrecke, Ausstieg Haltestelle »Hirschgarten«. Mit der Tram 17 zum Steubenplatz. Mit dem Fahrrad von der Stadt kommend, ebenfalls über den Steubenplatz.

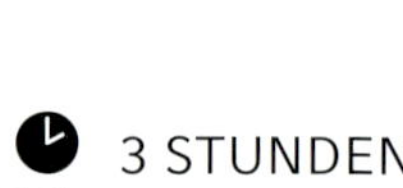

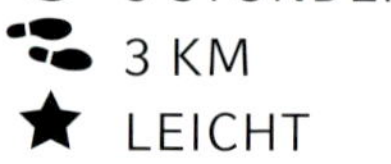

3 STUNDEN
3 KM
LEICHT

FOTOGRAFIE-GENRE:
Natur, Zeitgeschichte, Reportage

Er ist eines der beliebtesten Ausflugsziele der Münchner, mit dem vermeintlich größten Biergarten der Welt: Bei schönem Wetter im Sommer tummeln sich im Hirschgarten Sonnenanbeter, Grillfreunde, Sportler und Biergartenbesucher.

Dazwischen wuseln unzählige Kinder – von einem Spielplatz zum nächsten und vom Wildtiergehege zum legendären Karussell.

DAS KOMMT IN DIE TASCHE:

- Ein Weitwinkel- und ein Teleobjektiv, wenn vorhanden ein Makroobjektiv
- Ersatzakkus im Winter (am besten am Körper tragen, um die Akkus warm zu halten und damit ihre Leistungsfähigkeit zu erhalten)
- Stabiles Stativ

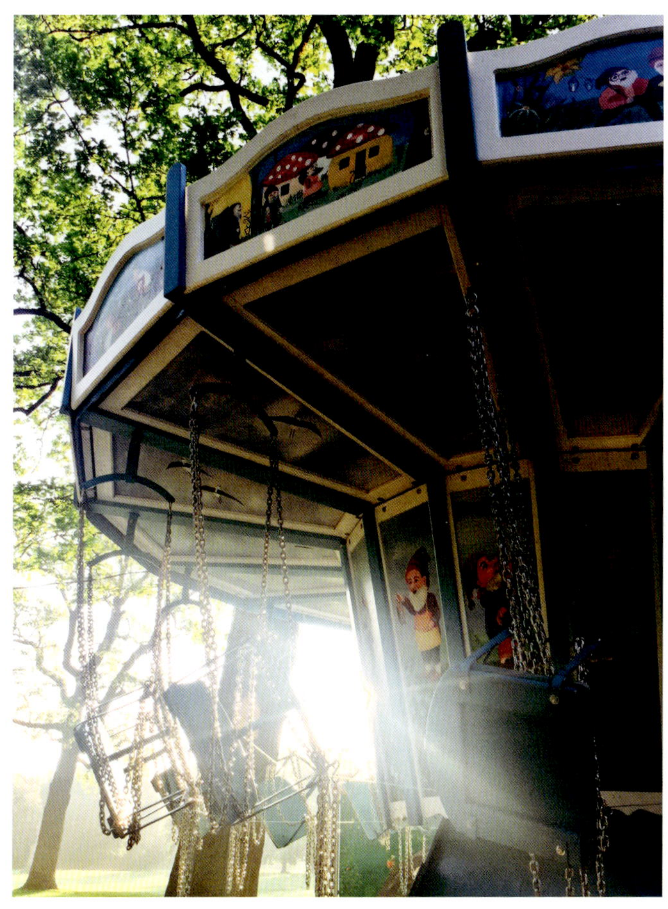

Doch am Morgen gehört der Hirschgarten den Fotografen. Die Natur wirkt noch unberührt. Beeindruckend sind die mächtigen Laubbäume, einige von ihnen mehr als 100 Jahre alt. Im Herbst entfachen sie ein wahres Feuerwerk an Farben. Dann liegt Kastanienduft in der Luft, Nebelschwaden ziehen über die Wiesen. Durch sie hindurch bahnen sich die ersten Strahlen der Sonne ihren Weg zum Boden. Im Morgentau werden die Netze der Spinnen sichtbar und glänzen im warmen Licht der Morgensonne.

GESCHICHTLICHES

Im Jahr 1720 wurde der Hirschgarten angelegt als Fasanerie. Knapp 60 Jahre später beauftragte Kurfürst Karl Theodor seinen Oberstjägermeister Freiherr von Waldkirch, das Areal zu einem Jagdrevier für den Adel umzuwandeln. Ein Teil wurde eingezäunt und 100 Dam- und Edelhirsche wurden ausgesetzt. Karl Theodor machte den Hirschgarten für seine Untertanen zugänglich und erbaute 1791 das Jägerhaus, eine erste Gaststätte. Seitdem hat sich die Nutzung des Areals nicht mehr grundlegend verändert. Heute ist der Hirschgarten eines der Münchner Landschaftsschutzgebiete. Das macht ihn vor allem für Fotografen mit einem Faible für Bäume interessant.

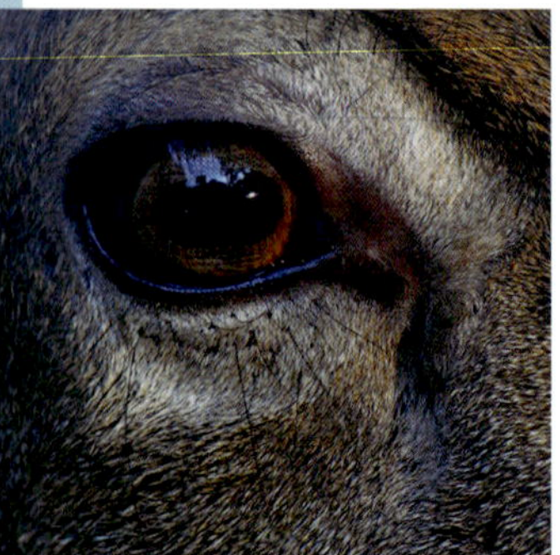

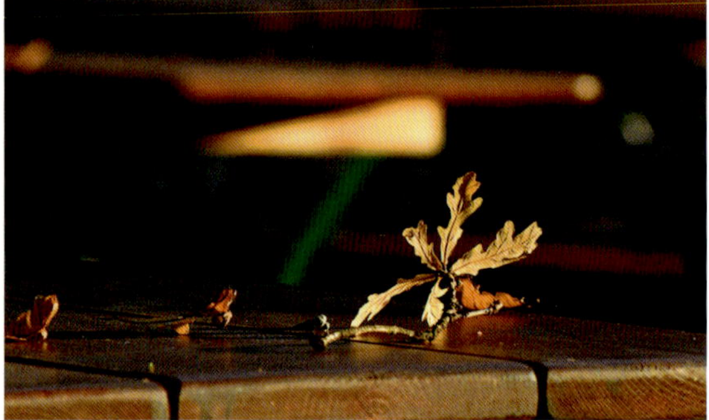

Ende September sollten Sie spätestens gegen 7.30 Uhr im Park sein. Dann gelangen die ersten Sonnenstrahlen durch das Laub der Bäume auf den Boden. Im Gegenlicht kommen die Nebelschwaden auf den Wiesen besonders gut zur Geltung. Etwa eine halbe Stunde lang trotzt der Nebel der stärker werdenden Sonne. Diese Zeit sollten Sie ausgiebig zum Fotografieren nutzen. Mit dem Weitwinkel setzen Sie die mächtigen, oft freistehenden Eichen im Gegenlicht in Szene. Oder Sie gehen auf Jagd nach Spinnennetzen oder bunten Blättern, die im warmen Morgenlicht ihre ganze Farbenpracht entfalten.

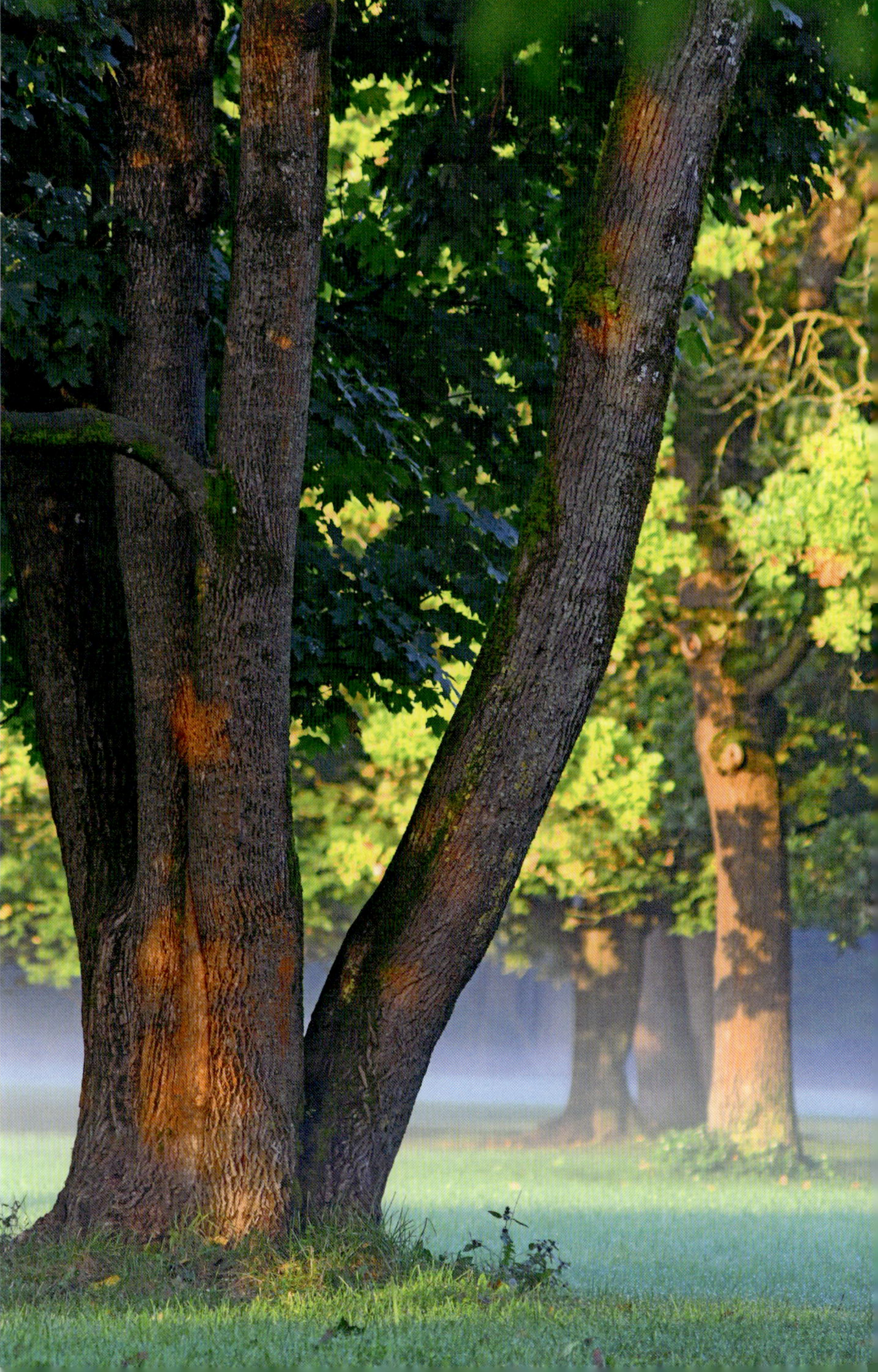

Im Winter wird es im Park deutlich ruhiger. Bei Neuschnee entwickelt er einen ganz besonderen Charme. Umgeben von Stadtvierteln und der Bahntrasse wird er zu einer Oase der Ruhe mitten in der Stadt. Jetzt haben Sie die Möglichkeit, monochrom zu fotografieren – z. B. in Schwarz-Weiß. Markant heben sich die Bäume ab von ihrem Umfeld, solange der Schnee auf den Ästen liegt und der Wind ihn noch nicht heruntergeweht hat. Die Stimmung ist melancholisch.

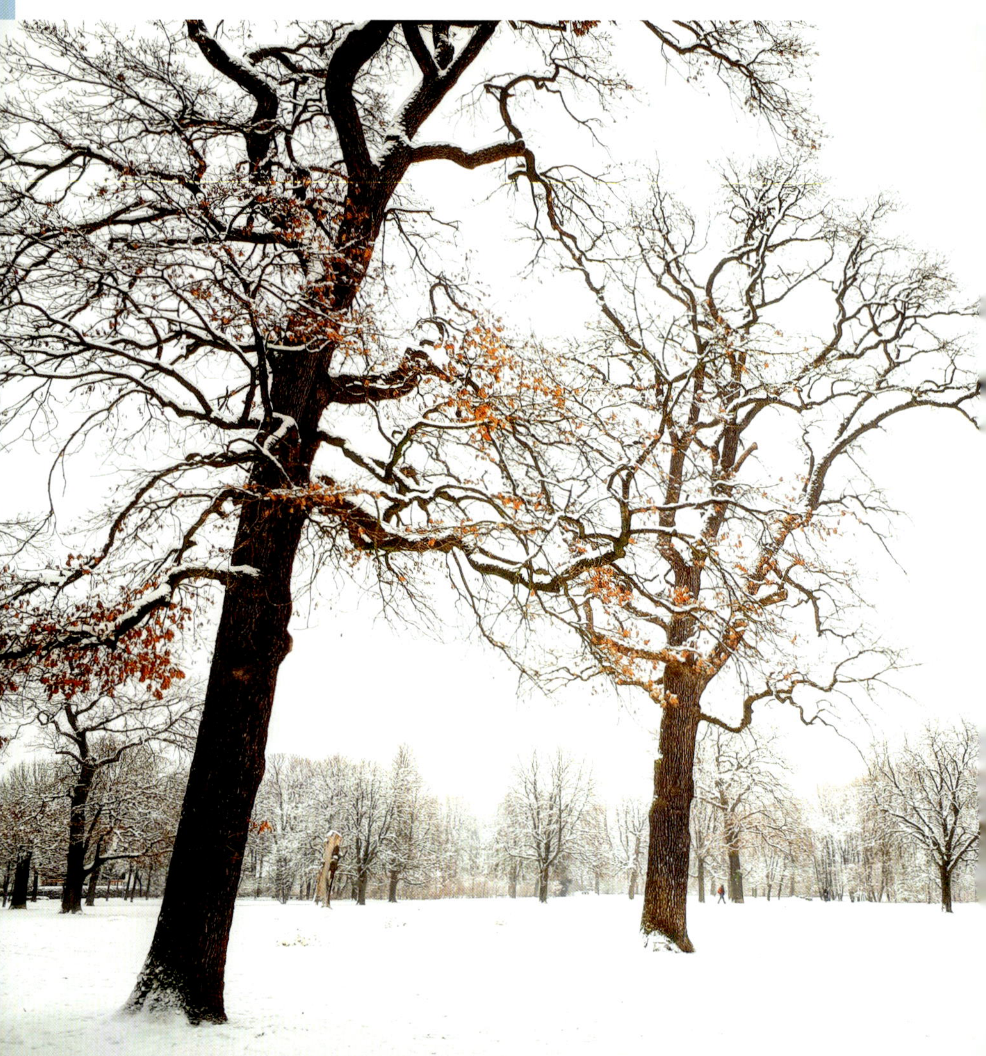

2 IN DEN ISARAUEN

ANFAHRT:
Mit dem Rad direkt auf den Flauchersteg. Mit dem Auto gibt es Parkmöglichkeiten Am Isarkanal. Mit der U3 nach Thalkirchen. Von dort aus dann fünf Minuten zu Fuß zum Flauchersteg.

FOTOGRAFIE-GENRE:
Natur, Reportage

(QR-Codes im Tour-Verlauf)

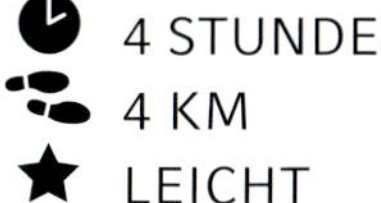
4 STUNDEN
4 KM
LEICHT

Schwer zu glauben, aber die Isar war früher ein wilder Strom. Der Name der Isar leitet sich vom keltischen Wort »Isara« ab. Das bedeutet: die sich heftig schnell Bewegende, die Reißende. Doch davon ist wenig übriggeblieben. Durch Umgestaltung gezähmt und reguliert vom südlich des Tegernsees gelegenen Sylvenstein-Speicher, fließt sie durch München – auch wenn die Stadtplaner bemüht sind, zumindest

DAS KOMMT IN DIE TASCHE:

- Weitwinkel- und leichtes Teleobjektiv (wer Vögel fotografieren möchte, sollte zusätzlich die lange Telebrennweite einpacken)
- Graufilter
- Und im Sommer vielleicht ein Feierabendbier, das man nach getaner Arbeit gemütlich am fließenden Wasser genießen kann

an einigen Stellen der Isar wieder ihren eigenen Willen zu lassen, und das Betonkorsett aufgelockert haben.

Flauchersteg

Erahnen kann man die ursprünglich raue Flusslandschaft noch am Flaucher, in Thalkirchen, ganz im Süden Münchens.

Ihr Erscheinungsbild ist hier ganz anders als nördlich der Stadtgrenze. Mit Flussrinnen, dynamischen Kiesbänken und Schwemmholz macht die Isar hier ihrem Charakter als Wildwasserfluss noch einige Ehre.

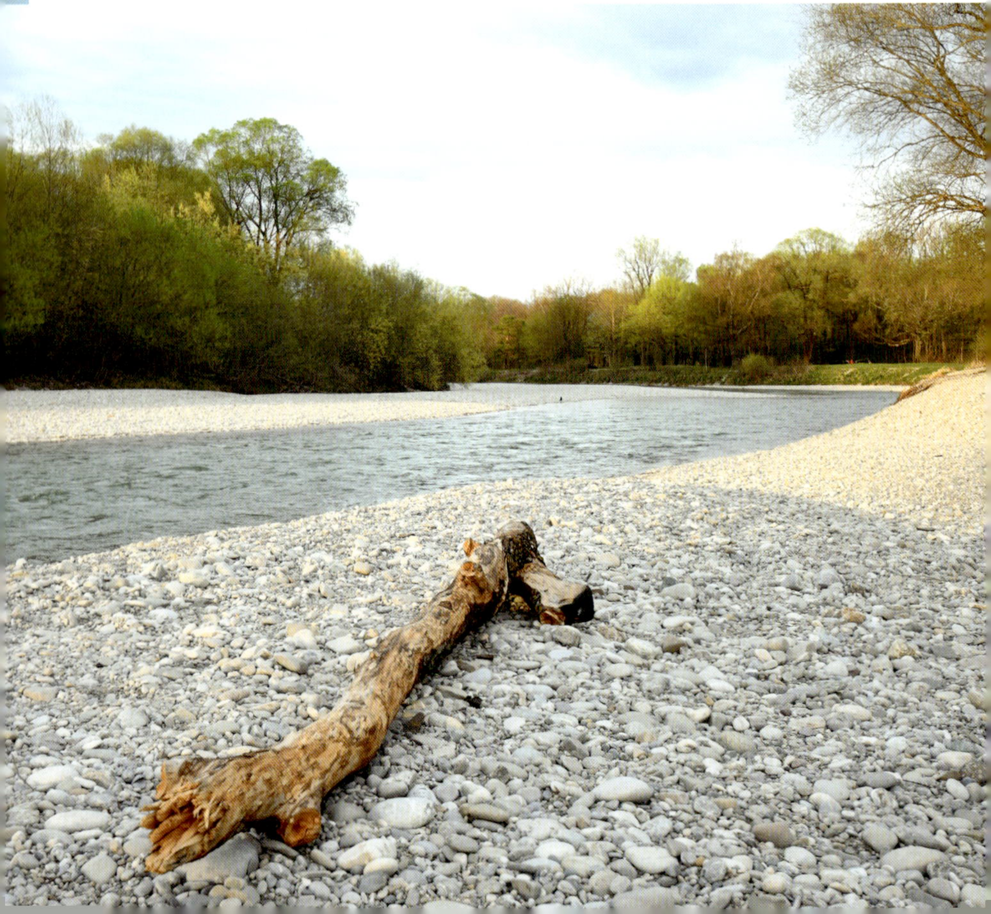

GESCHICHTLICHES

Schon im Mittelalter wurde an der Stelle des heutigen Flaucherwehrs Wasser in die Münchner Stadtbäche geleitet. Mitte des 19. Jahrhunderts begann man mit der Regulierung und der Umwandlung der ursprünglichen Landschaft in ein Naherholungsgebiet. Bis dahin war die Gegend eine weitgehend unberührte Auenlandschaft. Seinen heutigen Namen bekam der Flaucher um 1870. Er geht zurück auf die Gastwirtschaft »Zum Flaucher«, die der Münchner Schankwirt Johann Flaucher um 1870 in einem Forsthaus in den Auen am westlichen Isarufer eröffnet hatte.

Heute ist der Flaucher ein äußerst beliebtes Ausflugsziel. Im Sommer sieht man tagsüber kaum noch die Kiesbänke vor lauter Sonnenanbetern und Nacktbadern. Am Abend gehen die Grillfeuer an. Sie umnebeln die Isar manchmal komplett mit Rauch. Dann ist hier genauso viel los wie am Stachus zur besten Shoppingzeit.

Doch trotz des Massenandrangs gibt es für Fotografen einige kurze Zeitfenster, zu denen es sich lohnt, die Gegend kontemplativ mit der Kamera zu erkunden. Früh am Morgen im Frühling, Sommer und Herbst ist eine gute Zeit. Ebenso bietet es sich an, an kühlen, trüben Abenden im Frühling vorbeizuschauen. Es bieten sich monochrome Motive von angeschwemmten Baumstämmen auf Kiesbänken. Oder Sie fangen fließendes Wasser mit Langzeitbelichtungen ein. Graufilter vor der Linse helfen, die Belichtungszeiten zu verlängern. Das zarte Grün an den Bäumen der Auenlandschaft in Szene zu setzen, ist mindestens ebenso reizvoll.

Wasser-
kraftwerk

Starten Sie die Tour am Wasserkraftwerk (»Am Isarkanal«) und laufen Sie den Flauchersteg entlang.

Von dort führen Treppen hinunter auf die Kiesbänke nördlich des Stegs. Hier erinnert die Landschaft, zumindest ganz entfernt, noch an die Zeiten, zu denen der Mensch nicht in das Ökosystem eingegriffen hat. Wer gerne Schwarz-Weiß-Bilder fotografiert, kann sich hier mit dem Schwemmgut beschäftigen, mit gurgelndem Wasser, das um künstlich eingebrachte Steine fließt, oder mit den Strukturen der Kiesbänke.

Im Winter bei Neuschnee bietet der die Gegend zwischen dem Flaucher und dem Isarkanal weiter südlich besondere Ansichten. Dann wartet die Gegend mit einem ungetrübten Naturgenuss inmitten der Stadt auf. Auch hier fotografiert man am besten monochrome Motive aus Winterbäumen und verschneiten Kiesbänken. Auch Vogelliebhaber kommen auf ihre Kosten: Im ruhigen Wasser oberhalb des Flaucherwehrs halten sich besonders im Winter viele Wasservögel auf – von Lachmöwen, Gänsesägern und Blässhühnern über Mandarinenten und Gänse bis hin zu Schwänen ist alles vertreten.

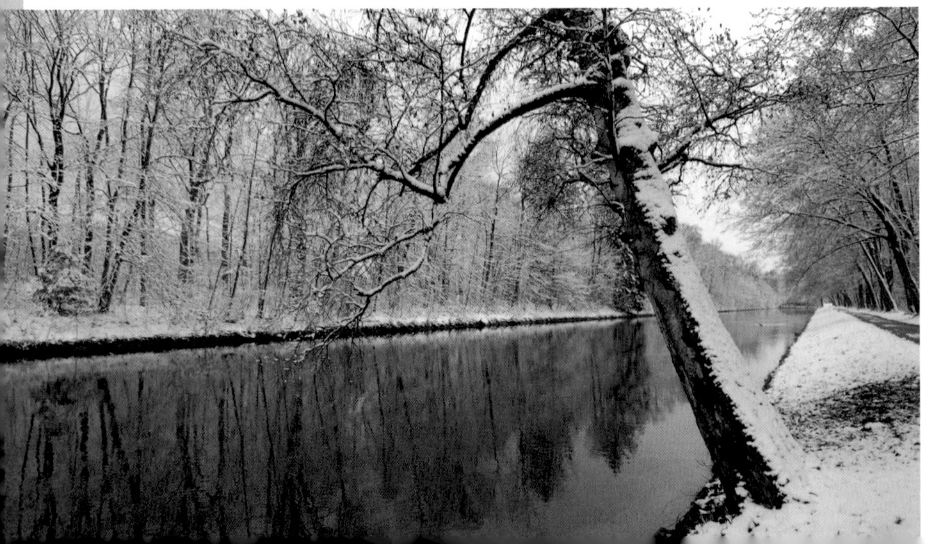

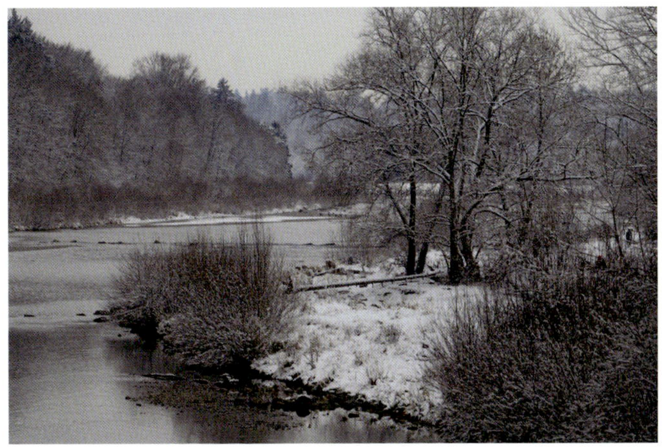

Egal zu welcher Jahreszeit Sie unterwegs sind: Abschließen sollten Sie Ihren abendlichen Fotoausflug direkt am Flussufer, am Fuß der Thalkirchner Brücke.

Die ist nämlich vor allem zur Blauen Stunde ein echter Blickfang mit ihren gelben Laternen und der Architektur mit vielen Querverstrebungen. Die Straßenbeleuchtung der Brücke spiegelt sich im blauen Wasser der Isar. Langzeitbelichtungen verleihen dem Bauwerk und seiner Umgebung dann eine ganz besondere Stimmung.

Thalkirchner Brücke

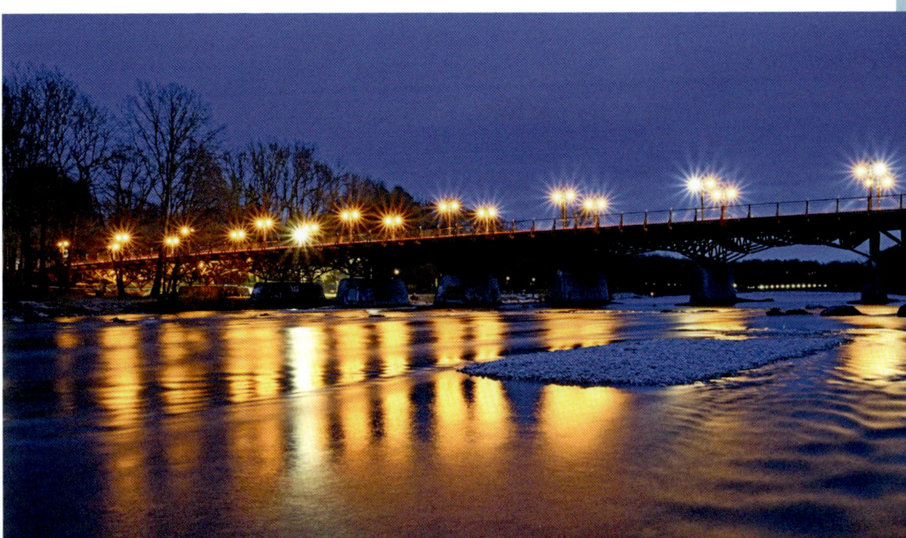

3 AN DER ISAR – NEBEL AM FLUSS

(QR-Codes im Tour-Verlauf)

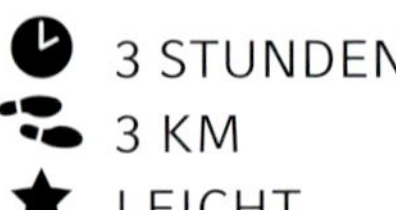

ANFAHRT:
Mit dem Auto zum Poschinger Weiher (Adresse »Am Poschinger Weiher«). Mit dem Fahrrad über den Englischen Garten zum Poschinger Weiher. Mit dem Bus Linie 181, Haltestelle Großlappen.

FOTOGRAFIE-GENRE:
Streetart, Street, People, Zeitgeschichte, Reportage

Sobald die Isar im Norden das Stadtgebiet verlässt, trifft der Fotograf auf einen fast unberührten Flusslauf. Das Wasser fließt zwischen München und Garching gemächlich in Richtung Donau. Wenn im Herbst starke Frühnebel die Isarauen fest im Griff haben, entsteht hier eine ganz besondere Stimmung. Die Silhouetten der Bäume und Brücken tauchen plötzlich aus dem Nichts auf. Steine im Wasser lösen sich vor dem konturlosen Hintergrund auf. Lautlos bahnt sich das Wasser seinen Weg. Die Chancen stehen gut, zwischen Ende Oktober und Anfang November auf solche Nebel-Vormittage im Münchner Norden zu treffen. Hier hält sich die Feuchtigkeit in

DAS KOMMT IN DIE TASCHE:

- Weitwinkel- und Normalobjektiv
- Graufilter
- Brotzeit und eine Thermoskanne mit Heißgetränk

der Regel beständiger als im südlichen München. Die urige Flusslandschaft entwickelt ein völlig anderes Gesicht als bei klarer Luft.

Bereits ab dem Stauwehr Oberföhring führen rechts und links der Isar Wander- und Radwege direkt am Ufer bis nach Freising.

Stauwehr Oberföhring

Überall gelangt man als Fotograf ans Wasser und kann zwischen den Nebelschwaden und dem fahlen Morgenlicht atmosphärisch dichte Aufnahmen produzieren.

Beginnen sollten Sie die Tour auf Höhe des Poschinger Weihers.

Poschinger Weiher

Am dortigen Parkplatz können Sie Ihr Auto abstellen und den kurzen Waldweg zur Isar hinuntergehen. Empfehlenswert ist es aber, mit dem Rad unterwegs zu sein, da die Entfernungen auf den Schotterwegen nach Norden beliebig ausdehnbar sind. Gegen acht Uhr sollten Sie spätestens vor Ort sein. Am besten wählen Sie zuerst den Weg am linken Isarufer – flussabwärts. Dort herrscht morgens fahles Gegenlicht beim Blick in Richtung des anderen Ufers. Damit haben Sie, sobald die Sonne etwas durchbricht, die bessere Perspektive. Zunächst treffen Sie auf die Abflüsse des Klärwerks Großlappen (das Sie vielleicht schon auf der Tour auf den Fröttmaninger Berg ab Seite 25 gesehen haben). Klingt vielleicht nicht so spannend, bietet aber einige interessante Motive in den wenig Wasser führenden Kanälen. Dort wachsen Sträucher in den Betonfugen und die letzten Grünpflanzen wehren sich gegen die drohende Kälte. Es scheint, als wolle die Natur nicht kapitulieren vor Beton und dem nahenden Winter.

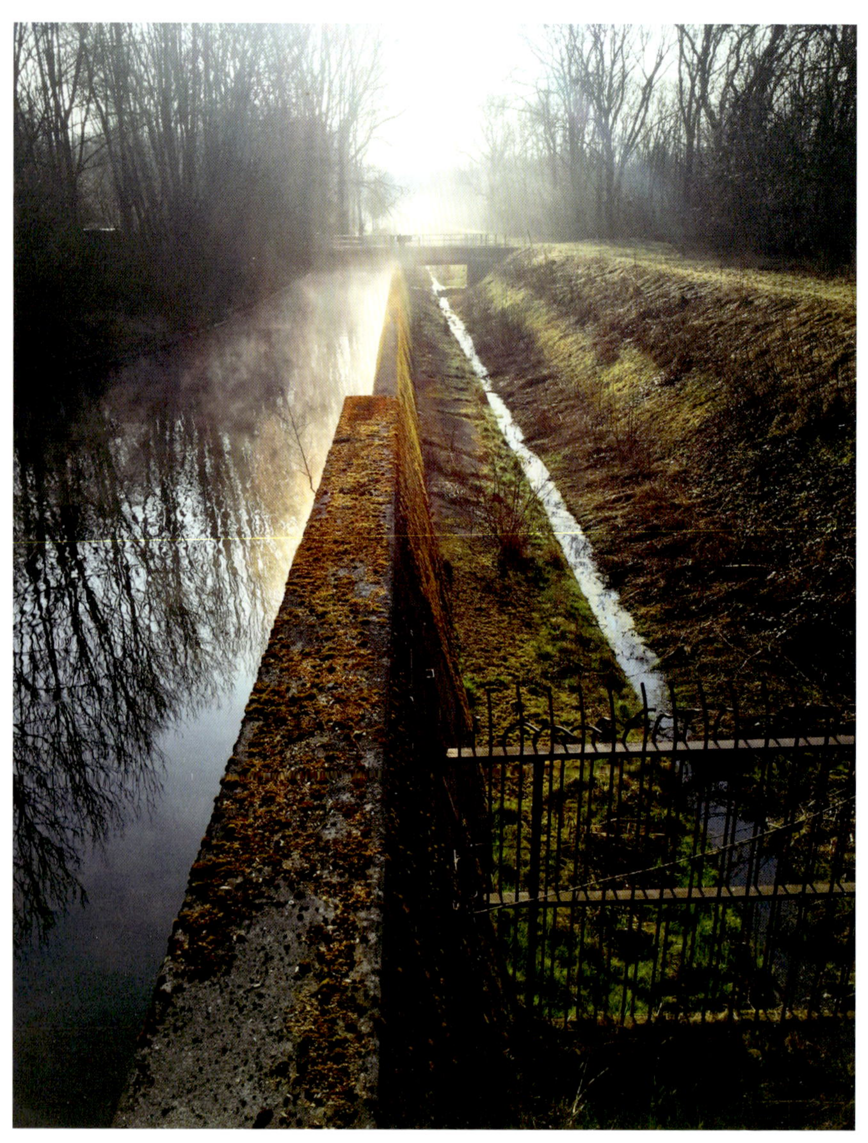

Wenden Sie sich von hier aus Richtung Norden, gelangen Sie direkt an die Isar. Hier können Sie wunderschön melancholische Aufnahmen von im Wasser auslaufenden Sandbänken machen. Schwarz-Weiß-Bilder drängen sich geradezu auf. Trittsicherheit ist erforderlich, denn an manchen Stellen müssen steilere Hänge hinab zum Wasser überwunden werden. Nach rund zwei Kilometern flussabwärts erreichen Sie die erste Fußgängerbrücke über die Isar. Die Brücke endet bei Nebel in der Unendlichkeit, wenn man sie im Gegenlicht aufnimmt. Noch etwas weiter nördlich treffen Sie auf von Menschen eingebrachte große Steine im Wasser, in denen sich meist Gehölz verfangen hat. Äste ragen steil aus dem Wasser. Diese naturnahen Staustufen bremsen den Fluss ab. Der gelbliche Ton der Steinquader bietet einen tollen Kontrast zu den dunklen Grauschattierungen des Wassers. Bis die Sonne endgültig durchbricht, lassen sich an diesen Staustufen eine Vielzahl spannender Motive finden.

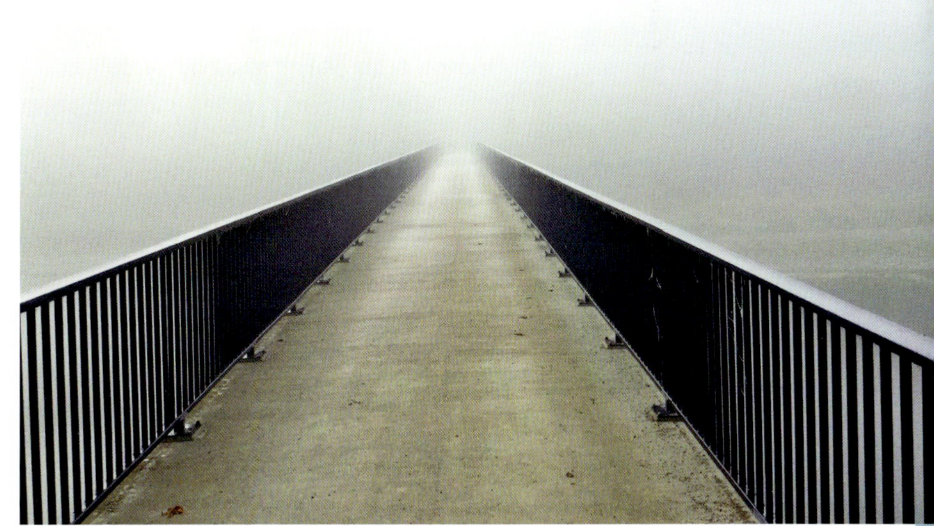

4 DACHAUER MOOS – IN DER VERLORENEN LANDSCHAFT

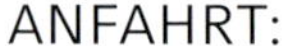

ANFAHRT:
Nach Dachau mit der S-Bahn. Von dort aus kann man in rund 15 Minuten in das Moos in Richtung Oberschleißheim wandern. Besser erreichbar ist das Moos aber mit dem Auto – von Oberschleißheim kommend, über die Dachauer Straße, von Dachau aus über die Schleißheimer Straße. Halten Sie von dort aus einfach Ausschau nach Feldwegen rechts und links, stellen Sie das Auto ab und brechen Sie dann zu Fuß in die Natur auf.

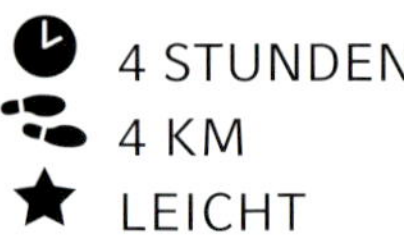

4 STUNDEN
4 KM
LEICHT

FOTOGRAFIE-GENRE:
Natur, Zeitgeschichte, Reportage

Wer sich von Bildern alter Maler inspirieren lassen und anschließend selbst auf Tour gehen möchte, der sollte einen Ausflug ins Dachauer Moos, nördlich von München, einplanen.

DAS KOMMT IN DIE TASCHE:

- Weitwinkel- und Normalobjektiv
- Graufilter
- Brotzeit und eine Thermoskanne mit Heißgetränk

Im Dachauer Bezirksmuseum können Sie sich Anregungen von den dort gezeigten Bildern alter Maler holen, die das Moos in seiner ganzen Vielfalt über Jahrhunderte porträtierten. Den eigentlichen Ausflug können Sie beim Schloss Dachau starten.

Bezirks-museum Dachau

Von der Terrasse des dortigen Biergartens (Schloßstraße 2) genießt man einen tollen Rundblick über das Dachauer Moos im Osten und München im Süden. Im 16. Jahrhundert wurde Schloss Dachau zum bevorzugten Landsitz des Münchner Hofs, bevor die Anlagen in Nymphenburg und Schleißheim entstanden. Die exponierte Lage mit freiem Blick über das Land bis hin zu den Alpen wird immer wieder gerühmt.

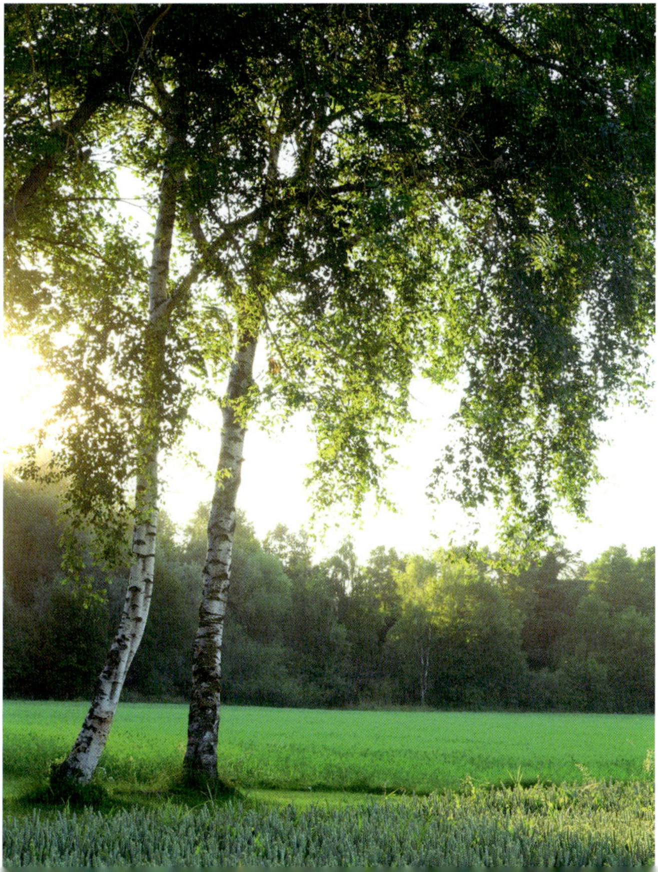

GESCHICHTLICHES

Mitte des 18. Jahrhunderts verlor das Dachauer Moos seinen Ruf als unwirtliche Gegend, in der über Jahrhunderte in ärmlichsten Verhältnissen nur Torf gestochen wurde. Die Landschaft beeindruckte Johann Georg von Dillis schon um 1834. Der Professor für Landschaftsmalerei an der Münchner Akademie war einer der Ersten, der die Gegend in Aquarellbildern festhielt. Carl Spitzweg entdeckte um 1850 Dachau für sich. Er blieb dort mehrere Jahre und malte im Schloss Dachau sein berühmtes Bild »Der Bücherwurm«. Viele weitere Künstler fühlten sich angezogen von der mit kleinen Kanälen durchzogenen Landschaft und ihren einzigartigen Nebelstimmungen. Märchenhaft und mystisch erschien den Malern das Moos. Ab 1875 gruppierten die Künstler sich zu einer Kolonie. Ihr gehörten auch bekannte Namen wie Max Liebermann oder Emil Nolde an. Oft ließen die Maler sich für mehrere Jahre nieder. Die Stadt stellte ihnen manchmal sogar günstige Wohnungen und Arbeitsräume zur Verfügung.

Und so traf man in Dachau bald ein buntes Volk und auch einige sonderbare Gestalten, die mit Staffelei und Malutensilien tagelang die Landschaft durchstreiften. Am gewöhnungsbedürftigsten für die Dachauer waren aber wohl die »Malweiber«, die mit ausladenden, federgeschmückten Hüten, manchmal sogar mit Zigarre oder Pfeife im Mundwinkel, durch das Moos huschten.

Das romantische Idyll endete jäh mit dem Zweiten Weltkrieg. Danach wurden viele Ateliers nicht mehr weitergeführt. Geblieben sind eindrucksvolle Bilder, die uns heute als Inspiration dienen.

Noch heute ist das Moos eine Oase der Ruhe. Mehrere Feldwege und Straßen durchziehen die Landschaft, was der Motivsuche aber kaum Abbruch tut. Wandern Sie entlang der kleineren Feldwege. Rote Mohnblumen stehen vor Getreidefeldern, im abendlichen Seitenlicht entfalten sie ihre gesamte Farbenpracht. Über kleine Kanäle führen malerisch hölzerne

Brücken. Geäst liegt vor kleinen Baumgruppen, das letzte Abendlicht wirft gelb-rötliche Spotlichter auf das Holz. Wenn Sie die Bilder der alten Maler studiert haben, werden Sie überrascht sein, wie nah Sie deren 150 Jahre alten Vorlagen mit der Kamera kommen.

TIPP

Besuchen Sie, bevor Sie zum Fotografieren gehen, das Dachauer Bezirksmuseum.

Dort finden Sie viele Geschichten und Bilder rund ums Dachauer Moos.
(Augsburger Str. 3, 85221 Dachau,
Öffnungszeiten: Di–Fr 11–17 Uhr, Sa, So, Feiertag 13–17 Uhr)

INTERNET:

Hier gibt es Informationen direkt über die Dachauer Künstlerkolonie: *http://www.verein-dachauer-moos.de/landschaft/kuenstlerkolonie-dachau.html.*

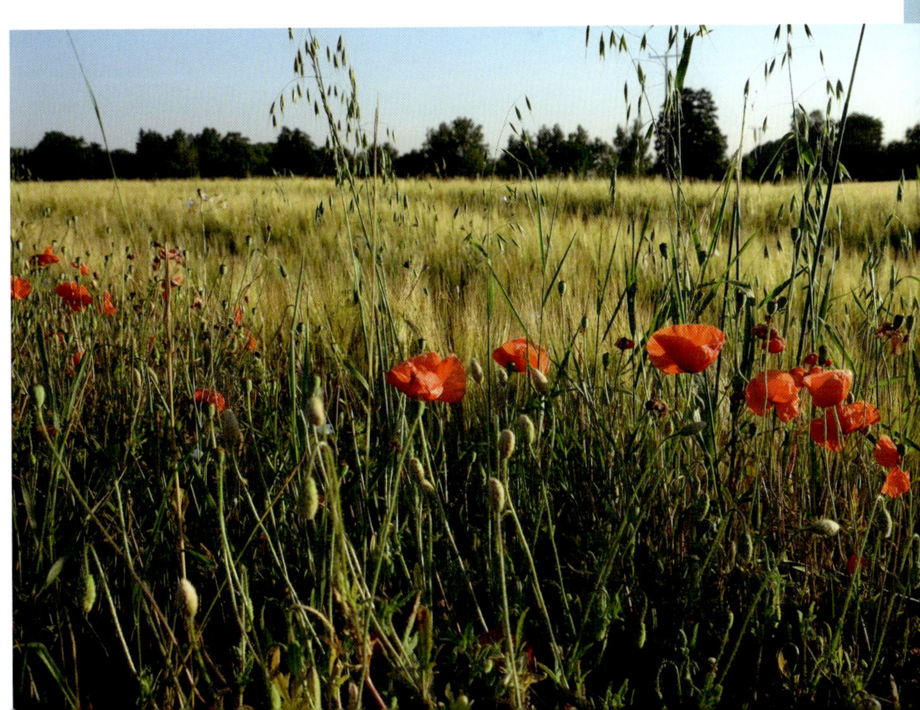

INTERVIEW MIT MANUELA SCHELLENBERGER: DIE URZEIT VOR DER KAMERA

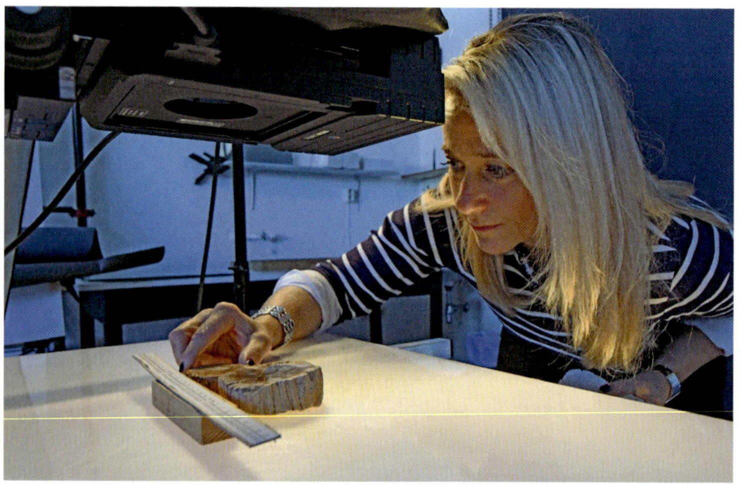

Forschungsfotografie an der Paläontologischen Staatssammlung

Sie hat ihren Arbeitsplatz in einem der schönsten Gebäude Münchens. In der Bayerischen Staatssammlung für Paläontologie und Geologie arbeitet Manuela Schellenberger als Fotografin. Ihre Motive sind die versteinerten Überreste von Lebewesen, die vor Millionen von Jahren auf der Erde gelebt haben. Die Forschungsfotografin setzt sie in Szene. Sie unterstützt mit ihren Bildern die Arbeit der Paläontologen und die Öffentlichkeitsarbeit der Staatssammlung. Hier berichtet Manuela Schellenberger von ihrer Arbeit mit den Fossilien, wie sie zu ihrem Beruf gekommen ist und welche der Versteinerungen sie am liebsten vor der Linse hat. Dazu verrät die Fotografin, wo sie selbst in München gerne zum Fotografieren geht.

Frau Schellenberger, wie sind Sie zu Ihrem ausgefallenen Beruf gekommen?

Ich wusste eigentlich sehr früh, dass ich etwas Kreatives machen möchte. Meine Mutter hat mir immer mal wieder ihre SLR-Kamera anvertraut und ich ging fotografieren. In der zehnten Klasse kam dann die Entscheidung: entweder weiter auf dem Gymnasium bleiben oder gleich in die kreative Richtung gehen. Und siehe da, ich hatte Glück und habe die Aufnahmeprüfung für die FOS Gestaltung geschafft. Danach habe ich erst mal die klassische Fotografenlehre in einem Schwabinger Fotostudio absolviert. Eigentlich wollte ich nach der Lehre Kameratechnik studieren, aber die Assistenten-Jobs und diverse Aufträge haben so viel Spaß gemacht, dass ich nach ein paar Jahren meinen Fotografenmeister gemacht und nicht mehr studiert habe.

Was haben Sie vor allem vor der Kamera?

Vor allem Fossilien. Von ganz kleinen Würmern über Schnecken, Muscheln, Zähne, Knochen bis zu ganzen Schädeln oder auch kompletten Tieren, die in unserem Museum ausgestellt sind. Auch große Steinplatten, Korallenstöcke und fossile Pflanzen sind dabei.

Gibt es Fossilien, die Sie besonders gern fotografieren?

Ja, Schnecken und Ammoniten. Diese runden oder pyramidenartigen Formen mit diversen Strukturen haben es mir besonders angetan.

Mit welcher Ausrüstung fotografieren Sie?

Ich arbeite vorwiegend mit der Großformatkamera Sinar P2 samt digitalem Rückteil. Die Kamera ist direkt am PC angeschlossen. Dazu kommt eine Blitzanlage. Meistens nehme ich ein Hauptlicht, je nach Struktur des Fossils, dann nur als Streiflicht. Das Fossil liegt auf einer matten Acrylplatte, die von unten beleuchtet wird. Größere Stücke fotografiere ich am Boden.

Wo kann man Ihre Bilder sehen?

Die Bilder kann man in unseren Ausstellungen betrachten oder in diversen Publikationen der Wissenschaftler. Auch gibt es Flyer oder Broschüren, für die die Fotos gebraucht werden. Auch auf Postern für Tagungen sind die Fotos zu finden.

Haben Sie ein paar Tipps für Hobbyfotografen, die zu Hause selber Fossilien ablichten wollen?

Je nach Struktur, ob diese wichtig ist oder nicht, mit viel Streiflicht arbeiten. Wenn es nicht wissenschaftlich sein muss, dann ruhig mit Licht und Schatten spielen. Für zu Hause kann ich zwei bis drei einfache LED-Lampen empfehlen mit biegbaren »Hälsen«, so kann man auch Details gut und einfach beleuchten. Für Farbfotografie eventuell gleich bei der Aufnahme einen Filter verwenden oder in Photoshop bearbeiten. Bei der wissenschaftlichen Fotografie muss meistens alles sehr gut ausgeleuchtet werden, aber auch die Struktur soll gut sichtbar sein. Das widerspricht sich etwas, ist aber gerade der Reiz.

Gibt es in München einen Lieblingsplatz, den Sie gern privat fotografieren?

Ich fotografiere sehr gerne im Botanischen Garten. Pflanzen, Blütenkelche, kleine Insekten – alles neueren Datums, das macht dann auch mal wieder Spaß.
Die Fossilen sind meistens grau, schwarz oder bräunlich, da liebe ich dann die Farbenpracht im Botanischen Garten.

5 DER FORSTENRIEDER PARK – IM JAGDREVIER DER WITTELSBACHER

ANFAHRT:
Mit dem Fahrrad aus Richtung Stadt kommend über Großhadern Richtung Süden. Mit der U3 nach Fürstenried West, dann 10 Minuten Fußweg entlang der Maxhofstraße. Von München kommend mit dem Auto entlang der alten Olympiastraße parallel zur Autobahn. An der Straße »Park Geräumt« rechts einbiegen. Dort gibt es Parkplätze. Dann zu Fuß in den Wald. Der Eichelgarten liegt mitten im Park an der Römerstraße, an der Kreuzung »Max-Josef Geräumt« und »Marien Geräumt«.

FOTOGRAFIE-GENRE:
Natur, Reportage

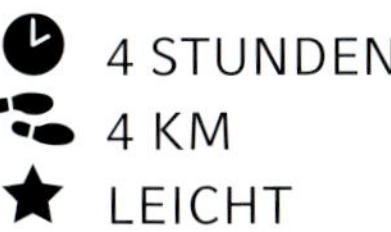

DAS KOMMT IN DIE TASCHE:

- Weitwinkel-, Tele- und Makroobjektiv
- Stativ für Makrobilder vor allem bei Frostböden
- Verpflegung

Mächtige Eichen erheben sich auf einer Waldwiese, dazwischen wiegen sich hohe Gräser im leichten Wind. Die Wintersonne fällt schräg durch die gelb gefärbten Blätter auf die mächtigen Stämme der jahrhundertealten Bäume im sogenannten »Eichelgarten«. Versteckt hinter tiefgrünen Tannen liegt dieses Idyll tief im Forstenrieder Park. So wie im Eichelgarten an der alten Römerstraße »Via Julia« von Salzburg nach Augsburg sahen zahlreiche Kulturlandschaften im 18. Jahrhundert aus. Damals dominierten Eichen, Buchen, Birken und Kiefern das Erscheinungsbild. Ab 1810 jedoch wurden die Wiesen zunächst mit Ulmen, Ahorn und Eschen, später mit Fichten aufgeforstet.

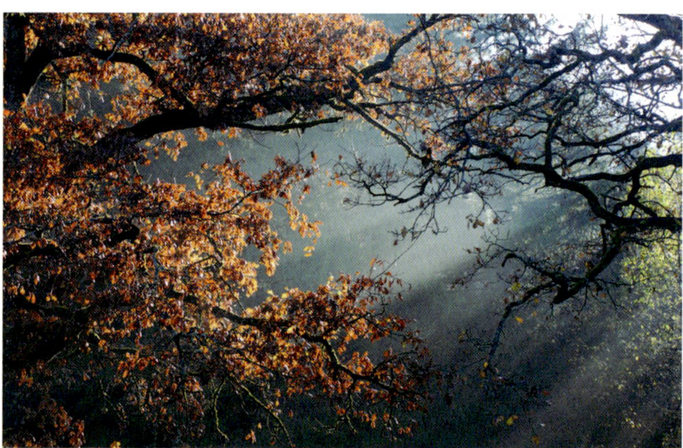

Der Eichelgarten ist nur ein kleiner Teil des großen Forstenrieder Parks. In dem gesamten Forst finden Fotografen Natur pur. Im Süden Münchens gelegen reicht er an einigen Stellen bis an die Stadt heran. Die Münchner nutzen seine Forstwege gern als Radstrecke Richtung Starnberg. Naturbegeisterte Fotografen finden hier eine abwechslungsreiche Waldlandschaft, die auch dem Makrofotografie-Fans eine Menge zu bieten hat. Am besten fahren Sie mit dem Fahrrad tiefer in den Park hinein und schlagen dort die kleineren Wege ein. Wer im Herbst früh am Morgen unterwegs ist, der hat die Chance auf tolle Nebelbilder, während sich die Strahlen der Sonne langsam ihren Weg durch das Geäst suchen. Am Boden liegt schon oft der erste Nachtfrost, Eiskristalle haben sich um die verwelkten Blätter gebildet. Diese dunklen Motive in Bodennähe kann man gut mit Makroobjektiven einfangen. Ein Stativ empfiehlt sich, denn die Verwacklungsgefahr ist hoch.

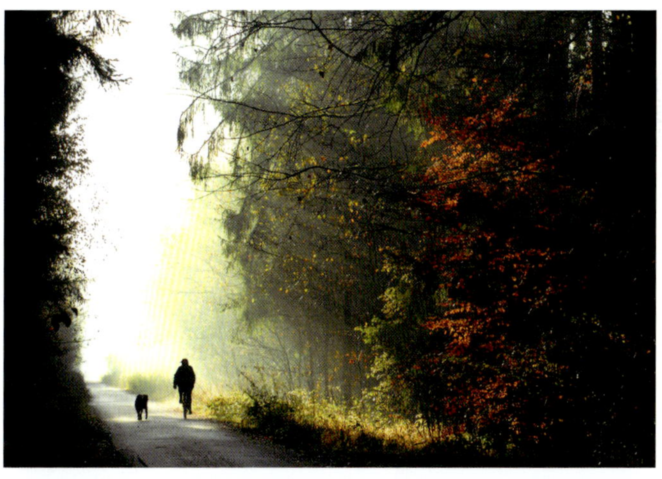

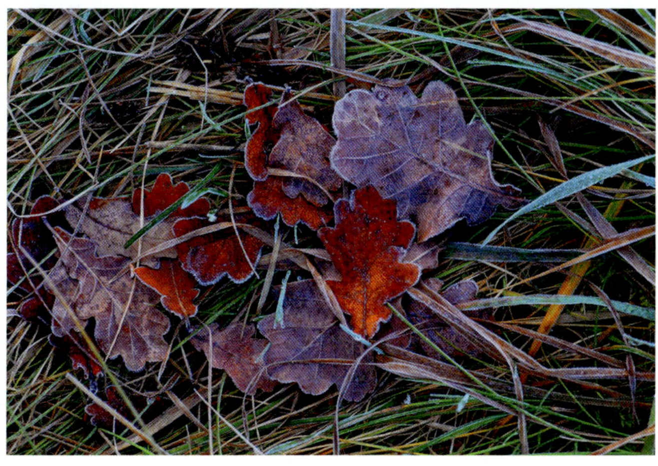

GESCHICHTLICHES

Geologisch gesehen liegt der Park auf der Münchner Schotterfläche, die im Anschluss an die letzte Eiszeit entstand. Doch im südlichen Teil des Parks gibt es noch versteckte Landschaftsformen aus früheren Eiszeiten, die sogenannten Altmoränen. Hier ist der Boden stärker verwittert als im nördlichen Teil, sodass mehr Laubbäume als im Norden zu finden sind.

Die Kulturgeschichte des Parks beginnt mit Herzog Ludwig VII. von Bayern im Jahr 1399. Der Wittelsbacher kaufte damals die Feste Baierbrunn mit allen Untertanen und dem Forst. Seitdem ist der Wald im Staatsbesitz.

In den ausgedehnten Wäldern, die sich einst bis zum Starnberger See erstreckten, hatte vor allem die Jagd eine lange Tradition. Im frühen Mittelalter war das Jagen noch allen freien Bauern erlaubt. Doch zu Beginn des 16. Jahrhunderts änderte sich das Gesetz: Das Jagdrecht besaßen nun nur noch die Landesherren und die Stände, da befürchtet wurde, dass mit den neuartigen Schusswaffen die Tiere andernfalls bald völlig ausgerottet sein würden.

Bis zum Jahr 1918 behielten die Wittelsbacher im Forstenrieder Park das Jagdrecht. König Ludwig III. erlegte den letzten königlichen Jagdhirsch. Heute treffen Spaziergänger und Radler im östlichen Teil des Parks regelmäßig auf Wildschweine, Rehe und stattliche Hirsche.

Ebenso wie viele Wildtierarten die Jagden überlebten, hat auch das im Verhältnis kleine Areal des

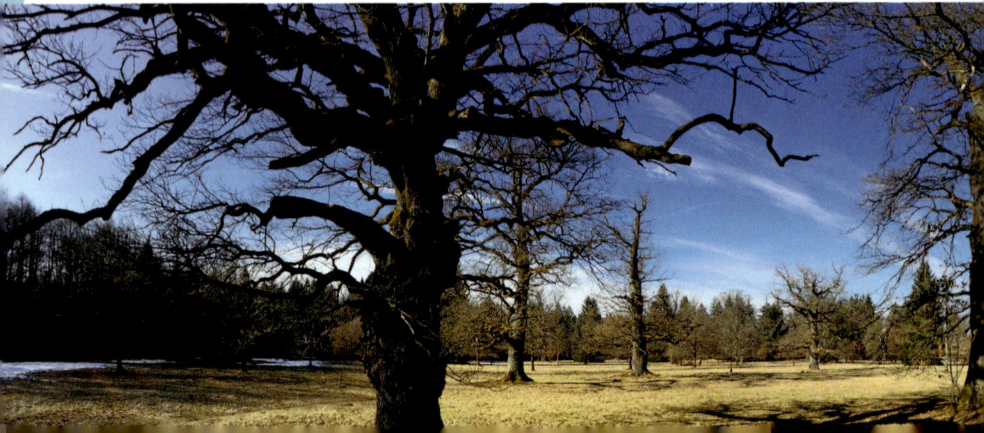

Eichelgartens die Jahrhunderte im Forstenrieder Park überdauert. Seine mächtigen Bäume erzählen noch heute von längst vergangenen Zeiten.

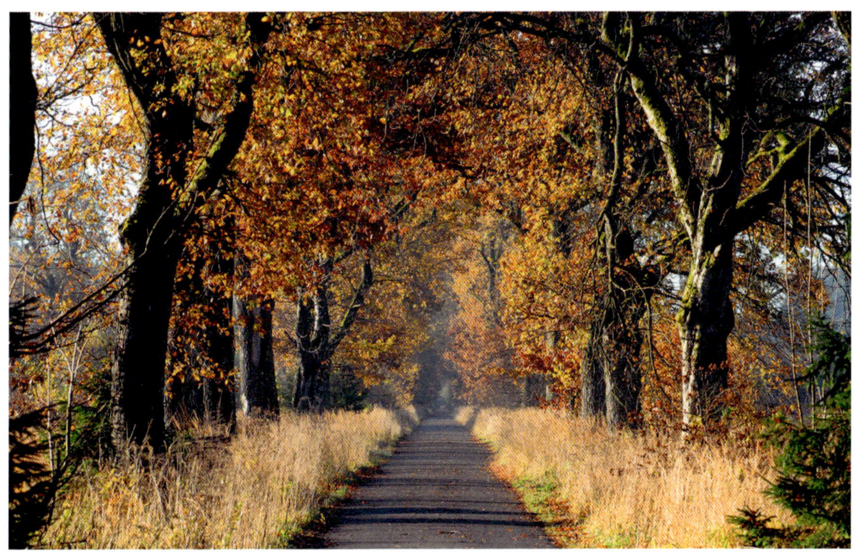

Vor allem im Eichelgarten können Sie gut die Panoramabild-Funktion der Kamera ausprobieren, da die Bäume nicht zu dicht stehen. Das unten gezeigte Panorama-Bild ist mit einem iPad entstanden und in Photoshop nachbearbeitet worden. Die Belichtung musste an einigen Stellen angepasst werden, denn die Helligkeitsunterschiede bei tiefstehender Sonne und klarem Himmel sind enorm.

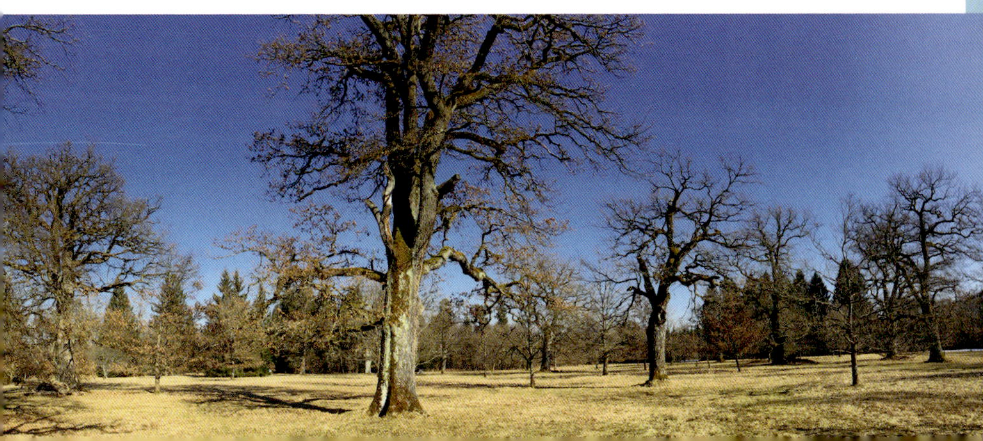

6 MÜNCHEN IM HERBST

4 STUNDEN
4 KM
LEICHT

FOTOGRAFIE-GENRE:
Streetart, Street, People, Zeitgeschichte, Reportage

Das Voralpenland mit seiner bayerischen Landeshauptstadt besticht im Herbst durch frische, klare Luft und satt-bunte Farben in der Natur. Zu keiner anderen Jahreszeit finden sich so prächtige Lichtstimmungen in der Metropole und ihrem Umland. Am Morgen hängt der Nebel in den Wiesen der Parkanlagen. Die Sonnenstrahlen suchen sich ihren Weg durch die Äste. Im Gegenlicht erstrahlen die Farben in den Laubbäumen besonders intensiv. Die wenigen Wochen Anfang Oktober bis ungefähr Anfang November sollten Sie unbedingt für eine Fototour nutzen. Danach setzen in der Regel die ersten Herbststürme ein, die Blätter fallen von den Bäumen und es wird eher monochrom.

Im Herbst wirkt das Licht wärmer und gelblicher als zur Sommerzeit. Es fällt seitlich in die Straßen ein, nicht mehr so hart von oben wie von Juli bis August. Die Sonnenstrahlen müssen mehr Atmosphäre durchdringen, bis sie auf der Erde ankommen, sie werden häufiger gestreut an Partikeln wie Wassertropfen in

DAS KOMMT IN DIE TASCHE:

- Weitwinkel- und Teleobjektiv

der Luft, daher sinkt der Blauanteil im Licht. Wer gerne Porträts von Menschen macht, der sollte unbedingt den frühen Abend eines schönen Herbsttags dafür nutzen.

In München bieten sich zu dieser Zeit ausgedehnte Fototouren an der Isar an. In den Abschnitten, in denen sie durch die Stadt fließt, säumen vor allem Laubbäume ihre Ufer. Die Reflexionen der Herbstfarben im Fluss sehen atemberaubend aus. Dazu findet man an der Isar zahlreiche bekannte Gebäude wie das Deutsche Museum oder das Müllersche Volksbad, die von farbenprächtigen Bäumen umgeben sind. Am Hochufer der Isar thront über dem bunten Blätterdach im Maximilianeum der Bayerische Landtag.

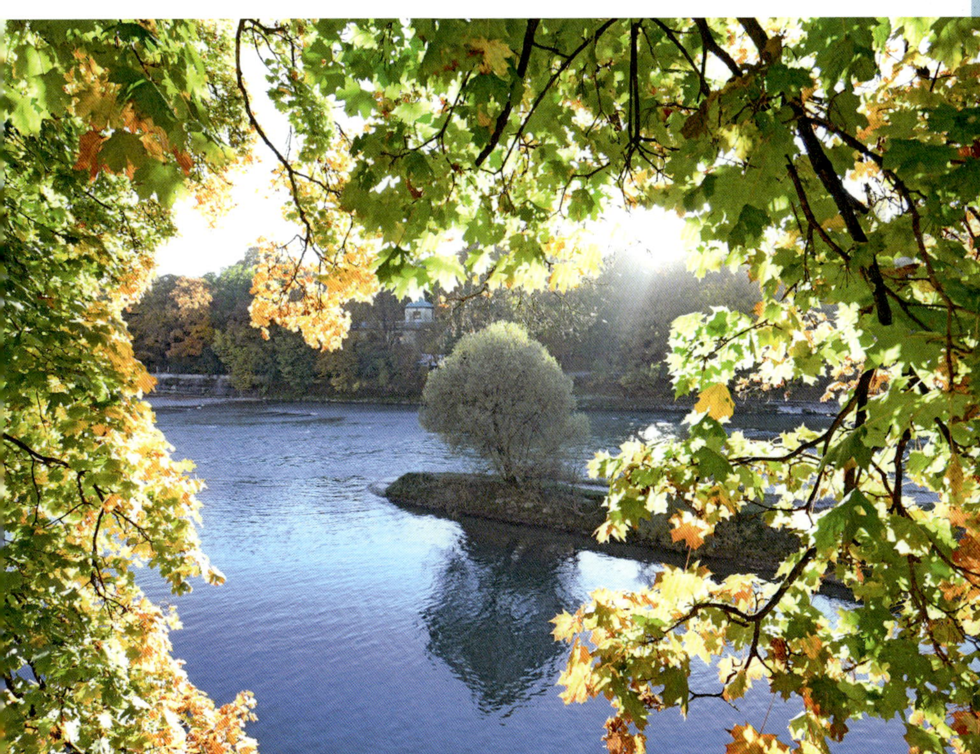

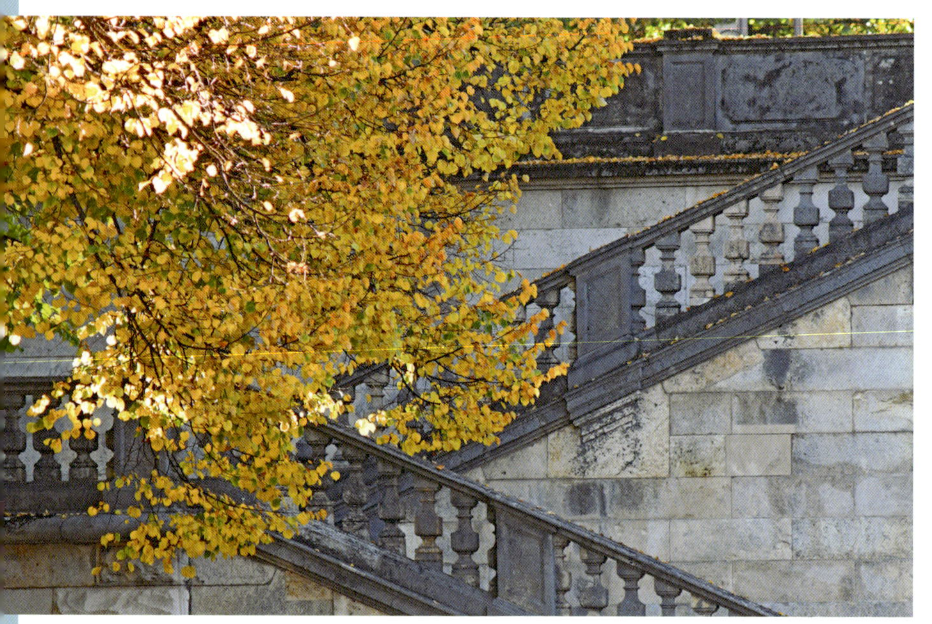

Im Herbst kann auch ein einzelner Baum in der Stadt ein reizvolles Motiv sein. In brillanten Farben zeigt er sich vielleicht vor urbanem Hintergrund. Warum nicht einmal denselben Baum über mehrere Tage hinweg in einer Bilderserie zeigen, wobei sich im Wandel der Tageszeit die Farben in seiner Krone verändern?

In der digitalen Fotografie ist nachträgliche Bildbearbeitung durchaus ein legitimes Mittel, um Bilder zu erschaffen, die man sich gerne öfter anschaut und die vielleicht nicht ganz der Realität entsprechen. Gerade bei der herbstlichen Farbenpracht reizt es ungemein, die Farbsättigung der Datei nach oben zu drehen. Man sollte zudem den stahlblauen Himmel etwas abdunkeln und generell die Kontraste erhöhen. Dann darf man aber auch nicht vergessen, die dunklen Tiefen in den Schattenbereichen etwas aufzuhellen, damit die Tonwert-Unterschiede im Bild nicht zu groß werden.

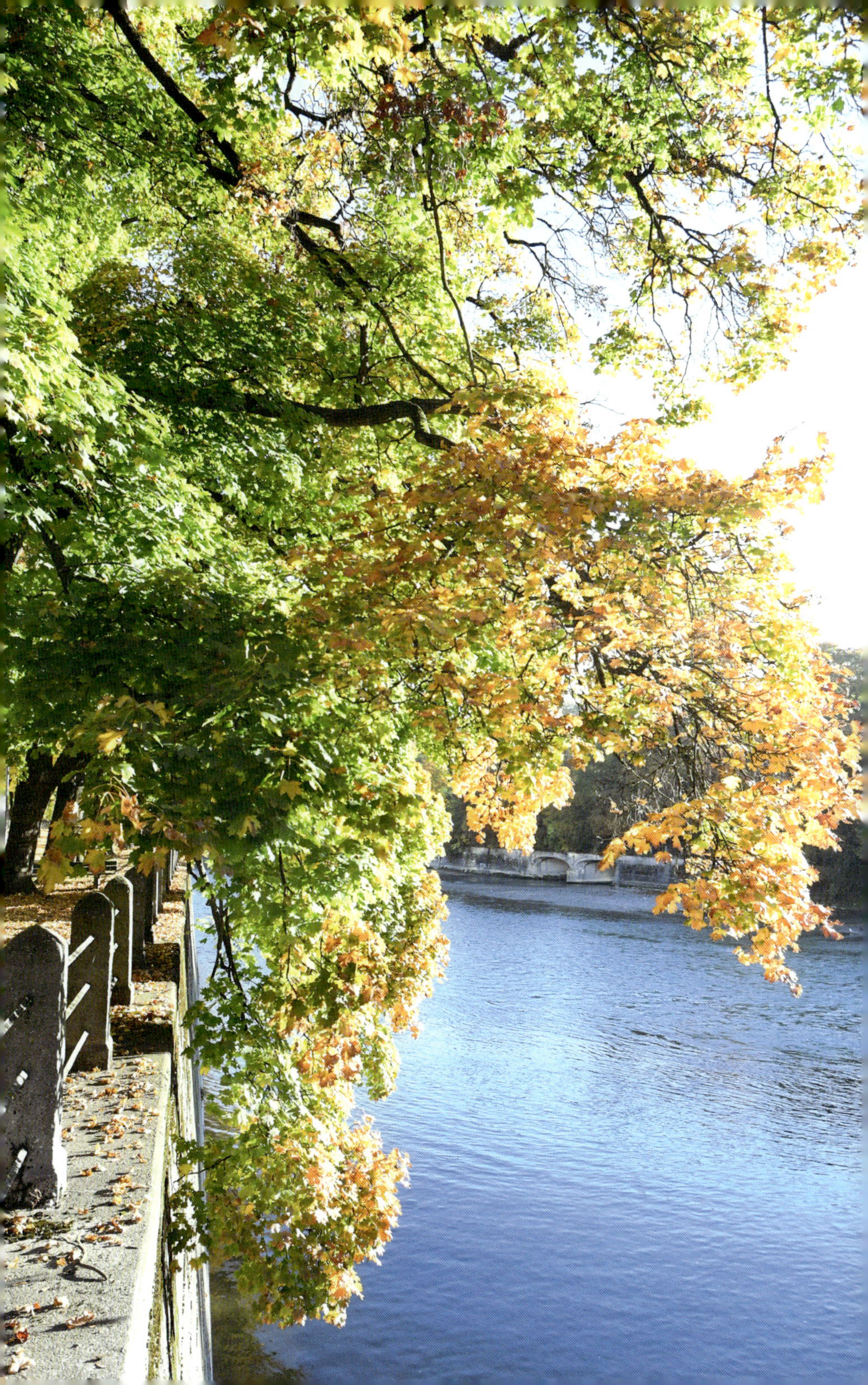

IM BOTANISCHEN GARTEN – BEI DEN EXOTEN DER LÜFTE

ANFAHRT:
Botanischer Garten Nymphenburg, Menzinger Straße 65, 80638 München. Mit der Tram 17 oder dem Bus 143, Haltestelle Botanischer Garten.

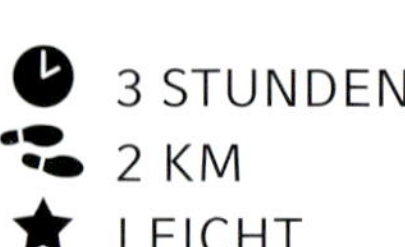

3 STUNDEN
2 KM
LEICHT

FOTOGRAFIE-GENRE:
Natur, Reportage

DAS KOMMT IN DIE TASCHE:

- Makroobjektive mit langen Brennweiten, am besten ab 100 Millimeter
- Brillenputztücher zum Abwischen von Kondenswasser und evtl. eine Wärmflasche

HINWEIS

Auch hier gilt: Wer seine Bilder kommerziell verwenden möchte, muss dies vorher mit der Verwaltung des Botanischen Gartens klären.

Jedes Jahr, zwischen Januar und März, wird der Botanische Garten zur Heimat von tropischen Schmetterlingen. Im Wasserpflanzenhaus, einem der durchgängig verbundenen Gewächshäuser, flattern dem Besucher 400 bis 500 Schmetterlinge um die Nase, hautnah, ohne Trenngitter oder ähnliche Absperrung.

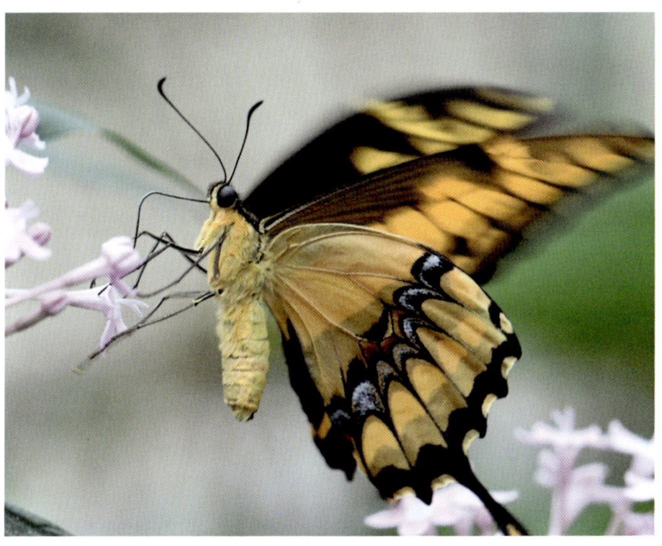

Eine große Farbenpracht und unzählige Motive für Makrofotografie-begeisterte Insektenliebhaber erwarten den Besucher. Zu sehen sind federleichte Exoten wie der Himmelsfalter, dessen blaugefärbte Oberseite nur im Flug zu bewundern ist, oder der Pfauen-Schwalbenschwanz, der durch seine langen Flügelspitzen und seine Gleitfähigkeiten in der Luft besticht. Kaum zu übersehen ist auch der Atlasspinner, dessen Flügel eine Spannweite von bis zu 25 Zentimetern erreichen. Insgesamt finden sich rund 60 Schmetterlingsarten in dem Gewächshaus. Sie alle stammen aus Costa Rica, Surinam oder Malaysia. Die Falter reisen verpuppt und schlüpfen dann innerhalb weniger Tage vor Ort. Diese einzigartige

Metamorphose können Sie mit etwas Glück sogar mit der Kamera verfolgen.

Schmetterlinge brauchen tropisches Klima: eine erste Hürde beim Betreten des Gewächshauses mit der Kamera. Aus der Kälte kommend beschlagen Objektive, Sucher und Bildschirme nach dem Auspacken und es dauert einige Zeit, bis sich die Geräte akklimatisiert haben. Dieses Problem lässt sich umgehen, indem Sie vorab eine Wärmflasche in die Fototasche packen – vorgewärmte Kameras sind sofort einsatzbereit.

Die zweite Hürde liegt in der Zahl der Besucher. Die Gänge im Gewächshaus sind eng und es gibt kaum Zeiten, zu denen nicht sehr viele Menschen unterwegs sind. An Wochenenden, besonders an den Nachmittagen, kann es zu längeren Wartezeiten kommen, denn die Ausstellung ist sehr beliebt und seit 1997 ein jährliches Highlight im Kalender. Trotzdem bekommen Sie mit etwas Geduld und ausreichend Zeit tolle Motive vor die Kamera. Wer zeitlich flexibel ist, sollte den Samstagmorgen nutzen. Die Gewächshäuser öffnen bereits um 9 Uhr, in den ersten Stunden ist der Besucherandrang an diesem Wochentag meist gering. Als Aufenthaltsdauer sollten Sie mindestens zwei Stunden einplanen. Blitzlicht ist nicht erlaubt. An Stativen dürfen aufgrund der schmalen Durchgänge nur Einbeinstative verwendet werden – diese sind aber nicht wirklich hilfreich.

Im Gegensatz zur freien Natur haben die Schmetterlinge in der Ausstellung eine geringe Fluchtdistanz. Sie kommen also meist sehr nah an die Tiere heran. Viele Falter halten lange still, sodass man sie optimal vor die Linse bekommt. Suchen Sie sich vor allem die Tiere aus, die sich vor Pflanzen oder einem dunkleren Hintergrund aufhalten. Wenn Sie nach oben, in die Lichtquelle, fotografieren, belichtet die Kamera eher unter. Ebenso sollten Sie darauf achten, nicht die unscharfen Besucher im Hintergrund mit aufs Bild zu bekommen. Die Farben ihrer bunten Kleidung verderben den Eindruck auf den Bildern. Authentischer wirken die Falter, wenn Sie sie in ihrer »natürlichen« grün-tropischen Umgebung zeigen. Achten Sie außerdem darauf, die Schärfe exakt auf die Facettenaugen der Tiere zu richten. Kein Bild ist brauchbar, auf dem nicht die Augen scharf abgebildet sind. Das sollten Sie auf dem Bildschirm Ihrer Kamera kontrollieren, denn die Schärfentiefe ist sehr gering, die Lichtverhältnisse im Winter sind ziemlich bescheiden und die Augen der Tiere eher schwarz.

Wer genug Schmetterlinge fotografiert hat, der kann sich mit dem bereits erworbenen Ticket auch die angrenzenden Gewächshäuser sowie die Außenanlagen anschauen. Die botanische Reise führt in feuchttropische Gebiete, kühltropische Bergwälder oder heiße Wüsten. Vor allem in der Blütenvielfalt finden sich sicher noch weitere farbenprächtige Motive.

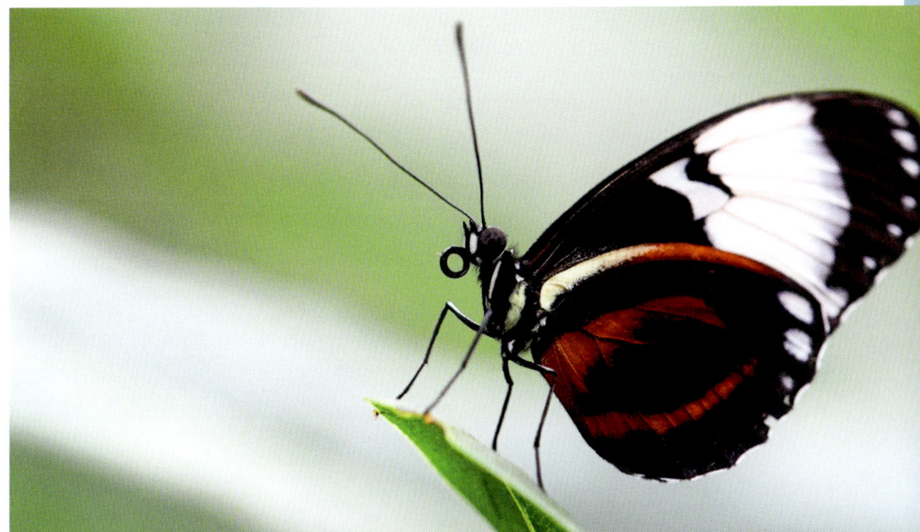

7 DER ALTE BOTANISCHE GARTEN – BUNTE BLÜTENPRACHT UND EXOTISCHE BÄUME

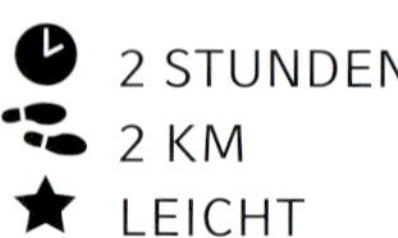

2 STUNDEN
2 KM
LEICHT

ANFAHRT:
Mit der U2 oder den S-Bahnen zum Hauptbahnhof, dann zu Fuß in fünf Minuten zum Park. Parkmöglichkeiten gibt es dort so gut wie nicht, am ehesten noch in der Sophienstraße.

FOTOGRAFIE-GENRE:
Natur, Reportage

Mitten in der Stadt, nordöstlich des Hauptbahnhofs, gibt es ein Paradies für Pflanzenliebhaber und Makrofotografen. Der Alte Botanische Garten ist eine Oase der Ruhe mitten in der Metropole. Die Parkanlage wird aufwendig gepflegt. Von Frühling bis Herbst finden Makrofotografen hier ständig neue Blumen und zahllose Motive. Und das alles kostenlos, denn der Alte Botanische Garten ist nicht mehr im wissenschaftlichen Betrieb.

DAS KOMMT IN DIE TASCHE:

- Weitwinkel- und Makroobjektiv
- Stativ ist bei Makroaufnahmen empfehlenswert, schränkt aber den Bewegungsradius ein.
- Ein heißer Kaffee oder Tee in einer Thermoskanne kann einen morgendlichen Fotoausflug in diesem Fall gekonnt abrunden.

Er wurde abgelöst vom Botanischen Garten in Nymphenburg (siehe die vorangegangene Tour).

GESCHICHTLICHES

Die ehemalige Nutzung des Geländes lässt sich noch erahnen. Heute erinnern einige exotische Bäume an die Vergangenheit der Grünanlage. Der Landschaftsarchitekt Friedrich Ludwig von Sckell hat den Garten im Jahr 1812 in Form des Buchstabens D entworfen. An der Nordseite gab es ein beheizbares Gewächshaus für tropische Pflanzen und ein Labor. Im Jahr 1854 ließ König Maximilian II. einen großen Glaspalast für die »Allgemeine Ausstellung deutscher Industrie- und Gewerbs-Erzeugnisse« bauen. Das 234 Meter lange, 67 Meter breite und 25 Meter hohe Gebäude aus Eisen und Glas wurde ab 1889 für Kunstausstellungen genutzt. In der Nacht zum 6. Juni 1931 wurde die Konstruktion bei einem Brand vollständig zerstört. In der NS-Zeit wurde der Alte Botanische Garten nach den Plänen von Paul Ludwig Troost zum Stadtpark umgestaltet und bekam die bis heute bestehende Aufteilung.

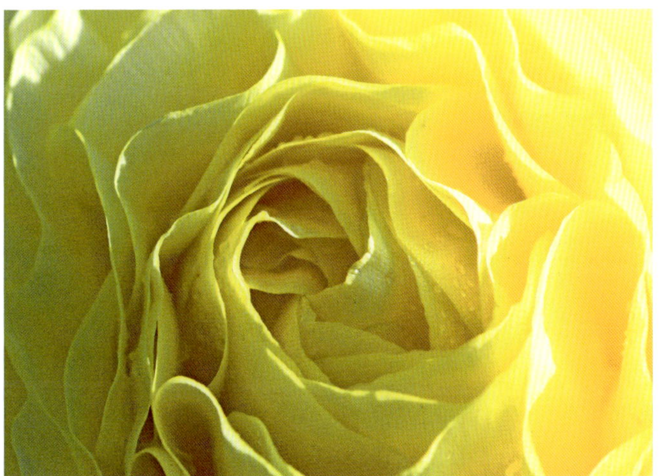

Wenn Sie mit der Kamera auf Blumenjagd und Makro-Motivsuche gehen wollen, ist es zu empfehlen, den Park morgens aufzusuchen. Das klare Sonnenlicht steht tief und bringt die Blüten im Gegenlicht besonders gut zur Geltung. Tautropfen liegen auf den Blättern. In ihnen bricht sich das Licht und setzt glänzende Spitzlichter. Die in diesem Buch gezeigten Makroaufnahmen der Blüten entstanden alle mit einem 200-Millimeter-Makroobjektiv, das bis zum Maßstab 1:1 abbildet.

Mit einem Weitwinkelobjektiv können Sie die Blumen auch zusammen mit einigen Gebäuden rund um den Park in Szene setzen. So stellen Sie in Ihren Bildern einen Bezug zur umgebenden Stadt her. Dazu wird es unausweichlich sein, dass Sie sich auf den Boden legen, um einen tiefen Standpunkt zu erreichen. Die Bilder müssen gegen den hellen Himmel etwas überbelichtet werden. Im Park rund um den Neptunbrunnen finden Sie die attraktive Blütenpracht. Nehmen Sie sich mindestens ein bis zwei Stunden für die Erkundung des Gartens Zeit, am besten an einem klaren Tag im frühen April, zwischen 8 und 9 Uhr. Die Sonne wandert im Frühjahr schnell nach

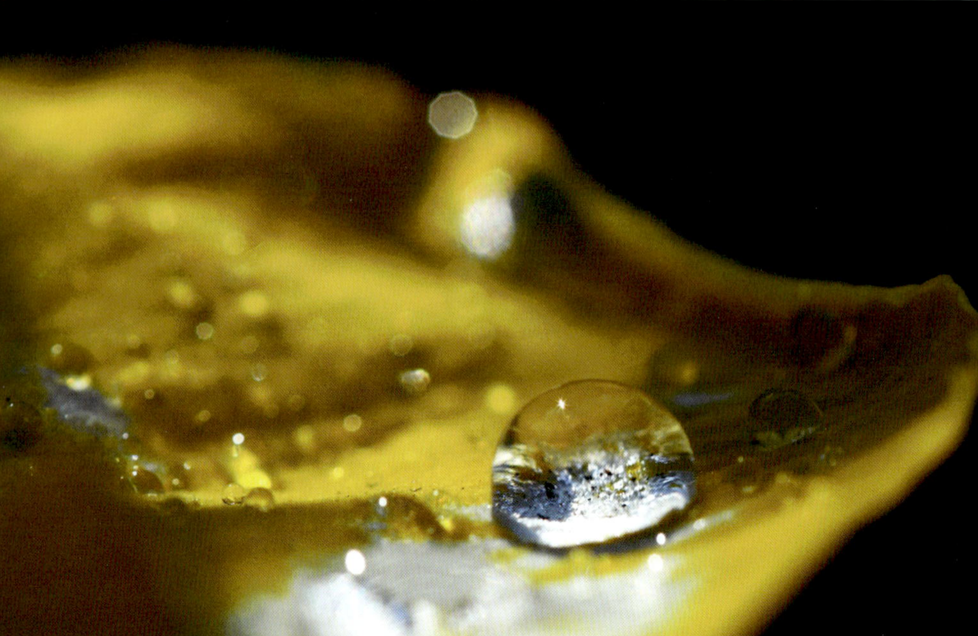

oben, das weiche Licht wird hart und die Tautropfen verschwinden.

TIPPS FÜR MAKROFOTOGRAFEN

- Diffuses, weiches Licht zaubert auf Blüten die schönsten Strukturen. Wer mit Makro fotografieren möchte, sollte also früh aufstehen.
- Manchmal liegen Bereiche im Schatten. Sie können sie mit einem kleinen Reflektor aufhellen. Dieser lässt sich leicht aus einem Stück Styroporplatte, um das Alufolie gewickelt wird, basteln. Damit lässt sich gezielt Licht auf das Motiv lenken. Blitzlicht sollten Sie eher vermeiden.
- Achten Sie auf die Schärfe. Das ist im Makrobereich oft nicht einfach. Mit dem manuellen Fokus lässt sich die gewünschte Stelle wunderbar einfach und schnell auswählen und Sie können förmlich mit der Schärfe »spielen«. Kontrollieren Sie Ihre Bilder aber dennoch am Bildschirm und vergrößern Sie die wichtigen, scharfgestellten Bereiche. Dann erleben Sie später am PC keine bösen Überraschungen. Wenn Sie ein Stativ verwenden, haben Sie die besten Chancen, die Schärfe perfekt zu legen.
- Gehen Sie zumindest auf Augenhöhe mit Ihrem Motiv. Spannende Perspektiven ergeben sich nicht im Stehen, wenn die Motive sich weit unten befinden.
- Haben Sie ein Motiv gefunden, nehmen Sie sich Zeit. Spielen Sie mit den Schärfeebenen. Stellen Sie einmal den Vordergrund scharf, dann den Hintergrund. Spielen Sie mit Reflexionen der Sonnenstrahlen in Wassertropfen auf den Blättern.
- Gehen Sie so nah ran wie möglich. Mit einem Makroobjektiv, das bis zum Maßstab 1:1 abbildet, ergeben sich Ansichten, die man beim normalen Betrachten einer Blüte nie sehen wird. Ein kleiner Ausschnitt lenkt das Auge auf Strukturen und Farbspiele, ohne es abzulenken.

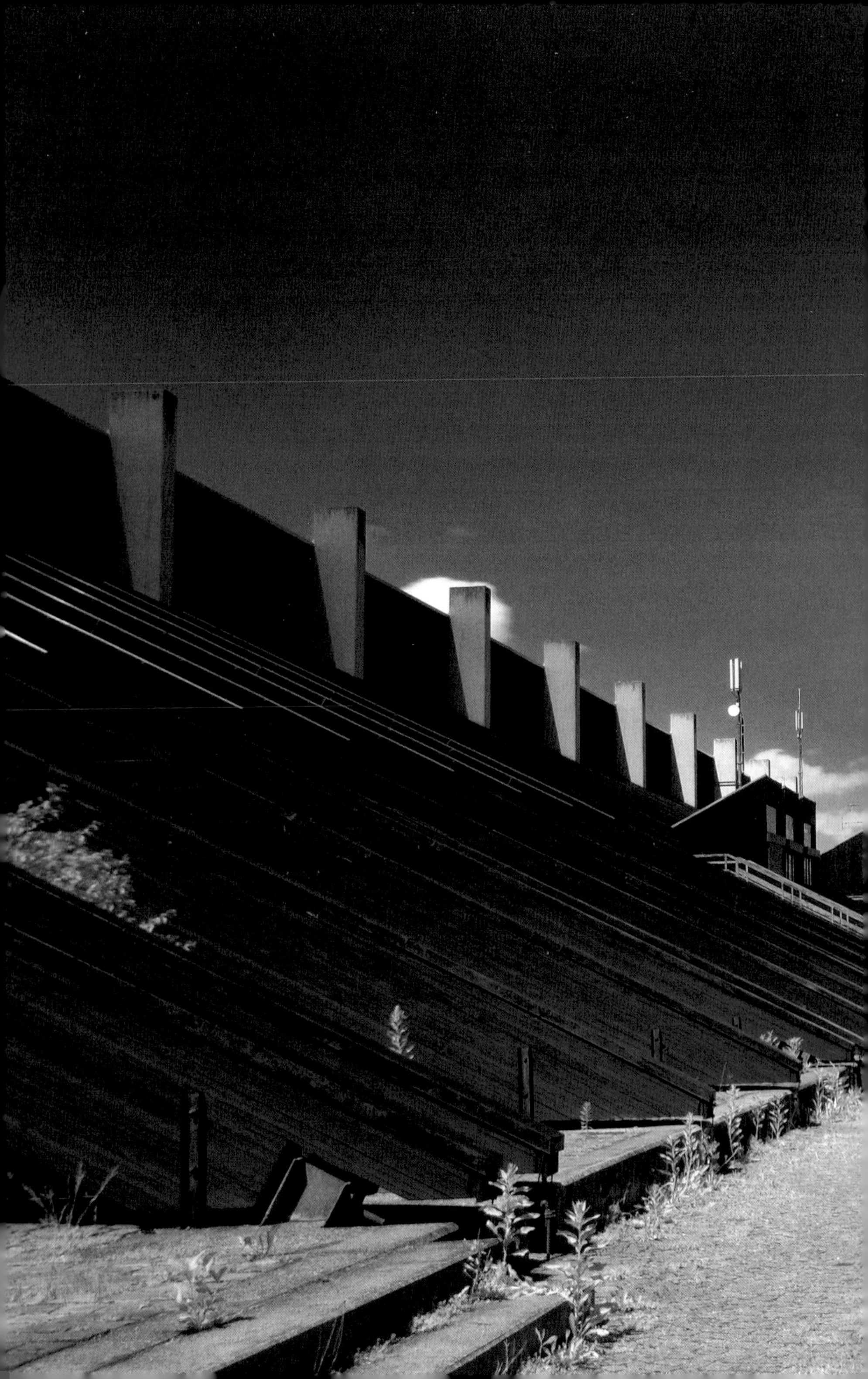

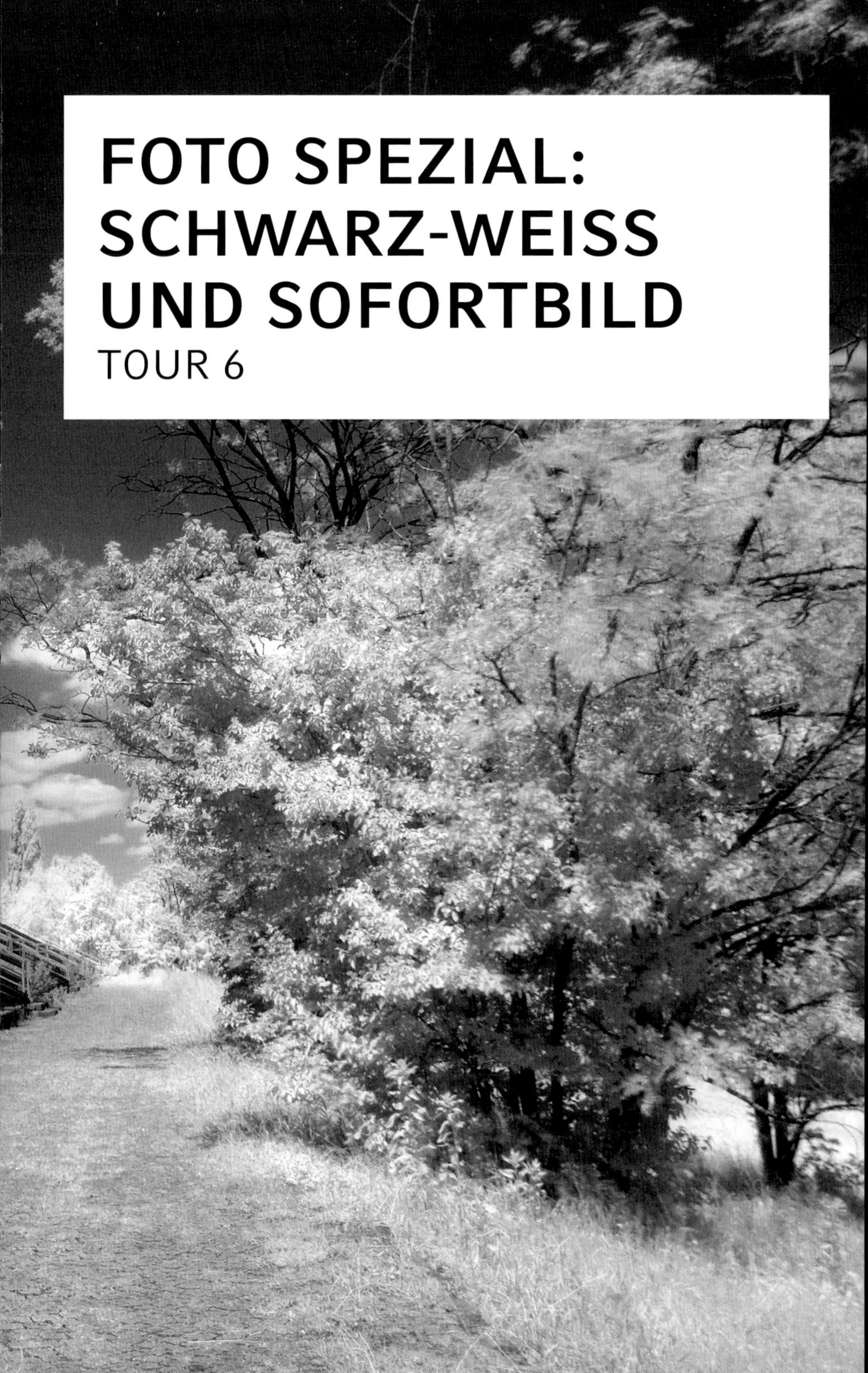

FOTO SPEZIAL: SCHWARZ-WEISS UND SOFORTBILD

TOUR 6

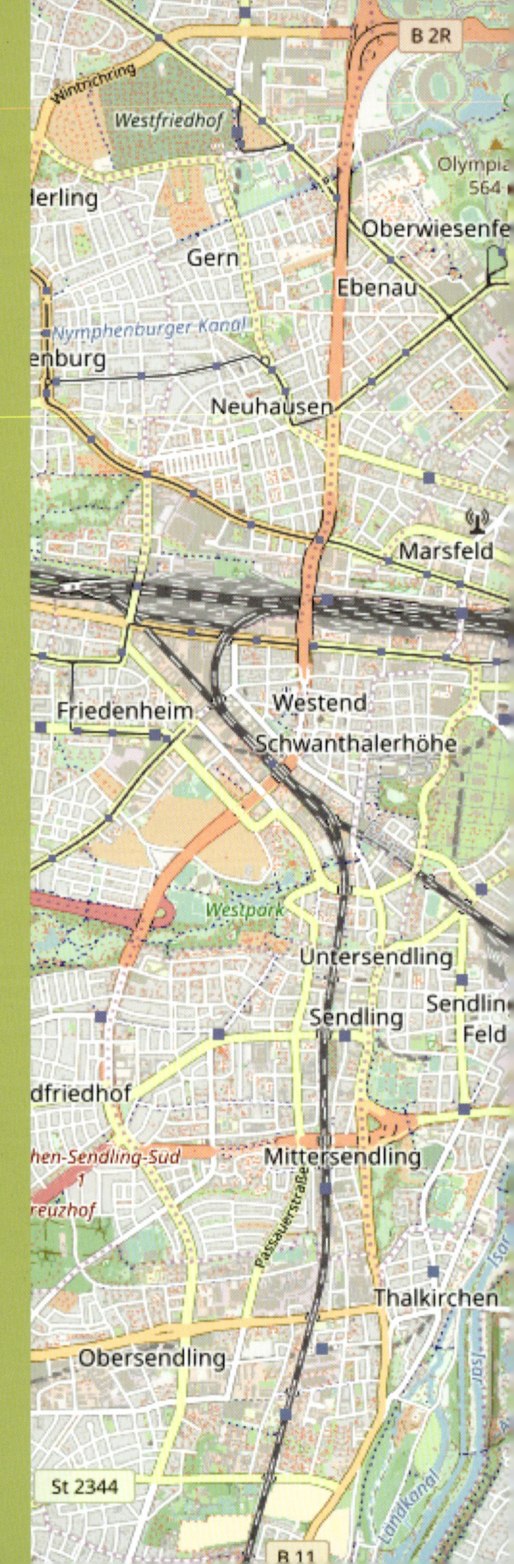

1 WIENER PLATZ

2 VIKTUALIENMARKT

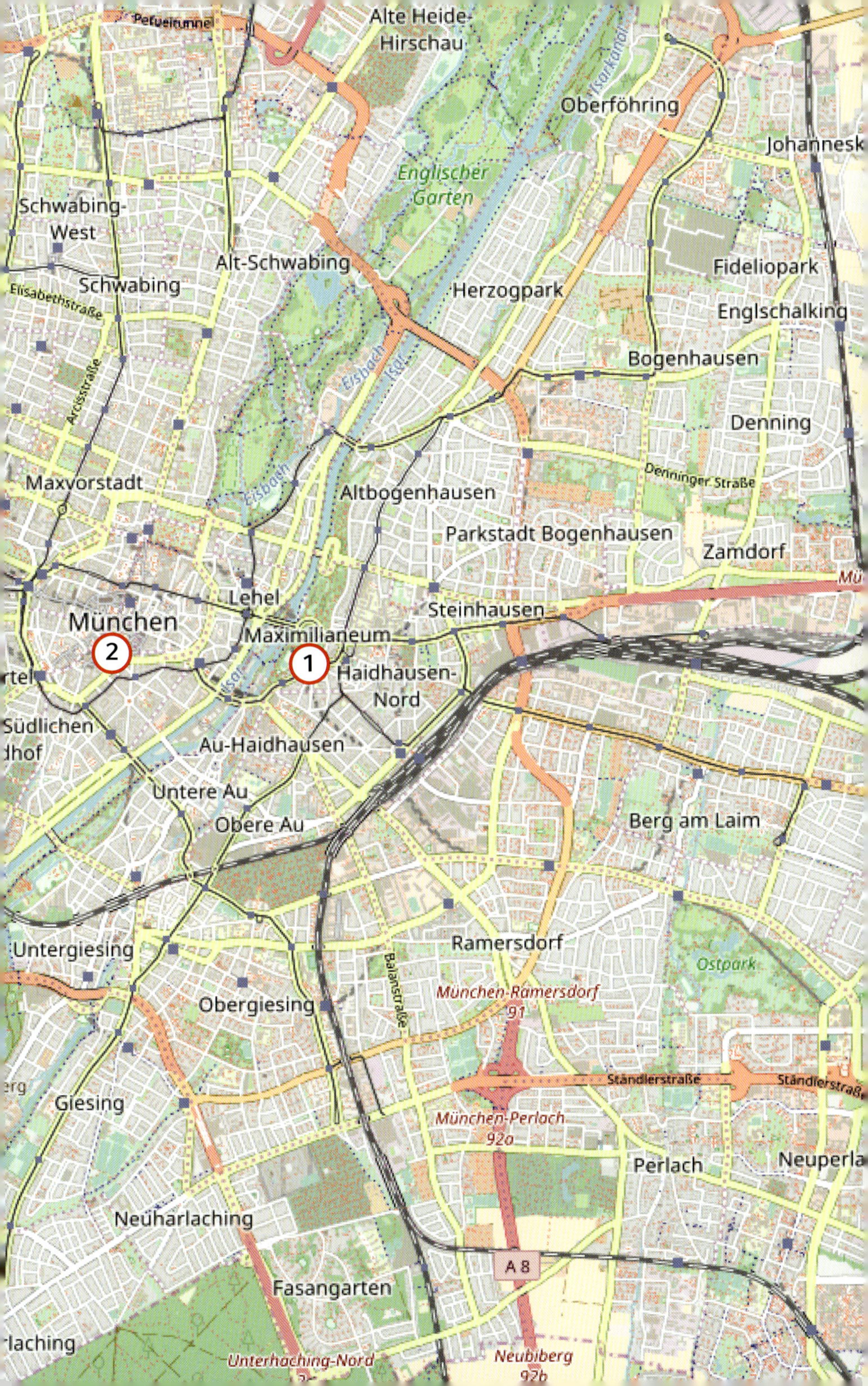

Alte Heide-
Hirschau
Oberföhring
Johannesk
Englischer
Garten
Schwabing-
West
Alt-Schwabing
Fideliopark
Schwabing
Herzogpark
Englschalking
Bogenhausen
Denning
Maxvorstadt
Altbogenhausen
Denninger Straße
Parkstadt Bogenhausen
Zamdorf
Lehel
Steinhausen
München
Maximilianeum
1
2
Haidhausen-
Nord
Au-Haidhausen
Untere Au
Obere Au
Berg am Laim
Untergiesing
Ramersdorf
Ostpark
München-Ramersdorf
91
Obergiesing
Ständlerstraße
Giesing
München-Perlach
92a
Perlach
Neuperla
Neuharlaching
A 8
Fasangarten
Unterhaching-Nord
Neubiberg
92b

1 WIENER PLATZ – NOSTALGIE IN SCHWARZ-WEISS

ANFAHRT:
Mit dem Rad direkt auf den Platz. Parkmöglichkeiten für Autos sind eher rar. Am ehesten wird man in der Sckellstraße fündig. Oder mit der U5 zum Max-Weber-Platz, dann fünf Minuten zu Fuß. Mit der Tram Nr. 17 direkt zum Platz.

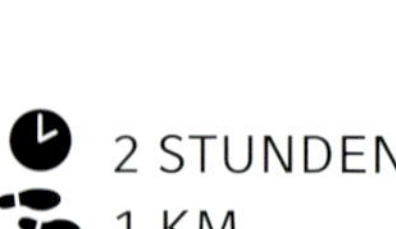

2 STUNDEN
1 KM
LEICHT

FOTOGRAFIE-GENRE:
Street, People, Reportage

Einer der charmantesten Plätze Münchens ist der Wiener Platz in Haidhausen.

Hier finden Sie einen charmanten Markt, der dort seit 1889 existiert. Kleine Stände, ähnlich wie am Viktualienmarkt, bilden den Kern des Areals. Ein eigener Maibaum erinnert an den einst dörflichen Charakter der Gegend am östlichen Isarhochufer. Umsäumt wird der Wiener Platz von kleinen Herbergshäusern und stattlichen Bauten der unterschiedlichsten Epochen.

Besuchen Sie den Wiener Platz, um in Schwarz-Weiß zu fotografieren. Die Aufgabe wird Ihnen eine Ver-

DAS KOMMT IN DIE TASCHE:

- Weitwinkel- und leichtes Teleobjektiv

änderung Ihrer Sehgewohnheiten abverlangen. Jetzt geht es darum, Strukturen zu finden und kontrastreiche Motive, denn die Farbe fällt nun als Gestaltungsmittel weg. Linien und Formen, Licht und Schatten rücken in den Fokus der Kamera. Eine gut durchdachte Bildkomposition ist essenziell. Die Architektur der Umgebung, wie etwa die des Hofbräukellers, der im Stil der Neorenaissance Ende des 19. Jahrhunderts gebaut wurde, unterstützt dabei hervorragend. Haben Sie gute Motive entdeckt, hauchen Sie Ihren Bildern mit Schwarz-Weiß vom Wiener Platz einen Hauch von Nostalgie ein.

Sie werden sehen: Es ist schwieriger, auf dem Markt gute Schwarz-Weiß-Bilder zu fotografieren als farbige. Nehmen Sie sich viel Zeit und besuchen Sie den Markt an einem sonnigen Tag. Damit haben Sie schon mal Licht und Schatten, wie etwa am Geländer des Hofbräukellers. Markante Holzstrukturen finden Sie an dem alten Lastkarren, der zur Dekoration vor dem Gasthaus steht. Einen von wildem Wein überwucherten Drahtesel finden Sie gleich daneben, an den Fahrradständern.

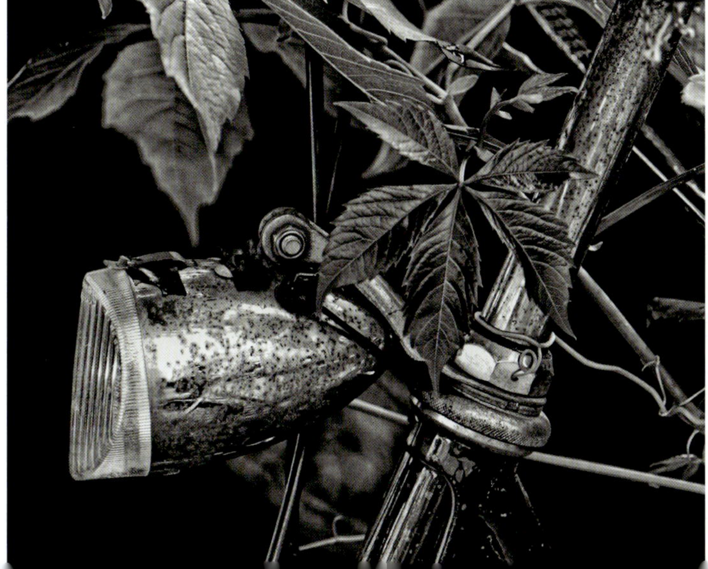

Beschäftigen Sie sich auch eingehend mit dem Brunnenbuberl in der Mitte des Platzes (das Wasser, das aus diesem Brunnen strömt, können Sie übrigens trinken). Ein Hingucker ist der Fisch zwischen den Beinen des Männchens. Mit einer etwas längeren Brennweite haben Sie dieses Detail scharf und im Hintergrund lässt sich gleichzeitig der Markt erkennen.

Studieren Sie auch die Schaufenster, Läden und Standerl. Die Marktleute lassen sich durchaus etwas einfallen, um ihre Waren an den Käufer zu bringen. Und schließlich gibt es auch noch einige in die Jahre gekommene Details an den Standerln, wie etwa rostige Laternen oder abblätternde Farbe, die interessante Aufnahmen versprechen.

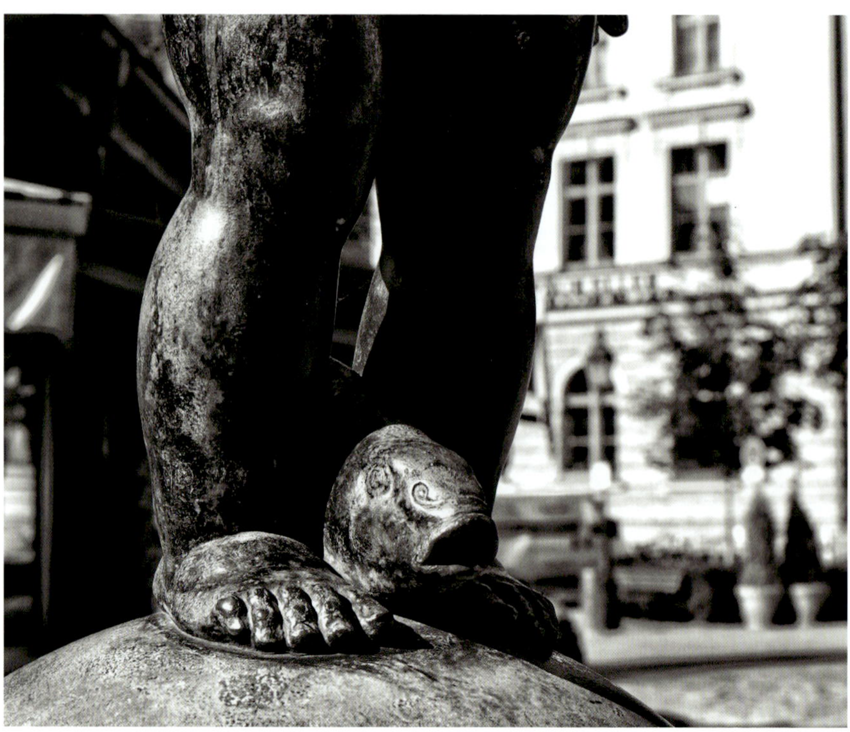

TIPPS FÜR SCHWARZ-WEISS-FOTOGRAFEN:

- Ein Schwarz-Weiß-Bild ist manchmal eine gute Alternative, wenn man ein Motiv vor Augen hat, das in Farbe zu bunt und zu unruhig ist oder man sich auf einzelne Aussagen beschränken will.
- Suchen Sie sich Motive, die von Kontrastunterschieden leben. Licht und Schatten haben einen enormen Einfluss auf die Fotos – sie sind das Gestaltungselement in der Schwarz-Weiß-Fotografie.
- Formen und Texturen wirken in Schwarz-Weiß intensiv. Suchen Sie nach solchen Details.
- Schwarz-Weiß-Bilder leben von knackiger Schärfe.
- In der Schwarz-Weiß-Fotografie ist die goldene Regel »weniger ist mehr« besonders wichtig: Beschränken Sie sich auf wenige Bildelemente und ein markantes und klar erkennbares Hauptmotiv.
- In der digitalen Nachbearbeitung kann man sich künstlerische Freiheiten nehmen: Verstärken Sie Kontraste und probieren Sie Über- oder Unterbelichtungen aus. Sie können auch die Körnigkeit Ihrer Bilder erhöhen, was einen nostalgischen Effekt hervorruft und Bilder wie aus einer anderen Zeit erschafft.

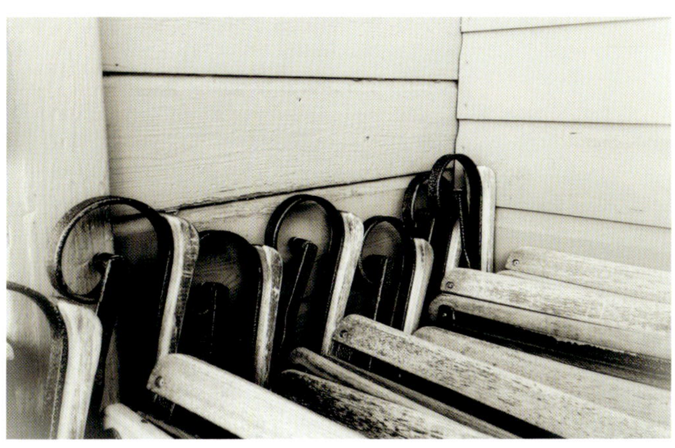

2 DER VIKTUALIENMARKT – MIT DER SOFORTBILDKAMERA DURCH DIE GUTE STUBE DER STADT

ANFAHRT:
Mit dem Fahrrad direkt zum Viktualienmarkt. Alle S-Bahnen der Stammstrecke und die U3 und U6 fahren zum Marienplatz. Von dort aus drei Minuten zu Fuß zum Markt. Auto ist nicht zu empfehlen, da es kaum Parkplätze gibt.

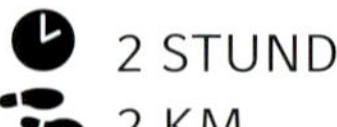

2 STUNDEN
2 KM
LEICHT

FOTOGRAFIE-GENRE:
Street, People, Reportage

Es gibt wohl keinen anderen Ort in München, an dem Lebensmittel und Blumen so ansprechend präsentiert und verkauft werden wie auf dem Viktualienmarkt, gleich neben dem Marienplatz.

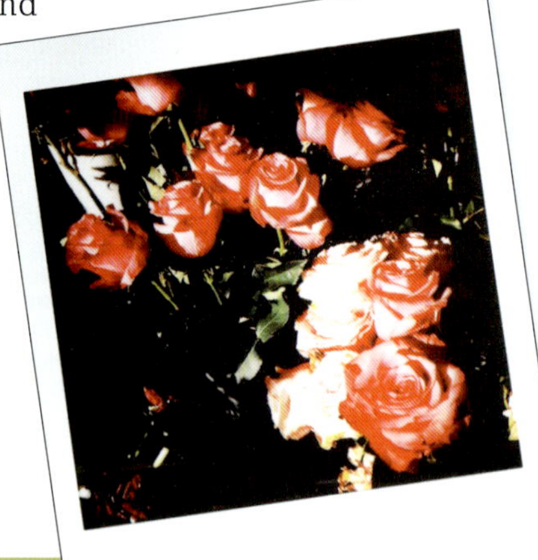

DAS KOMMT IN DIE TASCHE:

- Weitwinkel- und leichtes Teleobjektiv
- Oder auf die Standardausrüstung verzichten und sich mit einer Sofortbildkamera auf Zeitreise begeben

Exotische Früchte, unzählige Käsesorten und seltene Weine werden hier ebenso feilgeboten wie bunte Schnittblumen, Vasen und ausgefallene Küchenutensilien. Der Geruch auf dem Markt ist unverwechselbar. Es riecht nach Feinkost, frischem Fisch, Kaffee und Blumen. Der Viktualienmarkt hat viele Jahrhunderte, Kriege und Revolutionen überstanden. Mal war er Bretterbudenviertel, mal Schlaraffenland, heute ist er eher ein Feinschmeckerparadies. Selbst als nach dem Krieg Autos mitten hindurch geleitet wurden, haben sich die Standlbesitzer nicht beirren lassen.

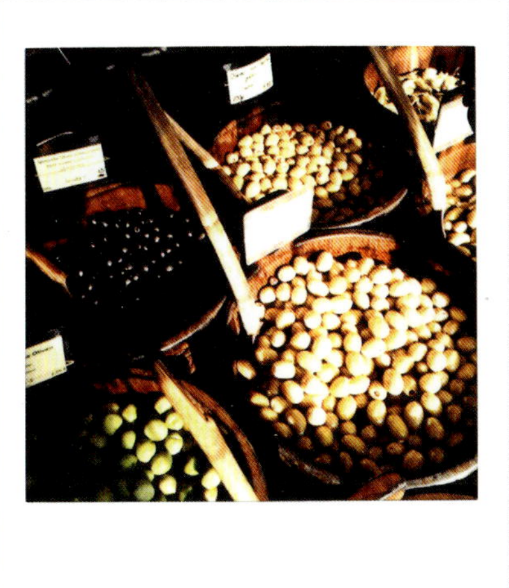

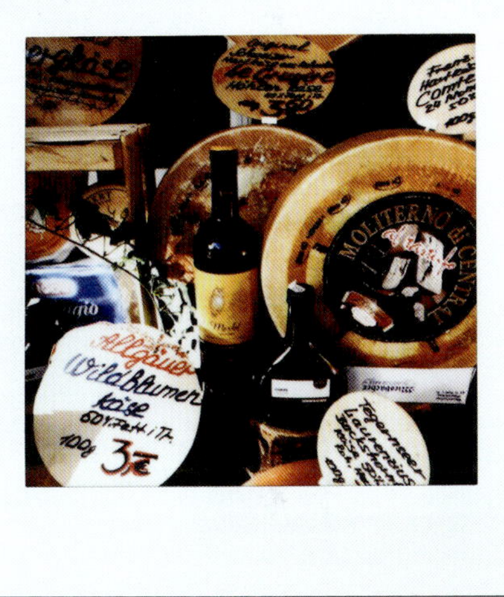

Mit der Kamera können Sie die spezielle und für München einzigartige Atmosphäre einfangen. Ein guter Zeitpunkt für einen Besuch ist ein Frühlingstag gegen 9 Uhr morgens. Zu dieser Zeit öffnen die Läden und das Sonnenlicht fällt flach und klar auf die feilgebotenen Waren. Im Wein spiegelt sich die Sonne, Früchte erstrahlen in satten Farben und in den Blumen oder den Zitrusfrüchten an Stauden findet man Schattenspiele.

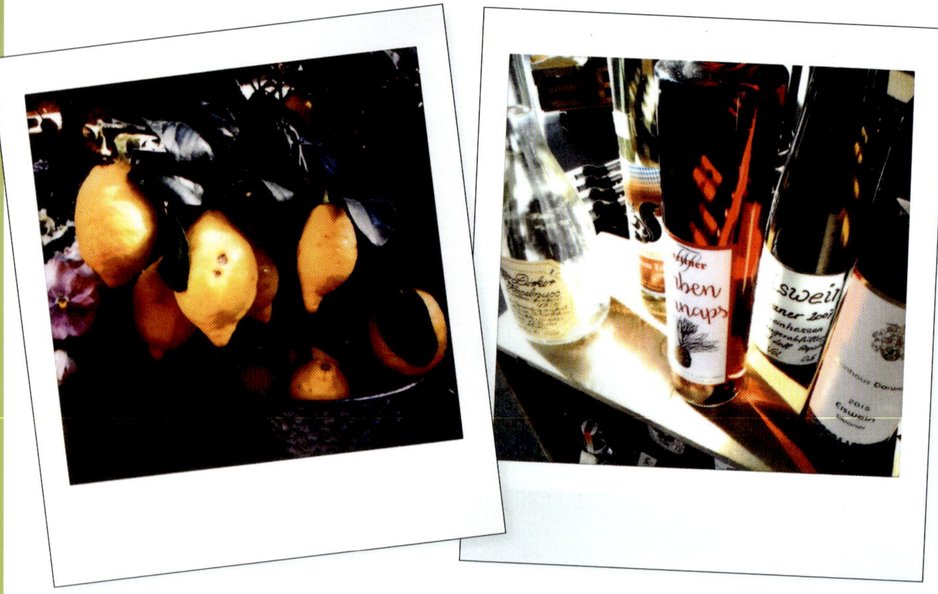

Für den Fotoausflug in diesem Kapitel kam eine ganz spezielle Kamera zum Einsatz: eine Instax-Sofortbildkamera von Fuji. Diese Kameras erleben gerade eine kleine Renaissance, nachdem die Ära der Polaroid-Sofortbildkameras bereits zu Ende gegangen schien. Fast scheint man der digitalen Fotografie etwas überdrüssig. Das perfekte Bild auf dem Computer ist nicht mehr unbedingt gefragt, Papierabzüge kann man mit Sofortbildkameras direkt in der Hand halten und das Ergebnis sofort bewundern.

Die Fuji Instax Square hat einen großen Pluspunkt. Man kann die Bilder vor der Entwicklung digital auf einem Bildschirm anschauen, sie bearbeiten und erst danach ausdrucken. Das bewahrt vor ungewollten Fehlversuchen, denn ganz billig sind die Abzüge nicht. Aber es macht Spaß, sich mit der schon fast totgesagten und wiederbelebten Technologie in eine frühere Zeit der Fotografie zurückzuversetzen und farbenfrohe Motive etwas unvollkommen in Szene zu setzen. Auf dem Viktualienmarkt finden Sie unzählige Perspektiven, die sich für diese Art der Fotografie hervorragend eignen.

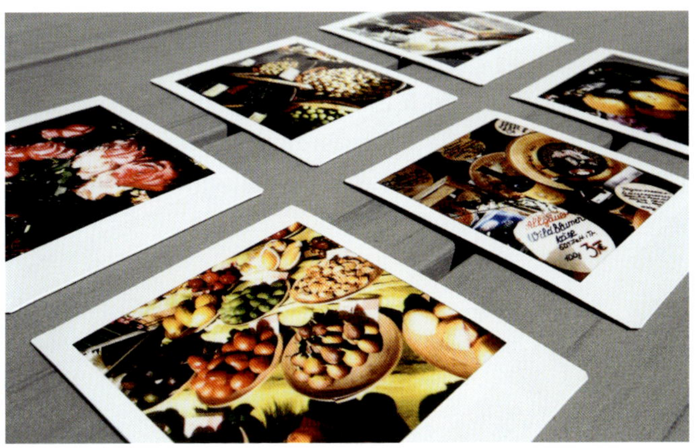

Ist man mit einem Bild zufrieden und bringt es zu Papier, erfasst einen die Spannung und Vorfreude auf das Ergebnis. Wie gewohnt dauert es ein paar Minuten, bis auf dem weißen Papier das Bild zum Vorschein kommt. Die Abzüge haben sanfte Übergänge und einige kleinere Abweichungen von dem Gesehenen. Aber genau das macht die besondere Ästhetik aus. Denn bei der Entwicklung spielen viele Parameter, die die Fotografen beachten müssen, eine Rolle: die Qualität des Films, Temperatur und Lichtsituation. Wer sie geschickt nutzt, kann mit den Abweichungen spielen und sehenswerte Effekte kreieren.

Wenn Sie auf dem Viktualienmarkt fotografieren, dann fragen Sie am besten die Händler, ob Sie ihre Waren ablichten dürfen. Die Standlbetreiber freuen sich, wenn man mit der Kamera nicht einfach draufhält, was leider sehr oft der Fall ist.

Nehmen Sie sich rund zwei Stunden Zeit und wandern Sie zweimal an den gleichen Stellen vorbei, denn das Licht ändert sich schnell auf dem Markt. Dadurch ergeben sich ständig neue Motive. Am Ende des Rundgangs wartet neben dem Maibaum ein Biergarten, der an schönen Tagen immer gut gefüllt ist. Lassen Sie hier den Ausflug ausklingen, so werden Sie sicher auf einige Münchner Urgesteine treffen, die sich zwischen den Touristen ihre Stammplätze erhalten haben. Für sie ist der Viktualienmarkt immer noch die »gute Stube der Stadt«.

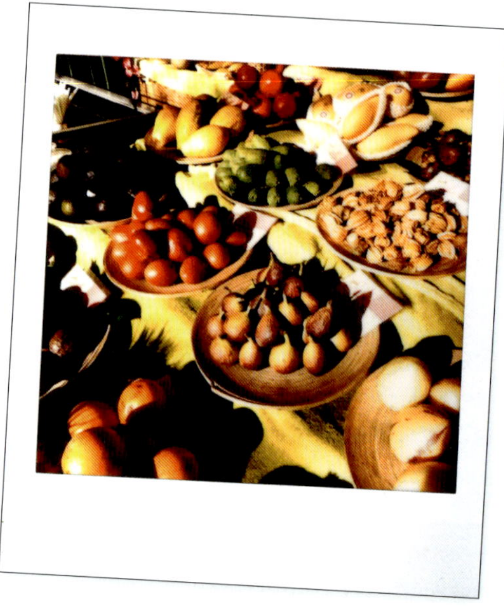

TIPPS ZUM FOTOGRAFIEREN MIT DER SOFORTBILDKAMERA:

Mit Sofortbildkameras sollten Sie Gegenlicht eher vermeiden. Vor komplizierten Lichtsituationen, die Smartphones meist noch gut ausgleichen, kapitulieren Sofortbildkameras. Wenn Sie mit einem Modell fotografieren, das Ihnen die digitale Voransicht und Bildbearbeitung ermöglicht, sollten Sie die Bilder eher etwas heller abspeichern. Die Fotos dunkeln nach dem Ausdruck nach. Und ganz wichtig: Stillhalten. Verwackelte oder unscharfe Ergebnisse ärgern beim teuren Sofortbild. Am besten klemmt man die Arme fest an den Körper, hält eine Hand stützend unter die Kamera oder legt diese auf eine feste Unterlage.

DANKSAGUNG

Dieses Buch wäre ohne die Mithilfe zahlreicher Personen nicht möglich gewesen. Den Fotoführer besonders bereichert haben Klaus Haag, Manuela Schellenberger, Elisabeth Angermair und Cris Gravin mit ihren Interviews. Dem Botanischen Garten danke ich für die großzügige Erlaubnis, im Schmetterlings-Gewächshaus fotografieren zu dürfen. Ebenso gilt mein Dank dem »Freunde des Münchner Trambahnmuseums e. V.« und dem »Omnibusclub München e. V.« für die Möglichkeit, im Museum eine Fototour zusammenstellen zu dürfen. Dem Museum für Abgüsse Klassischer Bildwerke danke ich für die unkomplizierte Zusammenarbeit bei der Anfertigung des Bildmaterials. Manfred Rau von Fujifilm danke ich für die Bereitstellung von Filmmaterial für die Sofortbildkamera Fuji Instax Square.

Ganz besonders danke ich Lisa Dettendorfer für die Durchsicht des Manuskripts und die vielen hilfreichen Anregungen bei der Fertigstellung des Buches.

INDEX

Symbole

A

F

G

H

I

J

K

L

M

T

U